Teil 2

DEUTSCH HEUTE

Duncan Sidwell and Penny Capoore

D0477905

CRESCENT HEIGHTS HIGH SCHOOL
1019 - 1st STREET N.W.
CALGARY, ALBERTA, T2M 2S2

Nelson

Thomas Nelson and Sons Ltd
Nelson House Mayfield Road
Walton-on-Thames Surrey
KT12 5PL UK

51 York Place
Edinburgh
EH1 3JD UK

Thomas Nelson (Hong Kong) Ltd
Toppan Building 10/F
22A Westlands Road
Quarry Bay Hong Kong

Distributed in Australia by

Thomas Nelson Australia
480 La Trobe Street
Melbourne Victoria 3000
and in Sydney, Brisbane, Adelaide and Perth

© Duncan Sidwell and Penny Capoore 1984

First published by Thomas Nelson and Sons Ltd 1984
Reprinted 1985 (twice), 1986 (three times), 1987 (twice)
ISBN 0-17-439106-4
NPN 08
All Rights Reserved. This publication is protected in the United Kingdom by the Copyright Act 1956 and in other countries by comparable legislation. No part of it may be reproduced or recorded by any means without the permission of the publisher. This prohibition extends (with certain very limited exceptions) to photocopying and similar processes, and written permission to make a copy or copies must therefore be obtained from the publisher in advance. It is advisable to consult the publisher if there is any doubt regarding the legality of any proposed copying.

Printed and bound in Hong Kong

Illustrations by Jane Cradock-Watson, Nigel Paige, Kim Palmer, Dennis Reader and Gary Wing; *Fränzi* cartoons conceived by Duncan Sidwell and drawn by Colin Mier; maps by Illustrated Arts.

Front cover illustration: Michael Bishop.

Photographs
Back cover: ZEFA.
BBC Hulton Picture Library: p.14 (top right and middle), p.105. Mary Evans Picture Library: p.11 (top left and bottom right). German National Tourist Office: p.35 (middle right), p.39 (right). Keystone Press Agency: p.44 (right). The Kobal Collection: p.11 (middle). Lufthansa-Archiv: p.14 (top left). The Mansell Collection: p.91. Schweizerische Landesbibliothek: p.75 (bottom left). Schweizerisches Rotes Kreuz: p.114. Swiss National Tourist Office: p.75 (top right), p.92.

All other photographs: Nelson Visual Resources Unit, Duncan Sidwell and Dagmar Hennings.

Inhalt

1

Wie sind wir denn?

So what are we like?

ERSTER TEIL

Selbstbeschreibung

Ditmar stellt sich vor.

„Hallo! Mein Name ist Ditmar Lorenz und ich bin siebzehn Jahre alt. Ich wohne seit einigen Jahren in der Schweiz. Früher haben wir in Norddeutschland gewohnt, und ich bin eigentlich in Stade geboren. Das liegt westlich von Hamburg. Vor fünf Jahren sind wir umgezogen – das heißt, meine Mutter und ich. Ihr seht hier ein Foto meiner jüngeren Schwester, die in der Schweiz geboren ist – sie spricht sogar Schwyzerdütsch!

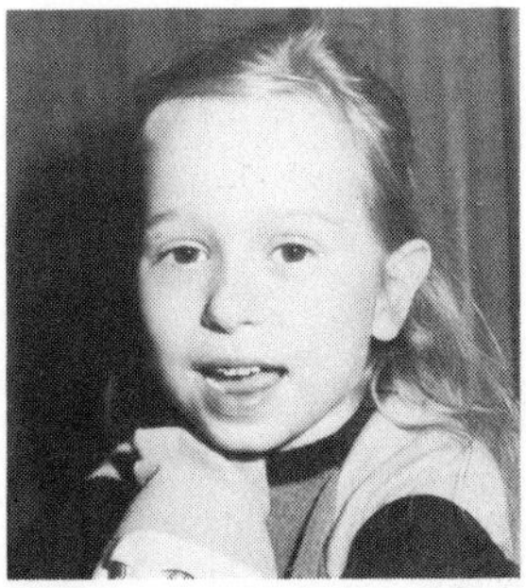

Meine Hobbys sind sehr verschieden. Seitdem ich hier wohne, habe ich Skifahren gelernt, und das mache ich sehr oft im Winter und im Frühling. Ich gehe auch schwimmen – das ist der Lieblingssport meines Stiefvaters, und oft gehen wir zusammen zum Schwimmbad. Meine ganze Familie macht gern lange Wanderungen in den Bergen hier in der Gegend. Ich lese viel und spiele gern Schach. Ich habe auch einen Job. Am Samstag arbeite ich in einem großen Supermarkt in St. Gallen."

das heißt (d.h.) *that is (i.e.)*
seitdem *since*
der Stiefvater (¨) *stepfather*
*umziehen (zieht um, umgezogen) *to move house*
verschieden *varied, different*

Übung 1. Frag mal einige Klassenkameraden und -kameradinnen:

a. wo sie jetzt wohnen;
b. wo und wann sie geboren sind;
c. wo und wann ihre Geschwister geboren sind;
d. ob und wann sie umgezogen sind.

Mach Notizen darüber und dann schreib einige Sätze!

ob *whether*

„Hallo! Ich bin Claudia Simmer. Ich bin sechzehn Jahre alt. Wie ihr seht, habe ich kurze, lockige Haare. Ich habe braune Augen, und ich bin ziemlich schlank. Ich bin 1,71m groß. Ihr seht unten ein Foto meines Bruders – er ist jünger als ich."

„Und ich bin Claudias Bruder. Ich heiße Andreas. Ich bin vierzehn Jahre alt. Ich bin mittelgroß – 1,65m. Ich habe blaue Augen und kurze hellbraune Haare. Wie meine ältere Schwester bin ich ziemlich schlank."

Karlsruhe den 14. Juni

Liebe Helen,

danke für das Foto und für Deinen langen Brief. Leider kann ich Dir kein Farbfoto schicken, aber wie Du siehst, habe ich dunkle Haare. Ich bin 1,72 m groß und ich habe braune Augen. Was sonst noch? Ich sende Dir auch ein Foto meiner Familie. Meine Schwester ist darauf – das Mädchen mit den langen Haaren. Sie heißt Annette und ist vierzehn.

Interessiert Du Dich für Sport? Ich spiele Volleyball. Spielt man das bei Euch? Ich bin im Volleyballverein, und wir spielen mindestens zweimal die Woche. Ich gehe gerade zum Training. Das beginnt um 19^{00} Uhr, und es ist jetzt fast Viertel vor. Bis bald.

Dein Rüdiger

Schreib mal wieder.

Und wie siehst du aus?

Ich habe	blonde braune schwarze hellbraune dunkelbraune dunkle helle glatte lockige kurze lange	Haare
	blaue graue grüne	Augen
Ich bin	schlank dick groß klein mittelgroß relativ groß weder groß noch klein weder schlank noch dick ein Meter sechzig groß (1,60m) ziemlich klein	

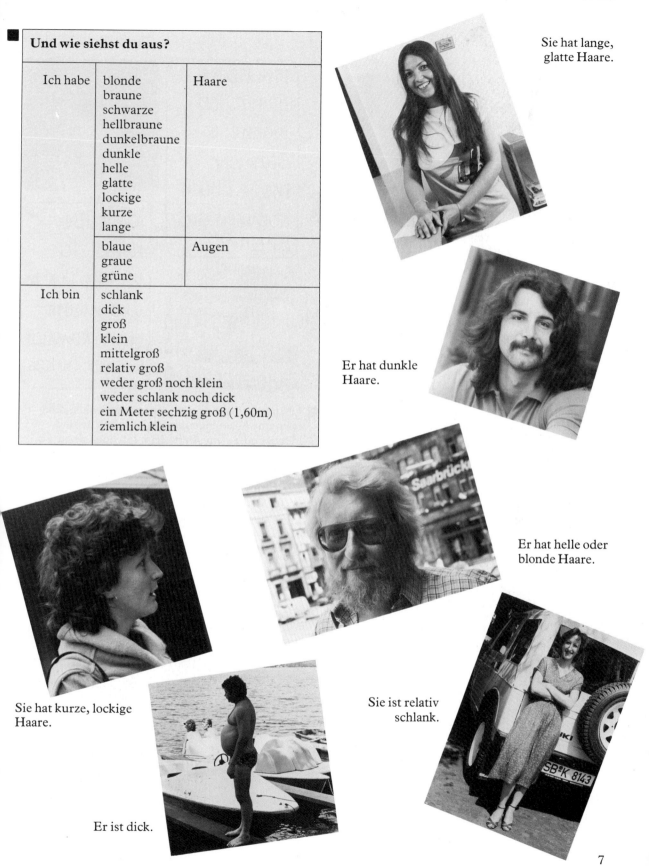

Sie hat lange, glatte Haare.

Er hat dunkle Haare.

Er hat helle oder blonde Haare.

Sie hat kurze, lockige Haare.

Er ist dick.

Sie ist relativ schlank.

Und woher kommst du?

Ich bin	Brite Britin Engländer Engländerin Ire Irin Schotte Schottin Waliser Walisin

Ich heiße Fiona. Ich wohne in Glasgow. Meine Eltern kommen aus England.

Ich heiße Kemal. Ich wohne in Köln und meine Eltern kommen aus der Türkei.

Ich heiße Kavya. Ich bin Britin und ich wohne in Leicester. Meine Eltern sind in Uganda geboren.

■ **Übung 2.** Wähle einen Partner oder eine Partnerin und beschreibt euch gegenseitig!

A: Beschreibe ich dich oder beschreibst du mich?
B: Ich fange an (Du fängst an).

■ **Übung 3.** Jetzt zeig auf einen Klassenkamerad oder eine Klassenkameradin und frag deinen Partner oder deine Partnerin, ihn oder sie zu beschreiben!

A: Sieh mal den John an. Kannst du ihn beschreiben?
B: Ja. Er ist mittelgroß. Schlank. Er hat . . . .

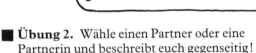

FRÄNZI
Fränzi! Was ist klein, rund, rosa und hat zwei Ohren?
!?!
Ein Himbeereis mit zwei Waffeln?

Weder . . . noch

Er ist weder groß noch klein. Er ist mittelgroß.

Ich habe weder Auto noch Fahrrad. Ich gehe immer zu Fuß oder fahre mit dem Bus.

i

Das Possessivpronomen *The possessive pronoun*

Note the form of the ***genitive***

	Maskulinum	**Femininum**	**Neutrum**	**Plural**
Nominativ	mein	meine	mein	meine
Akkusativ	meinen	meine	mein	meine
Genitiv	**meines**	**meiner**	**meines**	**meiner**
Dativ	meinem	meiner	meinem	meinen

Zum Beispiel:

Der Lieblingssport **meines** Vaters ist Tennis.
Das ist ein Foto **meiner** Mutter.
Die Tür **meines** Hauses ist rot.
Das ist der Wagen **meiner** Eltern.

Note that an **-s** *or* **-es** *is added to masculine and neuter nouns in the genitive.*

dein, sein, ihr, unser, Ihr, ihr *behave in the same way as* **mein.** *Note, however, that* **euer** *drops an* **e** *when it has an ending, e.g:* **euren.**

Zum Beispiel:

Ist das ein Foto **deiner** Familie?
Können Sie mir die Adresse **Ihrer** Schwester geben?

i

Pronomen im Akkusativ *Object pronouns*

Nominativ	**Akkusativ**
ich	mich
du	dich
er	ihn
sie	sie
es	es

Ich beschreibe dich, dann beschreibst du mich.
Und den Karl? Hast du ihn angerufen?
Meine Handtasche! Hast du sie gesehen?
Das Buch brauche ich. Kannst du es mir leihen?

i

Wortstellung bei ‚seitdem' *since*

Note the word order:

Seitdem ich hier in der Schweiz wohne, habe ich Skifahren gelernt.

Ich gehe sehr oft in den Jugendklub, seitdem ich hier bin.

HEIRATSBÜRO EWIGKEIT
SUCHEN SIE EINEN PARTNER ODER EINE PARTNERIN? KOMMEN SIE NUR HEREIN
Ich bin ziemlich jung. Habe schöne lange Haare, bin relativ schlank. Ich bin auch Vegetarierin. Und Sie?
Ich soll mich selbst beschreiben? Ich bin so.... ziemlich groß und schlank. Habe lange, schwarze Haare und sehr schöne Zähne. Nein. Ich bin kein Vegetarier. Ich reise gern, gehe gern bei Mondschein spazieren. Ich bin Eigentümer eines großen romantischen Hauses im Walde. Wann treffen wir uns?

Dracula

☐ Wer war Dracula? Lebte er? Ja, er lebte. Vlad III, König der Walachei, hatte den Namen Vlad Dracul. Er war Mitglied des ‚Ordens des Drachens', eines deutschen Ordens. In der rumänischen Sprache heißt Drache ‚Dracul'. 1430 hatte Vlad Dracul einen Sohn. Er hieß Vlad Dracula: ‚Sohn von Dracul'.

lived
Order of the Dragon
was called

Als Junge war Vlad Dracula lange Jahre in türkischer Gefangenschaft. Endlich wurde er auch König der Walachei und kämpfte jahrelang gegen die Türken. Er war äußerst grausam und tötete Tausende. Er starb 1475 auf dem Schlachtfeld.

imprisonment *became*
fought
cruel *killed*
died *battlefield*

Obwohl er grausam war und Dracula hieß, war er in Wirklichkeit kein Vampir.

although
in actual fact

Dracula, der Vampir, war eine Schöpfung Bram Stokers, der 1897 das Buch ‚Dracula' schrieb. Sein ‚*Count Dracula*' wohnte in einem Schloß in Siebenbürgen.

creation
Transylvania

der Eigentümer (-) *owner*
die Heirat (-en) *marriage*
der Zahn (¨e) *tooth*

□ Briefkasten 1

Schreibst Du mir, dann schreibe ich Dir!

Ich bin dreizehn Jahre jung und suche nette Leute zwecks Brieffreundschaft. Ich mag Skateboard fahren, Tee trinken und Musik. Ihr könnt mir in Englisch, Deutsch oder Französisch schreiben.

Britte Zauke,
Börniger Str. 32,
4429 Günzburg.

die Brieffreundschaft (-en) *penfriendship*
nett *nice, pleasant*
zwecks *for the purpose of, with a view to*

What kind of person is Britte looking for?

Hallo! Ich bin sechzehn und würde mich über Post aus aller Welt freuen.

Ich habe den Kugelschreiber bereits in der Hand und warte nur noch darauf, daß Du mir Deine Adresse mitteilst. Ich kann Dir in Deutsch, Französisch und Italienisch antworten. Kannst Du mir ein Foto deiner Familie schicken?

Rotolo Enza,
21 rue de Bodry,
Eschternacht,
Luxemburg.

bereits *already*
mitteilen (teilt mit, mitgeteilt) *to tell, to let know*
aus aller Welt *from all over the world*

Rotolo is waiting to receive two things from a future penfriend before writing to him/her. What are they?

□ Quiz

After each section in this book you will find a short list of nouns. Work with a partner and test each other on the gender and plural of these. Each of you should take half the list and test the other person on these words. When a preposition is given at the end of the list you should test each other again, this time applying the preposition and the specified article (definite or indefinite) to the words in the list. For example, using the list given below, you would work along these lines:

A: Freund.
B: Der Freund, die Freunde.
A: Richtig. Wagen.

Then, when the list had been worked through once, you would start again using **mit** *with the definite article, e.g:*

A: Freund.
B: Mit dem Freund.

You will also be given a short list of verbs. Test each other on these in the following way:

A: Wohnen.
B: *To live.* Er/sie/es wohnt. Er/sie/es hat gewohnt.

(Remember that some verbs take **haben** *and others take* **sein** *in the perfect tense.)*

Q

der Freund (-e)
der Wagen (-)
die Schwester (-n)
das Eis (-e)
das Rad (¨er)

der Hund (-e)
das Mädchen (-)
der Kuli (-s)
die Linie (-n)
das Messer (-)

kommen
machen
haben
sehen
wählen

mit + *definite article*

ZWEITER TEIL

Wie vergleicht man?

Auf dem Schulhof sprechen diese jungen Leute über ihre Freunde und Geschwister.

„Ist das die Eva?"

„Ja. Sie ist die Freundin meines Bruders."

„Wie alt ist sie?"

„Dreizehn. Nicht so alt wie du."

„Sie sieht älter aus. Findest du nicht?"

„Ja. Sie ist ziemlich groß – lange Beine, nicht wahr?"

1.

2.

„Wie alt ist der Bernd?"

„Vierzehn."

„Älter als du?"

„Nein. Wir sind gleichaltrig. Ich bin schon vierzehn, weißt du."

„Hast du einen Bruder?"

„Ja."

„Auch in dieser Schule?"

„Ja. Klasse 11."

„Wie sieht er aus?"

„So wie ich, aber größer. Er trägt eine Brille."

3.

Mein	Bruder Freund	ist	älter jünger größer kleiner dicker schlanker	als ich.
Meine	Schwester Freundin			
			nicht so alt nicht so groß	wie ich.

Übung 1. Vergleich dich mit deinem Partner oder deiner Partnerin!

Alter
A: Wann bist du geboren?
B: Am 16.Mai 1971.
A: Dann bin ich älter (jünger) als du.

Größe
A: Wie groß bist du?
B: 1,69m.
A: Dann bin ich größer (kleiner) als du.

Haare
a. Länge: Meine Haare sind länger (kürzer) als deine.
b. Farbton: Meine Haare sind dunkler (heller) als deine.

Gewicht
A: Wieviel wiegst du?
B: 57 Kilo.
A: Dann bin ich schwerer (leichter) als du.

Wenn du Zeit hast, mach das Gleiche mit jemand anderem!

Übung 2. Hier sind einige junge Leute. Kannst du sie beschreiben und sie miteinander vergleichen? Vergleich Andreas mit Sascha und Ruth mit Brigitte!

Andreas: Augen blau	Haare braun	1,67m	49 Kilo
Ruth: Augen braun	Haare rot	1,66m	46 Kilo
Sascha: Augen grau	Haare blond	1,50m	38 Kilo
Brigitte: Augen blau	Haare blond	1,64m	53 Kilo

Übung 3. Sieh dir diese zwei Maschinen an! Kannst du sie vergleichen?
Welche Maschine verbraucht mehr Treibstoff?
Welche Maschine trägt weniger Passagiere?

der Passsagier (-e) *passenger*
der Treibstoff *fuel*

Eine 747

Eine Junkers

Kannst du andere Vergleiche ziehen?

Zum Beispiel:

Die erste Maschine ist moderner als die zweite.
Die erste Maschine fliegt . . . .

Zur Auswahl:
bequem, bequemer *comfortable*
hoch, höher *high*
modern, moderner *modern*
schnell, schneller *fast*
Verwende auch andere Adjektive!

Und nun vergleiche diese zwei Autos!
Welches Auto hat weniger Plätze?

Ein Mercedes

Ein Volkswagen

Kannst du andere Vergleiche ziehen?

Übung 4.
a. Sind 3.-DM mehr oder weniger als ein Pfund Sterling?
b. Sind neun Kilometer mehr oder weniger als fünf Meilen?
c. Sind zwei Pfund in England mehr oder weniger als ein Kilo?
d. Ist ein Liter mehr oder weniger als zwei Pints?
e. 500 Meilen sind mehr als 900 Kilometer. Stimmt das?

Der Komparativ

mit Umlaut		ohne Umlaut	
alt	älter	dick	dicker
groß	größer	dunkel	dunkler
hoch	höher	klein	kleiner
jung	jünger	schlank	schlanker
kurz	kürzer	schön	schöner
lang	länger		

gut besser
gern lieber

Zum Beispiel:

Er ist größer als sie.
Er ist nicht so groß wie sie.

sprechen über + Akkusativ

Sie sprechen über ihre Freunde.
Sie sprechen über den Ausflug.

der Vater (¨)	die Schachtel (-n)	sammeln
der Wald (¨er)	die Ärztin (-nen)	segeln
die Flasche (-n)	der Ausweis (-e)	schwimmen
das Heft (-e)	der Filzstift (-e)	spielen
der Bus (-se)	der Brief (-e)	tanzen

mit + *indefinite article*

DRITTER TEIL

Was ist besser? Gut aussehend oder nett zu sein?

„Der Junge, mit dem ich befreundet bin, ist wirklich nett. Immer lustig, nie launisch. Kann auch Gitarre spielen. Gut aussehend ist er aber nicht. Er hat ziemlich große Ohren und eine lange Nase . . . . Ich habe ihn so lieb!"

befreundet sein *to be friends with*
gemein *horrid, mean, nasty*
gut aussehend *good-looking*
schlechter Laune *in a bad mood*
launisch *moody*
lustig *cheerful, jolly*
die Nase (-n) *nose*
das Ohr (-en) *ear*
ungeduldig *impatient*

„Brigitte, mit der ich befreundet bin, ist **so** schön. Sie hat lange, dunkelbraune Haare, schöne Augen und ist schlank und intelligent. Aber . . . sie ist manchmal ungeduldig mit mir und kann dann und wann recht gemein sein. Aber ich liebe sie so sehr! Auch wenn sie schlechter Laune ist."

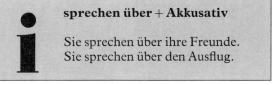

□ Briefkasten 2

Ich bin vierzehn Jahre alt und habe am 14. März Geburtstag. Ich suche schreibfreudige Jungen und Mädchen aus aller Welt. Ich bin sehr unternehmungslustig. Meine Hobbys sind Tanzen, Musik, Tiere, Schwimmen und Briefschreiben. Jeder Brief wird garantiert beantwortet. Schreibt sofort an:

Heike Schwurack,
Eilenburger Str. 17,
7133 Strobitz, D.D.R.

Sechzehnjähriger Junge sucht nette Brieffreundinnen ab vierzehn. Ich bin immer gut gelaunt! Meine Hobbys sind Musik, Faulenzen und natürlich Briefschreiben. Wenn Ihr mehr über mich wissen wollt, dann meldet Euch, wenn möglich mit Bild.

Georg Kühn,
Gerichtstr. 17,
6430 Königsschloß.

Ich bin unternehmungslustig *I like doing lots of things*

das Faulenzen *lazing about*

FREUNDSCHAFTSBÜRO!

Brieffreunde und Brieffreundinnen! Sucht ihr gute Freunde? Füllt nur dieses Formular aus und schickt es uns! Bitte Foto mitschicken!

Familienname:

Vorname:

Adresse:
....
....
....

Alter:

Geschlecht:

Größe:

Gewicht:

Hobbys

- Diskos □
- Fotografieren □
- Fußball □
- Instrument spielen □
- Kino □
- Lesen □
- Musik □
- Radfahren □
- Reiten □
- Briefmarken sammeln □
- Schwimmen □
- Segeln □
- Tanzen □
- Tennis □
- Theater □
- Tiere □
- Andere: ....

Charaktereigenschaften

	nie	selten	manchmal	meistens	immer
freundlich	.....	.....	.....	.....	.....
unfreundlich	.....	.....	.....	.....	.....
gut gelaunt	.....	.....	.....	.....	.....
schlecht gelaunt	.....	.....	.....	.....	.....
geduldig	.....	.....	.....	.....	.....
ungeduldig	.....	.....	.....	.....	.....
lustig	.....	.....	.....	.....	.....
launisch	.....	.....	.....	.....	.....
ungehalten	.....	.....	.....	.....	.....
unternehmungslustig	.....	.....	.....	.....	.....
zufrieden	.....	.....	.....	.....	.....

ungehalten *annoyed, irritated*
zufrieden *contented, satisfied*

Übung 1. Mach eine Liste deiner Charaktereigenschaften! Dann mach eine Liste der Charaktereigenschaften deines Freundes oder deiner Freundin – dann vergleiche die Listen!

Zum Beispiel:

Ich bin immer freundlich, selten launisch, ...
Du bist immer ungeduldig, nie zufrieden, ...

Übung 2. Hör zu!
Zwei Leute beschreiben ihre Geschwister. Lies folgende Sätze und verbessere das, was falsch ist!

a. (i) Sie beschreibt ihren Bruder.
(ii) Diese Person ist 23 Jahre alt.
(iii) Sie hat hellbraune Haare.
(iv) Sie ist ziemlich klein.
(v) Sie liest gern.
(vi) Sie spielt kein Instrument.
(vii) Ihr Beruf ist Kinderkrankenschwester.
(viii) Sie hat wenig Geduld.

b. (i) Sie beschreibt ihren Vater.
(ii) Diese Person ist 1,70m groß.
(iii) Sie hat blonde Haare und eine große Nase.
(iv) Sie ist ziemlich dick.
(v) Sie treibt gern Sport.
(vi) Diese Person ist launisch.
(vii) Ihr Hobby ist Lesen.
(viii) Diese Person spielt sehr selten.

Kannst du jetzt diese zwei Leute beschreiben?

Wie ist es bei dir in der Familie? Sind deine Geschwister und deine Freunde alle Engel? Kannst du sie beschreiben?

der Engel (-) *angel*

Übung 3. Hör zu!

Wann ist man ungeduldig oder schlecht gelaunt? Wenn man zuviel zu tun hat oder vielleicht auch wenn man müde oder hungrig ist.

a. *Copy the following table into your books. As you listen to the tape link the names to the appropriate moods and to the reasons given for the moods.*

Laune	**Name**	**Warum?**
ungeduldig	Martina	schlechte Noten bekommen
schlecht gelaunt	Hans-Peter	es eilig haben
unfreundlich	Rolf	zu viel Arbeit haben
enttäuscht	Hannelore	Bruder/Schwester gemein sein
ungehalten	Erich	nichts zu tun haben
	Kirsten	schlecht gelaunt sein
	Andreas	wenig Zeit haben
	Susanne	alles schief gehen

b. Jetzt schreib für jede Person einen Satz!

Zum Beispiel:

Martina ist ungehalten, wenn ihr Bruder gemein ist.

es eilig haben *to be in a hurry*
die Note (-n) *mark (for school work)*
schief gehen *to go wrong*
tun (tut, getan) *to do*

Q

der Regenmantel (¨)	das Café (-s)	finden
der Schuh (-e)	der Dom (-e)	suchen
die Jacke (-n)	die Erbse (-n)	bekommen
das Kleid (-er)	der Bahnhof (¨e)	arbeiten
das Gesicht (-er)	das Verkehrsamt (¨er)	verdienen

VIERTER TEIL

Die Kleidung

Was trägst du in der Schule, und was trägst du zu Hause?

„In der Schule trage ich meistens Jeans oder eine Hose und eine Bluse und einen Pullover. Abends, wenn ich zu Hause bleibe, trage ich dasselbe. Wenn ich ausgehe, auf eine Party zum Beispiel, trage ich vielleicht ein Kleid. Meine Lieblingsfarbe ist grün.
Im Winter trage ich natürlich einen Anorak oder einen Mantel und Stiefel, wenn ich draußen bin."

die Hose (-n) *trousers*
das Kleid (-er) *dress*
der Mantel (¨) *coat*
der Stiefel (-) *boot*
tragen (trägt, getragen) *to wear*

„In der Schule trage ich lieber eine kurze Jacke als einen Pullover – ich brauche die Taschen für Kulis und so weiter. Auch trage ich Jeans oder eine Hose. Ich trage sehr selten einen Schlips – meistens ziehe ich einen Pullover mit Rollkragen an. Ich habe einen Regenmantel, den ich sehr selten trage. Bei schlechtem Wetter ziehe ich einen Anorak an."

<u>an</u>ziehen (zieht an, angezogen) *to wear, to put on*
der Rollkragen (-) *polo neck*
der Schlips (-e) *tie*

■ **Übung 1.** Lies dir diese drei Wetterberichte durch! Was würdest **du** draußen bei solchem Wetter tragen?

Zum Beispiel:

Im ersten Fall würde ich . . . tragen.

a.

Schneefall

Vereinzelt noch Schneefall. Tageshöchsttemperaturen minus 2 bis minus 6 Grad, Tiefstwerte der kommenden Nacht minus 7 bis minus 12 Grad. Zeitweise auffrischender Wind aus östlichen Richtungen.

b.

Das Wetter

Weiterhin sonnig und trocken, um 31°

c.

Rhein-Main-Gebiet

Stark bewölkt bis bedeckt und wiederholt Regenfälle. Höchsttemperatur 10 bis 14 Grad. Tiefstwerte um 8 Grad. Schwacher bis mäßiger Wind aus Süd bis Südwest.

Im ersten Fall würde ich einen Bikini tragen!

Maskulinum	**Femininum**	**Neutrum**	**Plural**
Anorak	Bluse	Hemd	Sandalen
Büstenhalter (BH)	Hose	Kleid	Schuhe
Hut	Jacke	T-Shirt	Shorts
Mantel	Jeans		Socken
Pullover	Mütze		Stiefel
Regenmantel	Unterhose		
Schlips	Wollmütze		
Slip			

■ **Übung 2.** Was trägst du heute in der Schule? Eine Uniform oder etwas anderes?
Was trägst du, wenn du abends mit deinen Freunden zusammen bist?
Schreib einige Sätze!

Übung 3. Was würden die folgenden Leute vielleicht tragen?

Sekretärin

Lehrer

Schwimmerin

Student

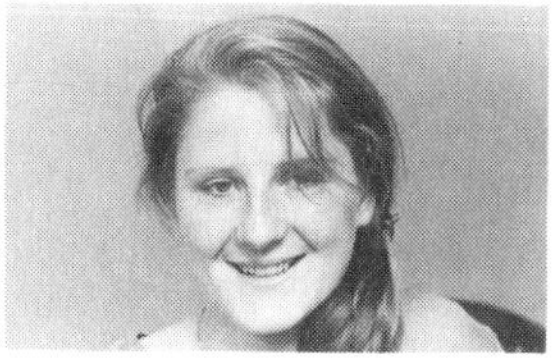

Wanderer

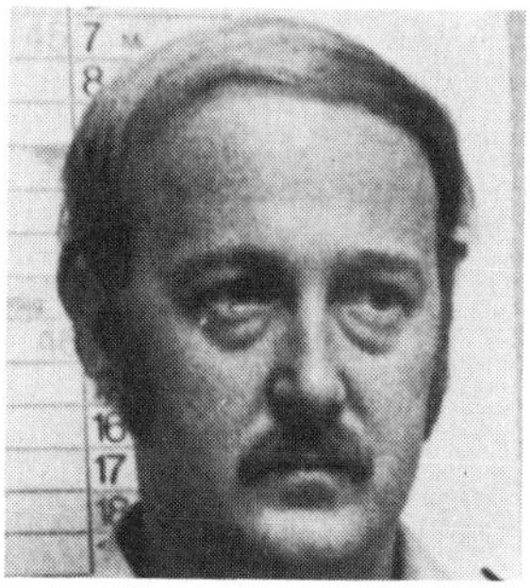

Polizist

Übung 4. Was haben sie für ihre Kleidung bezahlt?

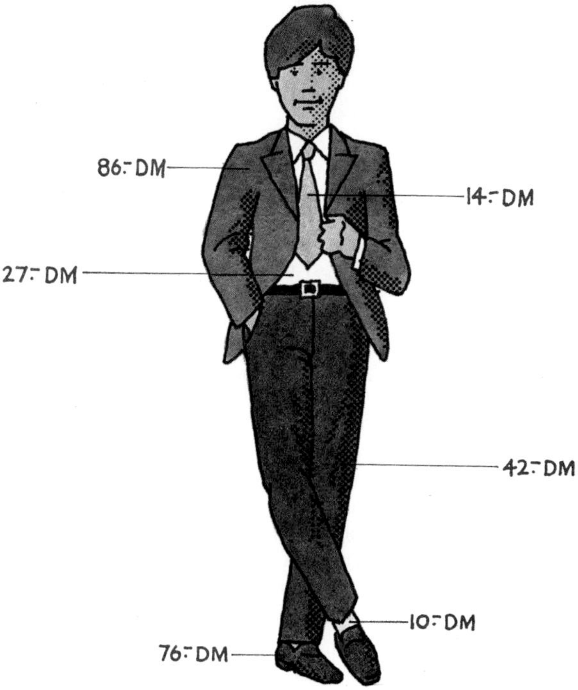

Andreas

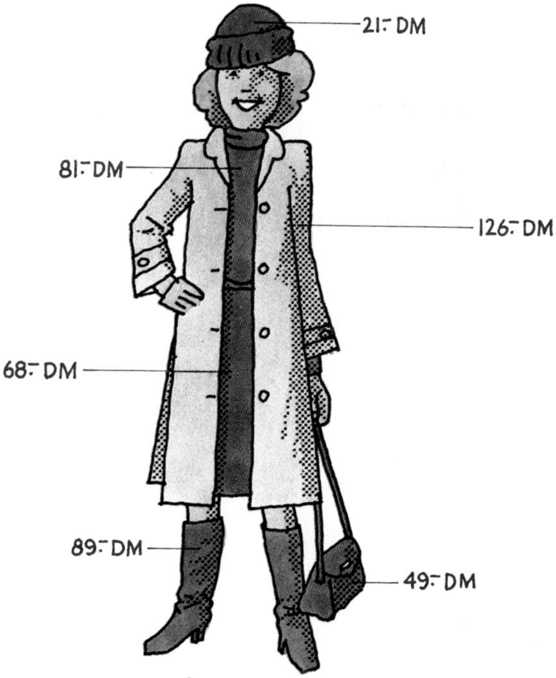

Anna

Zum Beispiel:

Andreas: Für seine Jacke hat er 86.-DM bezahlt.

Q

die Linie (-n)	die Freundin (-nen)	wohnen
die Stadt (¨-e)	die Torte (-n)	sparen
der Vater (¨-)	der Kuchen (-)	gehen
die Oma (-s)	der Fahrschein (-e)	segeln
der Rock (¨-e)	das Meerschweinchen (-)	finden

FÜNFTER TEIL

Können Sie bitte helfen?

Polizei sucht diesen Mann

Frankfurt – Die Polizei braucht Hilfe: So sieht der Mann aus (Phantombild), der am 23. Oktober am Eschborner Bahnhof eine 60jährige Frau überfallen hat. (BILD berichtete). Er ist ca. 1,70 bis 1,75 Meter groß, Mitte 20, hat eine normale Figur, glatte, dunkelbraune Haare und einen vollen Oberlippenbart. Vielleicht trägt er eine Brille mit dunklem Horngestell. Hinweise an die Kriminaldienststelle Hofheim (Telefon 0 6191/50 57) oder jede andere Polizeidienststelle!

Nach Raubüberfall

Fahndung mit Phantom-Zeichnungen

Überfall in Völklingen: Phantombilder der Täter.

Die Kriminalpolizei braucht Ihre Hilfe. Nach einem Raubüberfall auf einen 68jährigen Kaufmann in Völklingen sucht sie zwei junge Männer. Der Kaufmann hat die zwei Täter folgendermaßen beschrieben.

Einer der Täter war etwa 30 Jahre alt, 170 cm groß, untersetzt, kräftig, hatte braune Haare und einen braunen Vollbart. Bekleidet war er mit einer braunen Wollstoffjacke. Der zweite Täter war etwa 25 Jahre alt und etwas kleiner als sein Komplice. Er war schlank, hatte ein schmales Gesicht und war mit einer olivgrünen Windjacke bekleidet. Beide sprachen saarländischen Dialekt.

Die Polizei fragt: Wer kennt diese zwei Personen? Hinweise an das Kriminalkommissariat, Völklingen (Telefon 07898 2 20 11) oder an jede andere Polizeidienststelle.

bekleidet *dressed*
beschreiben (beschreibt, beschrieben) *to describe*
folgendermaßen *in the following way*
das Gesicht (-er) *face*
der Kaufmann (Kaufleute) *businessman*
kräftig *powerful*
der Überfall (¨-e) *attack*
überfallen (überfällt, überfallen) *to attack*
untersetzt *stocky, thickset*

FRÄNZI
Wie findest du die Menschen, Fränzi?
Ziemlich uninteressant.
Wieso?
Sie sehen alle gleich aus!

Übung 1. Sieh dir den Text auf Seite 22 an! Wähle den richtigen Satz!

A. Polizei sucht diesen Mann.

a. Er hat [(i) eine alte Frau / (ii) eine junge Frau / (iii) einen Mann] überfallen.

b. Er hat das [(i) im Frühling / (ii) im Herbst / (iii) im Sommer] gemacht.

c. Der Mann war [(i) dick. / (ii) schlank. / (iii) weder dick noch schlank.]

d. Er hatte [(i) dunkle / (ii) helle / (iii) lockige] Haare.

B. Fahndung mit Phantomzeichnungen.

a. Die Männer haben einen [(i) jungen / (ii) alten] Mann überfallen.

b. Einer der Täter hatte einen [(i) Schnurrbart. / (ii) Vollbart.]

c. Er war ungefähr [(i) dreißig. / (ii) vierzig.]

d. Der andere Täter war [(i) älter. / (ii) jünger.]

e. Sie waren aus [(i) Norddeutschland. / (ii) Südwestdeutschland.]

Übung 2. Hör zu!
Die Kriminalpolizei hat einige Leute über einen Raubüberfall in einem Kaufhaus befragt. Kannst du die Täter beschreiben?

As you listen to the descriptions, note down the numerals of the correct phrases and anything else you may want to note which is not listed here. When you have all the information available, write a description of the people involved.

A. Die erste Beschreibung

a. Es war [(i) ein Mann. / (ii) eine Frau.]

b. Die Person war [(i) schmal. / (ii) kräftig. / (iii) groß. / (iv) klein.]

c. Die Person war [(i) 1,50m / (ii) 1,60m / (iii) 1,70m] groß.

d. Die Person trug eine [(i) braune / (ii) grüne / (iii) schwarze] Hose und ein [(iv) blaues / (v) rotes] Hemd.

e. Die Person ist in Richtung [(i) Rathaus / (ii) Fußgängerzone] davongelaufen.

B. Die zweite Beschreibung

a. Es war
- (i) ein Mann.
- (ii) eine Frau.

b. Die Person war
- (i) 1,50m
- (ii) 1,60m
- (iii) 1,70m

groß.

c. Die Person trug einen
- (i) grauen
- (ii) roten

Pullover,

einen
- (iii) grünen
- (iv) gelben

Anorak und
- (v) eine dunkle Hose.
- (vi) Jeans.

d. Die Person hatte
- (i) braune
- (ii) blonde
- (iii) kurze
- (iv) lange

Haare.

C. Die dritte Beschreibung

a. Der Mann hatte
- (i) blaue
- (ii) graue
- (iii) braune

Augen.

b. Er hatte
- (i) dunkle
- (ii) helle
- (iii) lange
- (iv) kurze
- (v) lockige
- (vi) glatte

Haare.

c. Er war
- (i) alt.
- (ii) jung.

d. Die Frau hatte ein
- (i) breites
- (ii) schmales

Gesicht.

e. Die Personen sind in Richtung
- (i) Rathaus
- (ii) Fußgängerz

davongelaufen.

Übung 3. Hör zu!
Die Familie Simmer beschreibt sich. Mach Notizen und beschreib sie!

Übung 4. Kannst du Phantombilder zeichnen?

a. Er hat:
- (i) ein schmales Gesicht
- (ii) einen schwarzen Vollbart
- (iii) eine lange Nase
- (iv) kleine Augen.

b. Sie hat:
- (i) ein rundes Gesicht
- (ii) ein breites Gesicht
- (iii) eine dunkle Brille
- (iv) lange, glatte, dunkle Haare
- (v) einen schmalen Mund.

c. Sie hat:
- (i) lockige Haare bis auf die Schultern
- (ii) große, blaue Augen
- (iii) einen vollen Mund
- (iv) ein schmales Gesicht
- (v) eine kleine Nase.

Übung 5. Kannst du diese Leute beschreiben?

Zum Lesen und zum Hören

Auf der Polizeiwache

Polizeibeamter Lehnert erstattet seinen Bericht und bespricht ihn mit seinem Kollegen auf der Polizeiwache.

„Weißt du, ich bin mir sicher, daß das Marcel Braun war. Er war mit einer jungen Frau zusammen, und die Kunden haben ihn ziemlich genau beschrieben.“

„Mit einer jungen Frau? Früher hat er immer mit einem Jungen gearbeitet. Und er hat nur eine Tasche gestohlen?“

„Ja. Die Handtasche einer alten Dame. Sie hatte nicht so sehr viel darin – ein paar alte Fotos, eine fast leere Geldtasche, nichts Besonderes. Dann ist er mit seiner neuen Komplizin abgehauen.“

„In welche Richtung?“

„Er ist in ein anderes Kaufhaus gelaufen – mit ihr zusammen – und die sind beide verschwunden.“

„Hast du gute Zeugen?“

„Sie sind nicht schlecht. Ich habe einen guten Bericht von einer jungen Verkäuferin, die das Mädchen ziemlich genau beschrieben hat. Und nachdem ich die anderen Berichte gelesen hatte, war mir ganz klar, daß dieser Mann unser alter Marcel ist. Eines Tages erwische ich ihn!“

„Klar. Kannst du mir einen schriftlichen Bericht geben? Ich habe hier einen anderen Fall für dich. Der Wagen eines englischen Touristen ist heute mit allem Campingzeug und ich weiß nicht was verschwunden. Mit einem englischen Kennzeichen sollte der nicht so schwer zu finden sein. Kannst du das den anderen Streifenwagen durchgeben? Ein blaues Auto – ein Ambassador, Kennzeichen OJF 765X. Die Polizeiwachen an der französischen Grenze sind schon darüber informiert.“

* abhauen (haut ab, abgehauen) *to buzz off, to run off, to get out or away*
durchgeben (gibt durch, durchgegeben) *to inform, to pass message on*
einen Bericht erstatten (erstattet, erstattet) *to make out a report*
erwischen (erwischt, erwischt) *to catch, to lay hands on*
der Fall (¨-e) *case, incident*
die Handtasche (-n) *handbag*
das Kennzeichen (-) *car number*
der Kollege (-n, -n) *colleague*
die Komplizin (-nen) *accomplice (female)*
der Kunde (-n, -n) *customer*
*laufen (läuft, gelaufen) *to run*
leer *empty*
nachdem *after, afterwards*
der Polizeibeamte (-n) *police officer*
stehlen (stiehlt, gestohlen) *to steal*
der Streifenwagen (-) *police patrol car*
*verschwinden (verschwindet, verschwunden) *to disappear*
das Zeug *things*

i

Das Adjektiv mit ‚ein' *The adjective with the indefinite article*

	Maskulinum	**Femininum**	**Neutrum**
Nominativ	ein alter Mann	eine alte Frau	ein junges Mädchen
Akkusativ	einen alten Mann	eine alte Frau	ein junges Mädchen
Genitiv	eines alten Mannes	einer alten Frau	eines jungen Mädchens
Dativ	einem alten Mann	einer alten Frau	einem jungen Mädchen

Das Adjektiv im Plural

Nominativ	blaue Augen
Akkusativ	blaue Augen
Genitiv	blauer Augen
Dativ	blauen Augen

i

Das Imperfekt *The simple past tense*

sein	**haben**
ich war	ich hatte
du warst	du hattest
er/sie/es war	er/sie/es hatte
wir waren	wir hatten
ihr wart	ihr hattet
Sie waren	Sie hatten
sie waren	sie hatten

i

tun (das Präsens) *to do (Present tense)*

ich tue
du tust
er/sie/es tut
wir tun
ihr tut
Sie tun
sie tun

☐ Q

das Hemd (-en)	das Heft (-e)	beginnen
das Schiff (-e)	das Klassenzimmer (-)	fahren
der Bus (-se)	der Mantel (¨)	bestellen
das Büro (-s)	die Ausstellung (-en)	wählen
das Buch (¨er)	das Schwimmbad (¨er)	schlafen

in + *dative indefinite article*

Mündliche Wiederholung

1. Frag mal deinen Partner oder deine Partnerin:

a. wie alt er/sie ist;
b. was er/sie gern macht und was er/sie für Hobbys hat;
c. ob er/sie Geschwister hat;
d. ob er/sie Tiere hat;
e. ob er/sie eine Lieblingsgruppe hat;
f. ob er/sie ein Instrument spielt, und welches;
g. ob er/sie Taschengeld bekommt und was er/sie damit macht;
h. ob er/sie Geld verdient und wie.

2. Was fragt man, wenn man folgendes sucht? Stell einem Partner oder einer Partnerin die Fragen! Der Partner oder die Partnerin soll passende Antworten geben.

a. b. c. d. e.

3. Du bist auf der Post, und du brauchst folgendes. Was sagst du?

a.

× 2

b.

× 1

c.

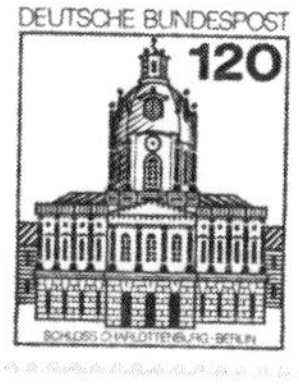

× 4

d.

× 2

4. Du bist in einem Geschäft. Erfinde mit einem Partner oder einer Partnerin Dialoge!

Zum Beispiel:

A: Guten Tag! Kann ich Ihnen helfen?
B: Ja. Haben Sie . . .?

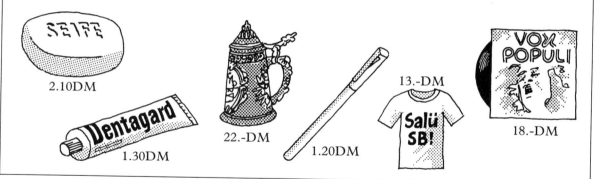

2.10DM

1.30DM

22.-DM

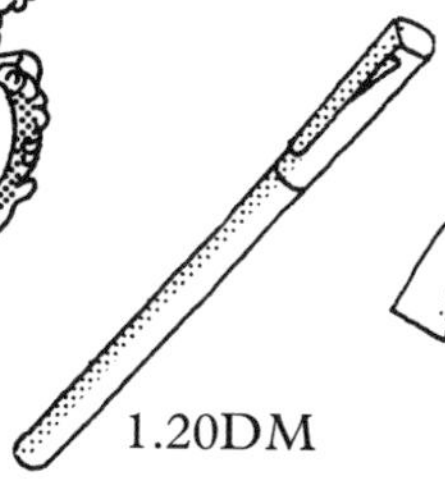

1.20DM

13.-DM

18.-DM

2
Mein Wohnort
Where I live

ERSTER TEIL

Wohnst du in der Stadt oder auf dem Lande?

■ Wohnst du in einer Stadt .... oder wohnst du in einem Dorf?

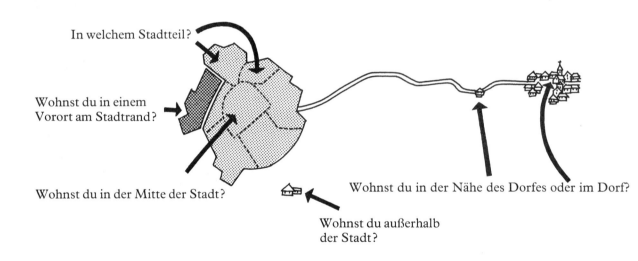

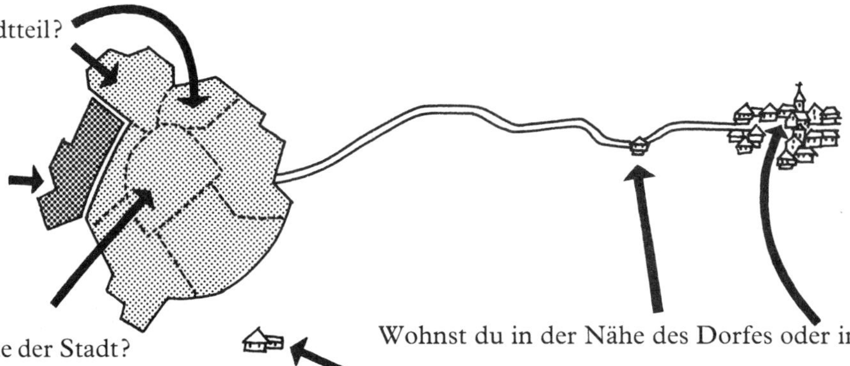
In welchem Stadtteil?
Wohnst du in einem Vorort am Stadtrand?
Wohnst du in der Mitte der Stadt?
Wohnst du in der Nähe des Dorfes oder im Dorf?
Wohnst du außerhalb der Stadt?

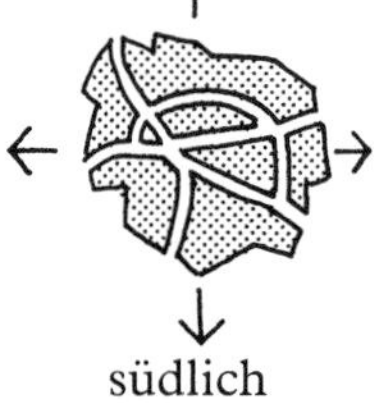
nördlich
Und wohnst du . . . westlich
östlich . . . der Stadt oder des Dorfes?
südlich

Oder wohnst du vielleicht auf dem Lande? Wie weit wohnst du von der Stadt oder vom nächsten Dorf entfernt? 25km? 5km?

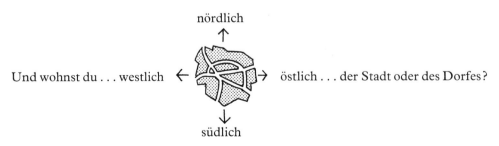

Karla wohnt an der Küste.

Heinz wohnt in den Bergen.

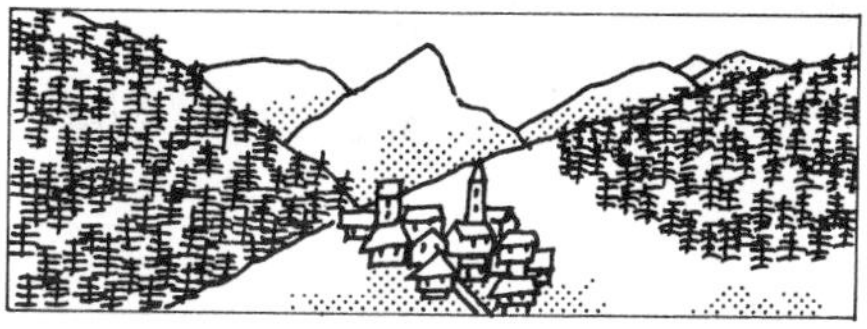

Inge wohnt auf dem Lande.

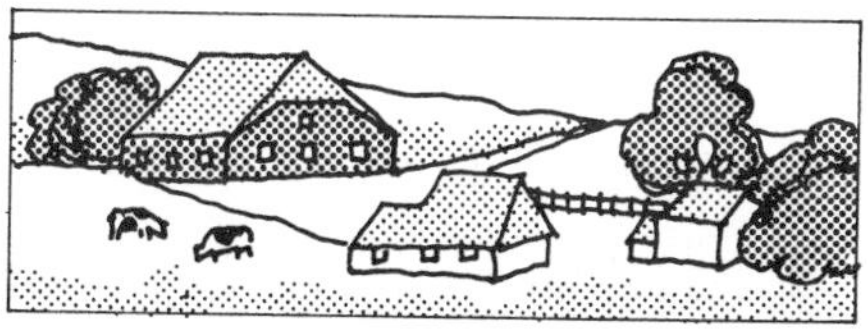

Lutz wohnt in der Nähe des Waldes.

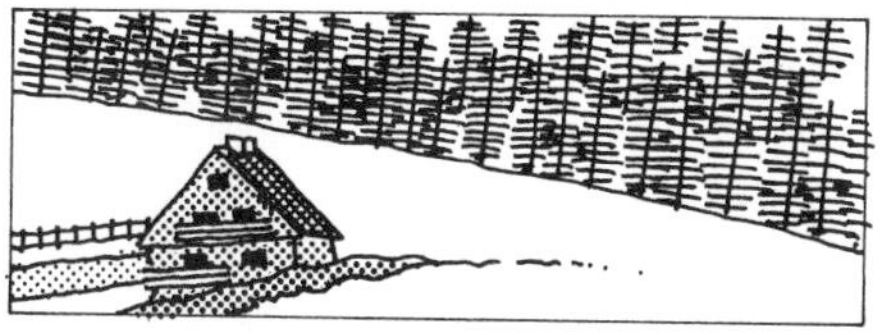

Bernd wohnt in einem Tal.

Manfred wohnt an einem Fluß.

Heidi wohnt auf einer Höhe.

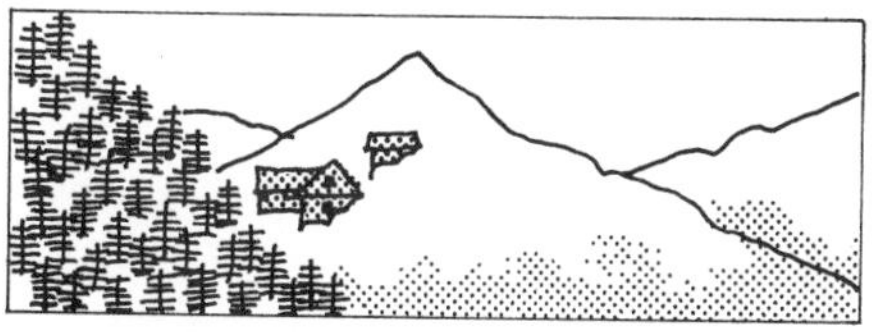

Und wessen Haus liegt an der Autobahn?

Annas.

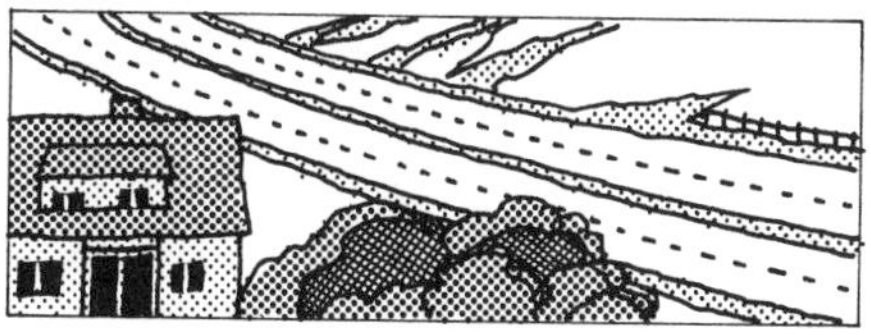

■ Wo liegt dein Haus, deine Wohnung, dein Dorf, dein Vorort oder deine Stadt?

die Autobahn (-en) *motorway*
der Berg (-e) *mountain*
die Küste (-n) *coast*
die Mitte (-n) *middle*
das Tal (¨-er) *valley*
der Vorort (-e) *suburb*
der Wald (¨-er) *woods*
wessen? *whose?*

Ich wohne	außerhalb in der Mitte in der Nähe nördlich	der Stadt des Dorfes
	südlich in der Nähe	des Flußes

Dagmar wohnt in Neustadt im Schwarzwald.

„Ich wohne in einer ziemlich kleinen Stadt außerhalb der Stadtmitte. Unser Haus liegt in der Nähe des Waldes – man läuft nur fünf Minuten, und dann ist man schon im Wald. Es ist auch nicht sehr weit von der Stadtmitte entfernt, was sehr praktisch ist.
Man kann sogar zu Fuß in die Stadt gehen, oder mit dem Bus fahren. Der Bahnhof ist auch nicht sehr weit. Ich weiß nicht, wieviele Einwohner es gibt – es ist aber eine ziemlich kleine Stadt."

Dagmar hat nicht immer im Schwarzwald gewohnt. Früher wohnte sie in Stuttgart. Dort hatte die Familie eine kleine Wohnung. Sie wohnte nicht gern in einer Großstadt und freute sich, als die Familie nach Neustadt umzog.

als *when (in the past)*
der Einwohner (-) *inhabitant*

Thomas wohnt im Norden.

„Ich wohne auf dem Lande östlich der Stadt Husum in Schleswig-Holstein. Unser Bauernhaus befindet sich außerhalb des Dorfes. Meine Familie hat immer hier gewohnt, und ich bin hier in diesem Haus geboren. Das Land um uns herum ist sehr flach, und unser Haus steht auf einer kleinen Höhe. Man nennt diese Höhe eine ‚Warft' oder ‚Werft'. "

flach *flat*

Übung 1. Richtig oder falsch? Verbessere die falschen Sätze!

a. **Dagmar**
(i) Sie wohnt in der Mitte der Stadt.
(ii) Ihr Haus liegt zehn Minuten vom Wald entfernt.
(iii) Das Haus liegt in der Nähe der Stadtmitte aber weit vom Bahnhof entfernt.
(iv) Die Familie hat vorher in Bremen gewohnt.

b. **Thomas**
(i) Er wohnt auf dem Lande, westlich von Husum.
(ii) Das Haus steht in der Mitte des Dorfes.
(iii) Er wohnt in einem Bauernhaus.
(iv) Er ist im Krankenhaus geboren.
(v) Er wohnt in den Bergen.

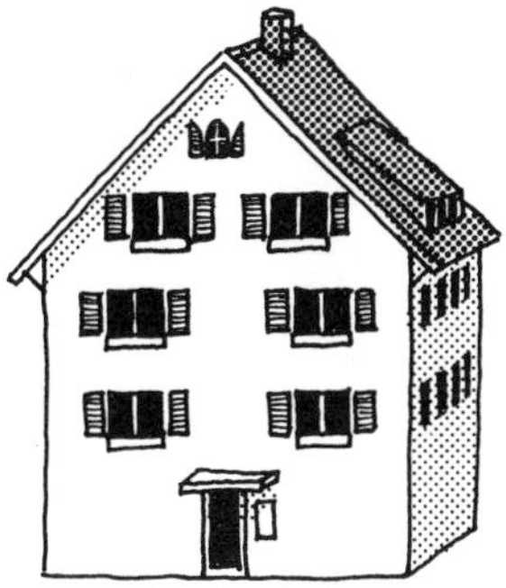

Wohnung. In attraktiver Lage am Stadtrand. Nähe Krankenhaus. Verkehrsruhige Lage. Gute Busverbindungen.

Wohnung. In Hamburg-City–im Zentrum, dennoch ruhig. 500 m. bis Bahnhof. 1 km bis Autobahn.

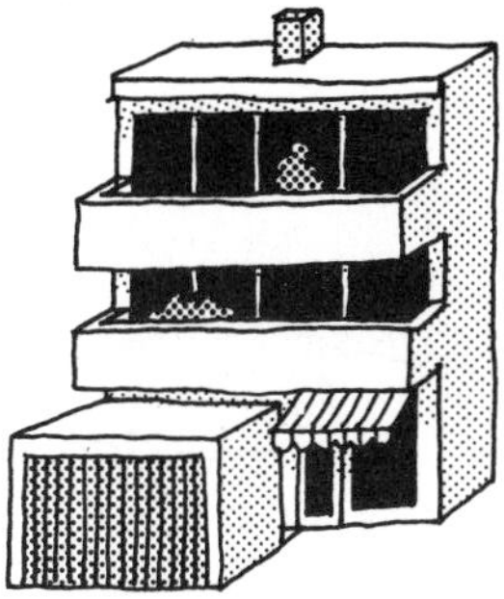

Wohnhaus. Südschwarzwald, – dort wo andere Urlaub machen, in der Nähe von Lahr. In ruhiger Waldrandlage.

Wohnhaus. An der Hamburger Stadtautobahn gelegen. 25 km bis Hamburg-City.

Bungalow. Ruhige Lage von Wald umgeben. In der Nähe der französischen Grenze.

Wohnung. In zentraler doch ruhiger Wohnlage. Nähe Fußgängerzone.

Wohnhaus. Schöne, ruhige Südlage mit einem schönen Blick ins Wesertal.

Wohnhaus. Schöne Lage am Stadtrand. Nähe Autobahnkreuz.

Übung 2. *Which of these would you choose if:*

a. *you were looking for a flat in town, not too far from the station?*
b. *you wanted a house in a sunny spot?*
c. *you wanted to live outside the town, but you had not got a car?*
d. *you had to cross into France to work each day?*
e. *you were thinking of setting up a guest house somewhere in the southern part of Germany?*
f. *you were a commercial traveller – it would not matter where you lived, as long as it were near the motorway?*
g. *you were looking for a quiet spot in the town centre?*
h. *you had been moved to work in Hamburg but you did not want to live too near the town itself?*

Übung 3. Du bekommst einen Brief von deinem deutschen Freund.
Kannst du diesen Teil des Briefes beantworten?

Kannst Du mir sagen, wo Deine Stadt (oder ist es ein Dorf ??) liegt? Ist es eine große Stadt oder nicht? Wie Du weißt, liegt meine Stadt an einem Fluß – am Neckar. Ich wohne nördlich der Stadt in einem Vorort – er heißt

Was hast Du für Hobbys?
Dein
Konrad

Kannst du Konrad sagen:

a. wo du wohnst und ob du dort immer gewohnt hast;
b. ob das eine Stadt oder ein Dorf ist;
c. wo du in der Stadt oder im Dorf wohnst;
d. wo die Stadt oder das Dorf liegt;
e. wieviele Einwohner sie oder es hat;
f. seit wann du dort wohnst;
g. etwas über deine Hobbys?

Übung 4. Kannst du folgende Wohnorte beschreiben?

a. **Petra**
Bleckede
Elbe
Norddeutschland
8000 Einwohner
seit 1979

b. **Carl**
St. Austell
Südwestengland
Küste
20000 Einwohner
seit fünf Jahren

Übung 5. Kannst du beschreiben, wo diese Leute wohnen?

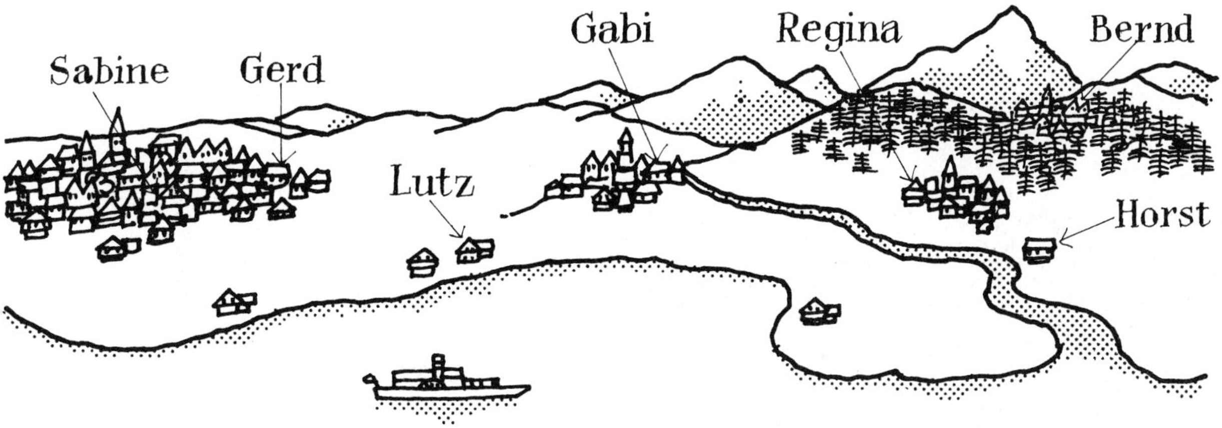

Übung 6.

a. Kannst du deinem Partner oder deiner Partnerin eine Auskunft geben?

Zum Beispiel:

A: Weißt du, wo Dieter wohnt?
B: Ja. Er wohnt in der Nähe des Schloßes in der Hauptstraße.

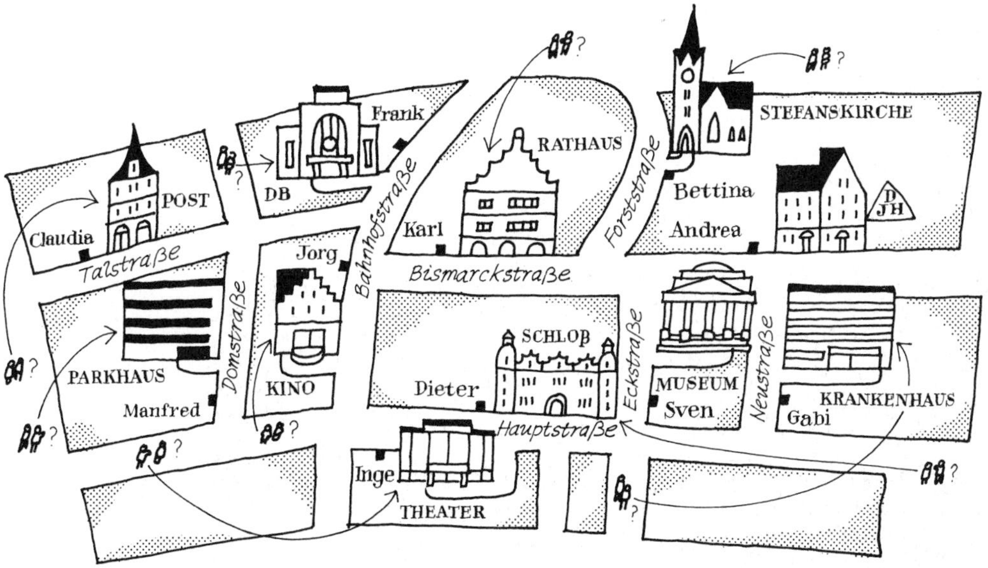

b. *Work with a partner. Imagine that you are one of the pairs of people illustrated on the map. One of you is wanting to visit the home of one of the people featured on the map and wants to know the way to a building near it (in each case, the building is indicated with an arrow). How do you ask the question? The other one of you gives directions according to your position on the map. You are friends and therefore use the familiar form when talking to each other. For example:*

A: Wie komme ich zur Post?
B: Nimm die erste Straße rechts . . . .

	Maskulinum	Femininum	Neutrum	Plural
Nominativ	der	die	das	die
Akkusativ	den	die	das	die
Genitiv	**des**	**der**	**des**	**der**
Dativ	dem	der	dem	den

Genitiv – Zum Beispiel:

In der Nähe des Bahnhofs.
In der Mitte der Stadt.
Außerhalb des Dorfes.
In der Nähe der Häuser.

Note that in the dative plural you add an **-n** *to the noun, unless it already has one.*

Zum Beispiel:

die Häuser *but* in den Häusern.

Wortstellung bei ‚als' *when (in the past)*

Note the word order:
Als sie in Stuttgart wohnte, arbeitete sie bei Mercedes.
Er sah die drei Leute, als er aus dem Geschäft kam.

das Geschäft (-e)	der Eingang (¨e)	sparen
der Mantel (¨)	die Geige (-n)	essen
der Mund (¨er)	die Grenze (-n)	trinken
der Junge (-n)	das Haus (¨er)	bestellen
die Bluse (-n)	die Stadt (¨e)	bezahlen

ZWEITER TEIL

Der Ort, wo du wohnst

„Unsere Stadt ist ganz neu. Man hat sie 1960 gebaut, und wir wohnen hier seit drei Jahren. Wir haben eine ganz schöne Wohnung in einem modernen Wohnblock, der in der Nähe des Parks ist. Es gibt nicht viel Industrie – das Industriegebiet liegt meistens außerhalb der Stadt."

das Industriegebiet (-e) *industrial area*
der Wohnblock (¨e) *block of flats*

Frau Weber wohnt hier seit drei Jahren. Früher wohnte sie in Südwestdeutschland. Sie zog um als ihr Mann hier eine neue Stelle bekam.

Frau Weber

„Unsere Stadt ist ziemlich alt. Ich finde sie sehr schön. Wir haben einen schönen Park hier und nicht allzuviel Industrie."

Herr Gerber

Herr Gerber hat fast immer hier gewohnt. Hier ging er sogar zur Schule. Zwar verbrachte er einige Jahre in einer anderen Stadt, als er jünger war, aber er wollte immer zurückkehren.

* zurückkehren (kehrt zurück, zurückgekehrt) *to return*
zwar *indeed, it is true*

„Meine Stadt liegt in einem Industriegebiet. Ich wohne sehr gern hier, obwohl die Stadt gewisse Probleme hat, wie zum Beispiel die Arbeitslosigkeit. Aber es gibt immer etwas zu tun, und das finde ich schön. Ich würde nicht gern in einem Dorf wohnen. Ich würde es langweilig finden."

die Arbeitslosigkeit *unemployment*

Barbara Ilse

„Unser Dorf liegt etwa acht Kilometer von der Stadt entfernt. Ich persönlich würde lieber in der Stadt wohnen. Wenn man etwas Interessantes machen will, dann muß man in die Stadt fahren – und das kostet natürlich eine Menge Geld. Außerdem sind die Verkehrsverbindungen nicht sehr gut, und besonders am Abend und am Wochenende muß man lange auf den Bus warten."

Gottfried Zimmer

außerdem *besides*
die Verkehrsverbindung (-en) *public transport provision*

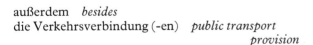

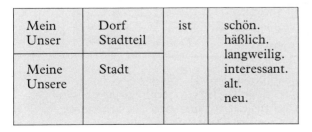

Mein Unser	Dorf Stadtteil	ist	schön. häßlich. langweilig. interessant. alt. neu.
Meine Unsere	Stadt		

Ich wohne	in einem	schönen häßlichen langweiligen interessanten alten neuen	Dorf. Stadtteil.
	in einer		Stadt.

Übung 1. Hör zu!
Mach Notizen und dann schreib einen Bericht über die Leute, die sprechen! Sag, wo sie wohnen und wie sie es dort finden.

Übung 2. Jetzt könnt ihr einander interviewen! Einer/eine von euch ist Frau Weber (Herr Gerber, usw.) und der/die andere stellt Fragen. Seht euch die Texte auf Seiten 34–35 an!

a. (i) In was für einer Stadt wohnen Sie, Frau Weber?
(ii) Seit wann wohnen Sie dort?
(iii) Wohnen Sie in einer Wohnung oder in einem Haus?
(iv) Wo liegt Ihre Wohnung?
(v) Gibt es viel Industrie in der Nähe?
(vi) Wo haben Sie früher gewohnt?

b. (i) In was für einer Stadt wohnen Sie, Herr Gerber?
(ii) Wohnen Sie gern dort?
(iii) Seit wann wohnen Sie dort?

c. (i) Wohnen Sie auf dem Lande, Frau Ilse?
(ii) Würden Sie lieber in einem Dorf wohnen?
(iii) Warum?
(iv) Hat Ihre Stadt Probleme oder nicht?

d. (i) Wo wohnen Sie, Herr Zimmer?
(ii) Wohnen Sie gern dort?
(iii) Welche Nachteile gibt es?
(iv) Ist es leicht, in die Stadt zu fahren?

der Nachteil (-e) *disadvantage*

Übung 3. Hör zu!
Hier spricht man über Heimstadt. Mach dir eine Liste der Daten und Verben, die hier unten stehen! Hör dir das Tonband an und mach Notizen! Dann schreib einen Bericht über die Stadt!

Zum Beispiel:

1704 hat man die Kirche gebaut.
1914 hat man ....

die Daten	**die Verben**
1704	abreißen (abgerissen) *to demolish*
1914	anlegen (angelegt) *to lay out*
1934	bauen (gebaut) *to build*
1951	eröffnen (eröffnet) *to open*
1953	pflanzen (gepflanzt) *to plant*
1966	restaurieren (restauriert) *to restore*
1972	sanieren (saniert) *to redevelop, to renovate*
1975	
1978	

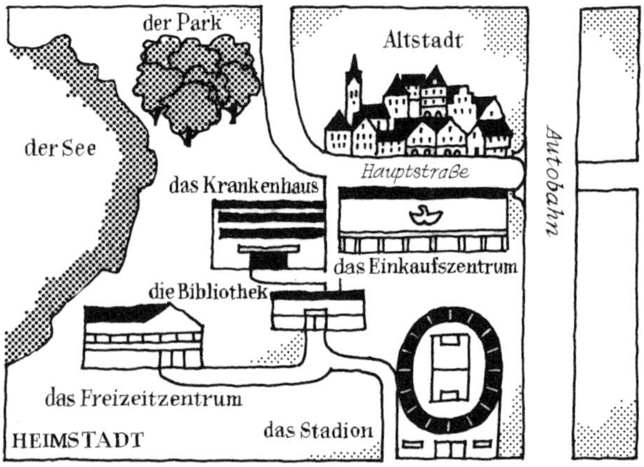

die Bibliothek (-en) *library*
das Einkaufszentrum (-ren) *shopping centre*
das Freizeitzentrum (-ren) *leisure centre*
der See (-n) *lake*

Kannst du eine Broschüre für deine Stadt machen?

KOMMT NACH MIDDLETOWN!!

Middletown hat:
- 26 000 glückliche Einwohner!
- keine Arbeitslosigkeit!
- viel Industrie!
- ein gutes Einkaufszentrum!
- ein fantastisches Freizeitzentrum!
- ein modernes Theater!
- ein Kino!
- eine Bibliothek!
- ein ausgezeichnetes Hallenbad!
- einen schönen Park mit einem See!
- ein historisches Schloß!
- einen mittelalterlichen Turm!
- ein beheiztes Freibad!
- eine interessante Zeitung!
- sehr gute Verkehrsverbindungen!
- eine große Fußgängerzone

Die Einwohner sind sehr freundlich!!

Was sagt Herr Jones?

„Ich wohne hier seit 33 Jahren. Es ist eine fantastische Stadt! Kommt nach Middletown!"

Und Mandy? (neun Jahre alt)

„Middletown ist echt gut – es gibt acht Eissorten hier!"

Und Fräulein Williams?

„Ich wohne in einem Vorort südlich der Stadt. Ich habe eine schöne Wohnung in einem modernen Wohnblock in der Nähe des Parks. Ich wohne seit zwei Jahren hier und ich möchte hier bleiben!"

1980 hat man die Altstadt saniert!

Die beste Stadt in Mittelengland!

1982 haben wir ein neues Stadion gebaut!

1983 haben wir eine neue Klinik eröffnet!

ausgezeichnet *excellent*
beheizt *heated*
historisch *historic*
mittelalterlich *medieval*

Oder ist deine Stadt wie diese Stadt?

Kommt nicht nach Muddletown!

Die Stadt ist häßlich!
Sie hat:
- keine Zeitung
- kein Schwimmbad
- nur drei Geschäfte
- keine Arbeitsplätze
- keinen Park
- kein Freizeitzentrum
- kein Kino
- keine Telefonzellen
- keine Toiletten
- keinen Jugendklub
- enge Straßen
- und natürlich sind die Verkehrsverbindungen schlecht!

1979 hat man das Kino zugemacht!

1980 hat man das Stadion verkauft!

Die Einwohner sind furchtbar unfreundlich!

Was sagen die Einwohner dazu?

Frau Baker: Ich wohne seit drei Tagen hier – das ist schon zu lang!

„Herr Mildon, wie lange wohnen Sie hier?"
„Wie lange? Ich weiß nicht – ich versuche, es zu vergessen!"

Herr Brown: Ich wohne in einem häßlichen Wohnblock in der Stadtmitte. Es ist schmutzig. Und außerdem regnet es hier die ganze Zeit!

Diese Stadt ist mies! Ganz langweilig! Macht mir keinen Spaß hier zu wohnen!

eng *narrow*
häßlich *ugly*
langweilig *boring*
mies *lousy, rotten*
schmutzig *dirty*
Spaß machen *to please*
es macht mir Spaß *I like it*
zumachen (macht zu, zugemacht) *to close*

Übung 4. Hör zu!
„Wie erreiche ich dein Haus, bitte?"
„Wie erreiche ich Ihr Büro?"

Auf dem Tonband hörst du, wie man folgende Häuser und Büros erreicht:

(i) Beates Haus
(ii) Herr Scherers Haus
(iii) Sabines Haus
(iv) Frau Buchwalds Büro.

a. Hör zu und mach Notizen!
b. Schreib auf, wie man das Reiseziel erreicht!

Zum Beispiel:

Die Frage: Wie erreicht man Beates Haus?
Die Antwort: Wenn man zu Beate fahren will, muß man zuerst den Bus Linie 13 nehmen. Dann muß man ....

zuerst *firstly*

You will hear these new words on the tape:
die Straße entlang *along the street*
die Tankstelle (-n) *petrol station*
die Unterführung (-en) *underpass*
an der Post vorbei *past the post office* (**an** + *dat.*)

Zum Lesen I

Herr und Frau Schoenwaldt wohnen in Dellenhausen. Sie haben eine Wohnung in einem modernen Wohnblock am Stadtrand. Es gefällt ihnen, außerhalb der Stadt zu wohnen, weil sie gern mit ihrem Hund im Wald spazierengehen. Der Name ihres Hundes ist Rollo und er ist schon elf Jahre alt. Sie arbeiten in der Stadtmitte und meistens fahren sie mit dem Bus dahin. Das machen sie lieber als mit dem Wagen. Das Parken in der Stadt ist sehr teuer, und wenn sie mit dem Bus fahren, brauchen sie nicht immer zur gleichen Zeit zu fahren. Die Verkehrsverbindungen sind gut – am Tage fährt alle fünfzehn Minuten ein Bus, der nur zwei Gehminuten von ihrer Wohnung abfährt.

Ihr Stadtteil ist ziemlich schön. Er hat ein großes Einkaufszentrum und ein modernes Freizeitzentrum mit einer Bibliothek, die sie oft besuchen. Wenn sie natürlich einen Einkaufsbummel machen oder Kleidung kaufen wollen, fahren sie in die Stadt. Das machen sie aber selten, – sie kaufen lieber am Abend in ihrem Einkaufszentrum ein.

Sie wohnen noch nicht lange hier – erst seit zwei Jahren. Wo sie früher wohnten, konnten sie keine Wohnung finden. Sie waren alle zu teuer. Sie wohnten damals in zwei Zimmern bei Freunden. Sie fanden das natürlich ganz deprimierend und freuten sich sehr, als sie diese moderne Wohnung bekamen.

damals *at that time*
deprimierend *depressing*
gefallen (gefällt, gefallen) + *dat.* *to please*
es gefällt mir *I like it*
weil *because*

a. Falsch oder richtig?

(i) Herr and Frau Schoenwaldt live in a house.
(ii) They live on the edge of town.
(iii) They do not like where they live.
(iv) They work in the suburbs.
(v) They like to go to work by car.
(vi) They find parking in town expensive.
(vii) They always travel together.
(viii) They always shop in the city centre.
(ix) Their district has no shops.
(x) They used to have a flat in another part of town.
(xi) They liked it better there.

b. Führe mit einem Partner oder einer Partnerin ein Interview!

One of you imagines that he/she is Herr/Frau Schoenwaldt. The other conducts an interview to find out how Herr/Frau Schoenwaldt likes where he/she lives. The interviewee (the one who is being interviewed) will probably need to keep the book open, but the interviewer should only have the questions on page 41 in front of him/her. He/she should make notes of the replies of the interviewee.

sie *and* **ihr** *'they' and 'their'*

Sie wohnen in Dellengarten, und **sie** finden **ihren** Stadtteil schön.

Sie wohnen in der Nähe des Waldes, und **sie** gehen mit **ihrem** Hund spazieren.

ihr *takes the same endings as* **mein**.

um Lesen II

BRIEFE AN DIE REDAKTION

Meine Tips für Wiesbaden

Zu Eurer Serie „Was ist los in der Provinz?": Ich wohne zwar erst seit sieben Monaten in Wiesbaden, aber einiges kann ich doch schon empfehlen. Im „Hardrock Café" läuft dufte Musik (auch Videos), man trifft dort nette Leute, mit denen man über Gott und die Welt quatschen kann. Toll ist es auch im „Yesterday", wo sich die Jugendlichen bei Kaffee und Tee unterhalten. Man kann dort auch Billard spielen oder flippern – und vor allem starke Musik hören. Treffpunkte im Freien sind die City-Passage in der Stadt oder die Galatea-Anlage in Biebrich.

Silke Weiten (16)
aus Wiesbaden-Biebrich

die Anlage (-n) *park, grounds*
dufte *great, fantastic*
empfehlen (empfiehlt, empfohlen) *to recommend*
flippern (flippert, geflippert) *to play pin-ball*
quatschen (quatscht, gequatscht) *to chat, to pass the time of day*
stark *fantastic (in this context)*
sich unterhalten (unterhält sich, sich unterhalten) *to chat, to talk with each other*

What does Silke think of where she is living now?
How long has she been there?
How many good places to meet people does she mention?
What is good about them?

i

Das Imperfekt *Simple past tense*

Starke Verben		Schwache Verben	
bekommen	**er bekam**	wohnen	**er wohnte**
gehen	**er ging**	sich freuen	**er freute sich**
schreiben	**er schrieb**		

ich bekam	ich wohnte
du bekamst	du wohntest
er bekam	er wohnte
sie bekam	sie wohnte
es bekam	es wohnte
wir bekamen	wir wohnten
ihr bekamt	ihr wohntet
Sie bekamen	Sie wohnten
sie bekamen	sie wohnten

Gemischte Verben

kennen	**er kannte**
können	**er konnte**
verbringen	**er verbrachte**

The mixed verbs have the endings of weak verbs but change their stem in the same way as strong verbs.

This tense is not heard in speech as much as the perfect tense and there are regional variations in the amount particular verbs are used with it. In general, however, the verbs which are most frequently used in this tense in speech are:

haben
sein
the modal verbs: dürfen, können, mögen, müssen, sollen, wollen. *(You will learn more about these verbs later in this book.)*

You will also hear people using the following verbs in the simple past tense, although less so than those mentioned above:

gehen (ging)
kommen (kam)
sagen (sagte)
wissen (wußte)

This tense is also used in speech when a person narrates a sequence of events, as you may do in making a report about your own actions, or those of others.

You will also use this tense when saying what you were doing. For example:
A: Was machtest du um drei Uhr?
B: Ich sprach am Telefon.

i

Der Imperativ *The imperative*

The imperative (giving an instruction or telling someone to do something) has three forms in German, and the one you use will depend on whether you are talking to:

a. *a friend – in which case you use the* **du** *form, e.g:* **Geh!**
b. *two or more friends – in which case you use the* **ihr** *form, e.g:* **Geht!**
c. *someone you don't know well – in which case you use the* **Sie** *form, e.g:* **Gehen Sie!**

In this book (and Book 1) the instructions for many exercises contain imperatives. These are given in the **du** *and* **ihr** *forms. Note the examples given below and add more to your list as you come across them. Note that in the* **du** *form the* **e** *is often left off the end of the word nowadays.*

The **du** *form*	*The* **ihr** *form*	*The* **Sie** *form*
beantworte (Beantworte die Fragen!)	beantwortet	beantworten Sie
geh (Geh geradeaus!)	geht	gehen Sie
komm (Komm mit!)	kommt	kommen Sie
mach (Mach die Tür auf!)	macht	machen Sie
lies (Lies den Text!)	lest	lesen Sie
sieh (Sieh dir Seite 8 an!)	seht	sehen Sie
stell (Stell Fragen!)	stellt	stellen Sie
ruf an (Ruf doch mal an!)	ruft an	rufen Sie an

i

Giving the year in German
There are two ways of doing this:

Man hat die Kirche 1907 gebaut.
Man hat die Kirche im Jahre 1907 gebaut.

i

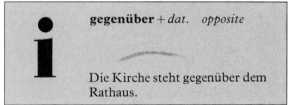

gegenüber + *dat.* *opposite*

Die Kirche steht gegenüber dem Rathaus.

Sieh dir Seite 38 an!
Fragen zum Text: Ein Interview.

a. Herr/Frau Schoenwaldt, wo wohnen Sie?
b. Wo liegt das?
c. Haben Sie eine Wohnung oder ein Haus?
d. Würden Sie nicht lieber in der Stadt wohnen?
e. Warum wohnen Sie gern in Dellenhausen?
f. Wo arbeiten Sie?
g. Wie fahren Sie dahin?
h. Warum fahren Sie lieber mit dem Bus?
i. Wie oft fahren hier die Busse?
j. Gibt es in Dellenhausen gute Einkaufsmöglichkeiten?
k. Und für Sport?
l. Wann kaufen Sie gewöhnlich ein?

☐

Q

die Woche (-n)	das Jahr (-e)	kaufen
der Tag (-e)	der Monat (-e)	nehmen
die Reise (-n)	die Stunde (-n)	warten
das Frühstück (-e)	das Wochenende (-n)	anziehen
das Abendessen (-)	der Urlaub (-e)	

nach + *indefinite article*

☐ **Mündliche Wiederholung**

1. Du bist in einem Café. Wie würdest du folgendes bestellen? Was würdest du dem Kellner oder der Kellnerin sagen?

a.

b.

c.

d.

e.

f.

2. Das sind Rechnungen. Was haben die Leute gesagt, um das alles zu bestellen?

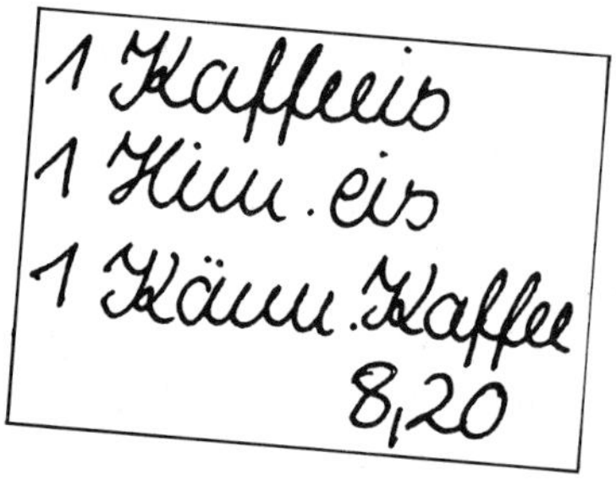

3. Du hast deine Getränke ausgetrunken und du möchtest jetzt das Café verlassen. Was sagst du dem Kellner oder der Kellnerin?

4. Du möchtest wissen, wie du am besten die folgenden Reiseziele erreichen kannst. Was fragst du und wie ist die Antwort?
Wähle einen Partner oder eine Partnerin – übt Dialoge!

B = Bus S = Straßenbahn U = U-Bahn

a. A: →HBF?
B: B 8.

b. A: →Museum?
B: S 3.

c. A: →Neumaden?
B: S 8.

d. A: →Stadtmitte?
B: U 2.

e. A: →Flughafen?
B: U 1.

5. Und wo befinden sich die folgenden Haltestellen und U-Bahnstationen? Wie fragt man? Wie antwortet man?

a.

b.
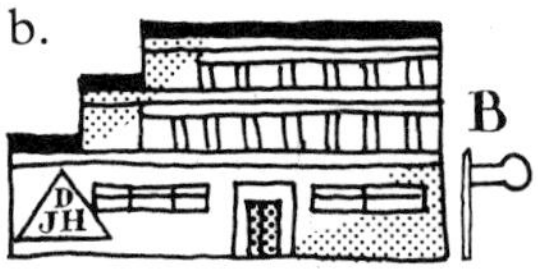

c.

d.

3
Was sind Sie von Beruf?
What's your job?

ERSTER TEIL

Einige Berufe

Herr Drescher ist Stahlarbeiter, und er arbeitet in Völklingen. Früher war er Bergarbeiter, aber damals verdiente er weniger als die Männer im Stahlwerk, und deswegen beschloß er, vor vier Jahren das Bergwerk zu verlassen und im Völklinger Stahlwerk einen Arbeitsplatz zu suchen. Die Arbeit gefällt ihm dort gut.

Er wohnt mit seiner jungen Familie im Dorf Schwalbach, acht Kilometer außerhalb der Stadt Völklingen. Seine Frau arbeitet nicht außerhalb des Hauses. Mit ihren zwei jungen Söhnen hat sie viel zu tun.

Herr Drescher baute das Haus selbst. Das tut man ziemlich oft im Saarland. Die Bauarbeiten dauerten zweieinhalb Jahre und die Familie seiner Frau half bei der Arbeit. Es ist ein schönes Haus mit einer großen Küche und einem schönen Wohnzimmer.

Wenn er Frühschicht hat, fängt Herr Drescher um 06.00 Uhr an. Er fährt um 05.30 Uhr mit dem Wagen zum Stahlwerk, wo er am Elektro-Ofen arbeitet. An seinem Arbeitsplatz ist es sehr heiß und auch furchtbar laut.

Er arbeitet sieben Tage lang, und dann hat er zwei Tage frei und einmal im Monat bekommt er drei Tage frei.

der Bergarbeiter (-) *miner*
dauern (*wk*) *to last*
deswegen *on that account*
helfen (hilft, half, geholfen) + *dat.* *to help*
die Schicht (-en) *shift*
selbst *him/herself, oneself*
das Wohnzimmer (-) *living room*

(*From this point onwards, weak verbs will be indicated as follows:* **bauen** (*wk*)*; strong or mixed verbs will be indicated as follows:* **beschließen (beschließt, beschloß, beschlossen)**.)

■ **Übung 1.** Sieh dir den Text links an! Wähle den richtigen Satz!

a. Herr Drescher war früher
(i) Maurer.
(ii) Elektriker.
(iii) Bergarbeiter.

b. Er verdient
(i) mehr
(ii) weniger
im Stahlwerk als im Bergwerk.

c. Er arbeitet im Stahlwerk seit
(i) acht
(ii) vier
(iii) drei
Jahren.

d. Seine Arbeit gefällt ihm
(i) gut.
(ii) nicht.

e. Herr und Frau Drescher haben
(i) zwei Söhne.
(ii) drei Söhne.
(iii) einen Sohn.

f. Frau Drescher ist (i) Verkäuferin. / (ii) Hausfrau. / (iii) Krankenschwester.

g. Herr Drescher (i) kaufte / (ii) baute das Haus.

h. Sechs Uhr ist (i) der Anfang / (ii) das Ende der Frühschicht.

„Ich wohne mit meiner Mutter in der Nähe von Stuttgart. Meine Eltern sind geschieden und meine Mutter arbeitet als Verkäuferin in der Stadt. Ihre Arbeit macht ihr viel Spaß – und mir auch. Sie arbeitet in einer Konditorei und wir bekommen oft unwahrscheinlich gute Kuchen.“

geschieden *divorced*

Übung 2. Macht ein Interview! Seht euch den Text auf Seite 43 an, und macht ein Interview! Ein Partner/eine Partnerin spielt die Rolle von Herrn Drescher und der/die andere stellt die Fragen! Die Person, die die Fragen stellt, muß folgendes herausfinden:

a. Was er von Beruf ist.
b. Warum er das Bergwerk verließ.
c. Ob er Familie hat.
d. Ob er sein Haus kaufte oder mietet.
e. Ob er Schichtarbeit macht.
f. Wann er bei der Frühschicht anfängt.
g. Wie er zur Arbeit fährt.
h. Ob er seine Arbeit ein wenig beschreiben könnte.
i. Ob er eine normale Fünf-Tage-Woche arbeitet.

Übung 3. Hör zu!
Hier beschreibt Frau Kammer ihre Arbeit. Kannst du die Antworten auf diese Fragen geben? Zuerst schreib die Fragen auf – die Antworten sind auf dem Tonband.

„Frau Kammer, was sind Sie von Beruf?“

„Ich bin Maurerin.“

„Seit wann sind Sie Maurerin?“

„.......“

„Macht es Ihnen Spaß, Maurerin zu sein?“

„.......“

„Wo arbeiten Sie?“

„.......“

„Wohnen Sie in der Nähe Ihrer Arbeit?“

„.......“

„Wie sind Ihre Arbeitszeiten?“

„.......“

Übung 4.

Frau Hemmen
ist . . . ?

Herr Frisch
ist . . . ?

Frau Mathis
ist . . . ?

Herr Nolte
ist . . . ?

Frau Kies
ist . . . ?

Was machen diese Leute? Was sind sie von Beruf? Information über sie bekommst du auf Seite 53. Arbeite mit einem Partner oder einer Partnerin. Einer/eine stellt die Fragen und der/die andere gibt die Antworten. Ihr mußt dieselben Fragen stellen, die man Frau Kammer gestellt hat (seht euch Übung 3, Seite 44 an!). Mach Notizen und dann schreibt alles auf!

Übung 5. Kannst du folgende Berufe identifizieren? Such die passenden Paare und dann schreib für jeden Beruf einen Satz.

Zum Beispiel:

o. (v) Ein Lehrer arbeitet in einer Schule.

a. eine Sekretärin	(i) arbeitet in einem Krankenhaus.
b. eine Arzthelferin	(ii) trägt eine Pistole.
c. ein Elektriker	(iii) arbeitet mit Gemüse, Fleisch, usw.
d. ein Koch	(iv) arbeitet in einer Werkstatt.
e. ein Maurer	(v) arbeitet in einer Schule.
f. ein Busfahrer	(vi) arbeitet an einer Schreibmaschine.
g. ein Bäcker	(vii) arbeitet in einem Geschäft.
h. ein Zahntechniker	(viii) arbeitet mit Elektrizität.
i. eine Krankenschwester	(ix) hilft dem Arzt.
j. ein Briefträger	(x) baut Häuser, usw.
k. ein Friseur	(xi) fährt den ganzen Tag.
l. ein Polizist	(xii) arbeitet in einem Flugzeug.
m. ein Mechaniker	(xiii) macht etwas für den Mund.
n. eine Verkäuferin	(xiv) arbeitet in der Wärme.
o. ein Lehrer	(xv) bringt Briefe und Postkarten.
p. eine Stewardeß	(xvi) schneidet Haare.

☐ **Übung 6.** Was sind diese Leute von Beruf?

a.

„Ich sitze den ganzen Tag über.“

b.

„Man ißt das, was ich mache.“

c.

„Ich arbeite an einer Maschine.“

d.

„Du findest mich in einer Werkstatt.“

e.

„Ich arbeite mit Metall.“

f.

„Ich arbeite ohne Sonne.“

g.

„Ich arbeite in der Höhe.“

h.

„Ich mache etwas kürzer.“

„Du siehst mich oft auf der Straße oder in einem Wagen.“

j.

„Ich bringe etwas Gutes und manchmal etwas Schlechtes.“

k.

„Ich sehe immer durch Glas.“

l.

„Ich höre eine Sprache, aber ich spreche eine andere.“

m.

„Ich schreibe das, was ihr jeden Tag lesen könnt.“

n.

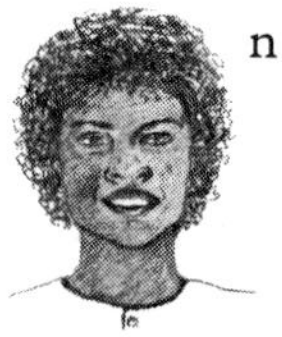

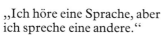

„Meistens stehe ich hinter etwas.“

o.

„Ich bin Schwester ohne Geschwister zu haben!“

Zur Auswahl:

Journalistin	Polizist	Sekretärin	Krankenschwester	Verkäuferin
Briefträger	Friseur	Stahlarbeiter	Dolmetscherin	Stewardeß
Mechaniker	Bäcker	Taxifahrer	Fotograf	Bergarbeiter

Übung 7.

a. Identify all the jobs that feature in these advertisements.

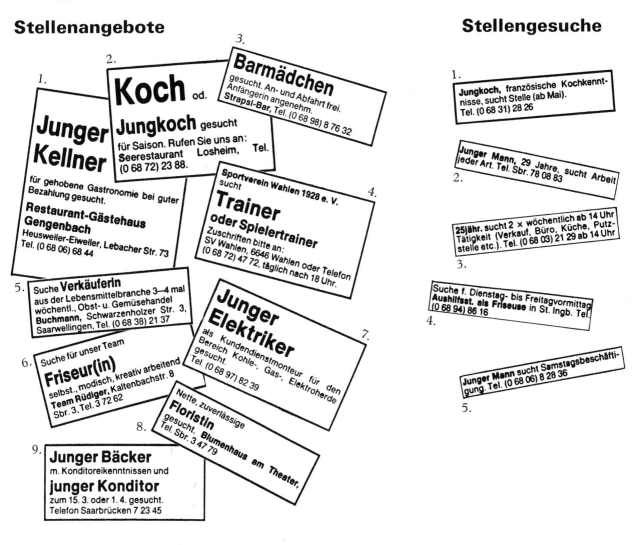

Stellenangebote

1.
Junger Kellner
für gehobene Gastronomie bei guter Bezahlung gesucht.
Restaurant-Gästehaus Gengenbach
Heusweiler-Eiweiler, Lebacher Str. 73
Tel. (0 68 06) 68 44

2.
Koch od.
Jungkoch gesucht
für Saison. Rufen Sie uns an:
Seerestaurant Losheim, Tel.
(0 68 72) 23 88.

3.
Barmädchen
gesucht. An- und Abfahrt frei.
Anfängerin angenehm.
Strapsi-Bar, Tel. (0 68 98) 8 76 32

4.
Sportverein Wahlen 1928 e. V.
sucht
Trainer
oder Spielertrainer
Zuschriften bitte an:
SV Wahlen, 6646 Wahlen oder Telefon
(0 68 72) 47 72, täglich nach 18 Uhr.

5.
Suche **Verkäuferin**
aus der Lebensmittelbranche 3–4 mal
wöchentl., Obst- u. Gemüsehandel
Buchmann, Schwarzenholzer Str. 3,
Saarwellingen, Tel. (0 68 38) 21 37

6.
Suche für unser Team
Friseur(in)
selbst., modisch, kreativ arbeitend
Team Rüdiger, Kaltenbachstr. 8
Sbr. 3, Tel. 3 72 62

7.
Junger Elektriker
als Kundendienstmonteur für den
Bereich Kohle-, Gas-, Elektroherde
gesucht.
Tel. (0 68 97) 82 39

8.
Nette, zuverlässige
Floristin
gesucht. **Blumenhaus am Theater,**
Tel. Sbr. 3 47 79

9.
Junger Bäcker
m. Konditoreikenntnissen und
junger Konditor
zum 15. 3. oder 1. 4. gesucht.
Telefon Saarbrücken 7 23 45

Stellengesuche

1.
Jungkoch, französische Kochkenntnisse, sucht Stelle (ab Mai).
Tel. (0 68 31) 28 26

2.
Junger Mann, 29 Jahre, sucht Arbeit jeder Art. Tel. Sbr. 78 08 83

3.
25jähr. sucht 2 × wöchentlich ab 14 Uhr Tätigkeit (Verkauf, Büro, Küche, Putzstelle etc.). Tel. (0 68 03) 21 29 ab 14 Uhr

4.
Suche f. Dienstag- bis Freitagvormittag **Aushilfsst. als Friseuse** in St. Ingb. Tel. (0 68 94) 86 16

5.
Junger Mann sucht Samstagsbeschäftigung. Tel. (0 68 06) 8 28 36

b. **Stellenangebote**

(*i*) *When is the baker required to start work? What special skill should he have?*

(*ii*) *If you were interested in the trainer's job and wanted to know more about it, when should you telephone?*

(*iii*) *Which establishment is looking for a waiter? What does the advertisement say about pay?*

(*iv*) *There is an advertisement here for part-time work for a woman. Who made the advertisement and what would the employee be required to do?*

(*v*) *Which job offers free travel to and from work?*

(*vi*) *Which advertisement asks for someone who is 'pleasant and reliable'?*

(*vii*) *Which job could you apply for whether you were male or female?*

Stellengesuche

(*i*) *What is the telephone number of the person who only wants Saturday work?*

(*ii*) *Who is prepared to do any work?*

(*iii*) *Two of the people looking for work could find a very suitable job for themselves among the* **Stellenangebote**. *Which two people are they?*

(*iv*) *Who is available afternoons only?*

Übung 8. Ein Quiz für deinen Partner oder deine Partnerin!

Stellt euch gegenseitig Fragen!

Ihr sollt mindestens zehn Berufe nennen!

Zum Beispiel:

A: Wie nennt man einen Mann, der einen Bus fährt?

B: Einen Busfahrer. Wie nennt man eine Frau, die . . . ?

Das Relativpronomen *The relative pronoun*

	Maskulinum	Femininum	Neutrum
Nominativ	der	die	das

„Wie nennt man einen Mann, **der** in einer Konditorei arbeitet?"
„Ein Mann, **der** in einer Konditorei arbeitet, heißt ein Konditor."

„Wie nennt man eine Frau, **die** in einem Krankenhaus arbeitet?"
„Eine Frau, **die** in einem Krankenhaus arbeitet, heißt eine Ärztin oder eine Krankenschwester."

„Wie nennt man ein Tier, **das** zu Hause wohnt?"
„Ein Tier, **das** zu Hause wohnt, heißt ein Haustier."

Note that the verb goes at the end of the clause starting with the relative pronoun.

Das Pronomen

Nominativ	Akkusativ	Dativ
ich	mich	mir
du	dich	dir
er	ihn	ihm
sie	sie	ihr
es	es	ihm
wir	uns	uns
ihr	euch	euch
Sie	Sie	Ihnen
sie	sie	ihnen

Dativ–Zum Beispiel:
Es macht mir Spaß.
Mir ist kalt.
Ist dir warm?
Kann ich mit dir kommen?
Es macht ihm Spaß.
Karl ist bei ihm.
Es macht ihr Spaß.
Ihr ist kalt.
Er schreibt ihr.
Das Rathaus? Du stehst ihm gegenüber!
Bei uns ist die Arbeitslosigkeit ein Problem.
Gefällt es euch, hier zu sein?
Wie geht's Ihnen?
Kann Ich Ihnen helfen?
Er hat zwei Kinder, und er hat ihnen Geschenke gegeben.

anderthalb Jahre	*one and a half years*
zweieinhalb Jahre	*two and a half years*
dreieinhalb Jahre	*three and a half years*
. . . zehneinhalb Jahre . . .	*. . . ten and a half years . . .*

die Katze (-n)	das Schiff (-e)	fahren
die Nummer (-n)	das Stück (-e)	fernsehen
der Pullover (-)	die Tasche (-n)	gehen
die Person (-en)	das T-Shirt (-s)	hören
die Karte (-n)	der Urlaub (-e)	lesen

ZWEITER TEIL

Nach der Schulzeit

Nach der Schulzeit muß man entweder einen Beruf wählen oder weiterstudieren. Für viele Schüler und Schülerinnen ist es ganz schwer, sich für einen Beruf zu entscheiden.
Was wirst du nach der Schulzeit machen?
Wirst du weiterstudieren?
Wirst du ein Berufsbildungszentrum besuchen?
Wirst du dir eine Stelle aussuchen?

das Berufsbildungszentrum (BBZ) (-ren) *technical college*
sich entscheiden (entscheidet, entschied, entschieden) für + *acc.* *to decide on*
die Stelle (-n) *job, position*

„Ich bin fünfzehn, und ich weiß noch nicht was ich machen werde. Ich finde es sehr schwer mich zu entscheiden. Ich würde gern im Ausland arbeiten, aber ich weiß noch nicht wo. Wahrscheinlich werde ich zwei Jahre auf der Handelsschule machen und dann ins Ausland gehen.“

Andreas

das Ausland *abroad*
die Handelsschule (-n) *commercial school*
wahrscheinlich *probably*

„Ich bin sechzehn, und ich besuche ein Gymnasium. Nach meiner Schulzeit werde ich auf der Universität weiterstudieren.“

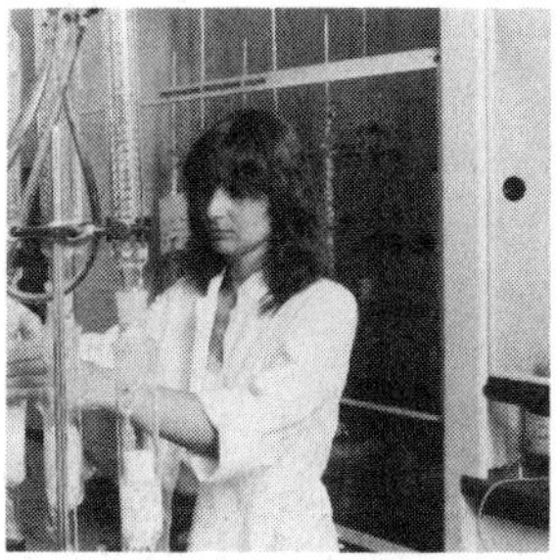
Michaela

„Ich kann nicht sagen, ob ich hier auf dieser Schule weitermachen werde oder ob ich ein BBZ besuchen werde. Wahrscheinlich werde ich hier bleiben und mein Abitur machen. Ich habe noch nicht daran gedacht.“

Ruth

das Abitur *final exam (like A-levels)*
denken (denkt, dachte, gedacht) an + *acc.* *to think about*

„Ich hoffe, Elektriker zu werden. Dafür muß ich drei Jahre das BBZ besuchen und zur gleichen Zeit bei einer Firma arbeiten. Es wird mir viel Spaß machen, endlich etwas Geld zu verdienen!“

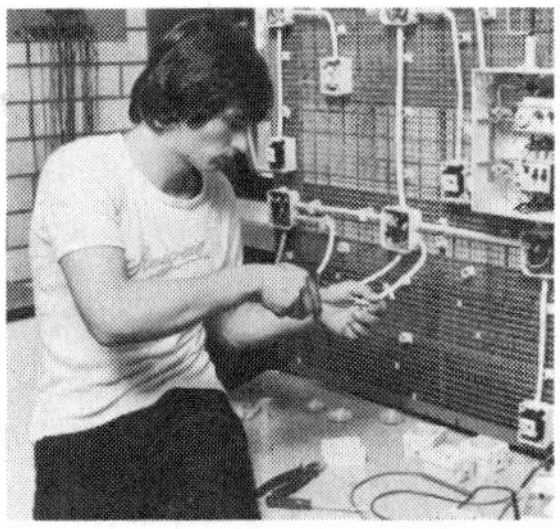
Werner

die Firma (-en) *firm, company*

„Ich bin vierzehn. Ich habe wirklich keine Ahnung, was ich machen werde. Ich weiß nur, daß ich einige Berufe nicht gern ausüben würde. Das hat Zeit. Ich denke nicht so sehr daran.“

Angelika

keine Ahnung haben *to have no idea*
einen Beruf ausüben (*wk*) *to do a job*

Ich werde	vielleicht wahrscheinlich	Polizist/Polizistin werden. die Handelsschule besuchen. auf der Handelsschule weitermachen. in der Firma meiner Eltern arbeiten.
Ich werde mir		eine Stelle aussuchen.

Ich hoffe,	Friseur/Friseurin zu werden. auf das BBZ zu gehen. auf der Universität zu studieren.

Ich weiß nicht, Ich kann nicht sagen, Ich habe keine Ahnung,	was ich machen werde. ob ich das BBZ besuchen werde oder nicht.

Übung 1. Hör zu!
Einige Eltern sprechen über ihre Kinder. Etwas stimmt nicht in den folgenden Texten. Hör das Tonband gut an und korrigiere die Texte!

a. **Eine Frau spricht.**
Sie hat nur eine Tochter und diese Tochter weiß noch nicht, was sie machen wird. Sie möchte vielleicht Hausfrau werden oder Sekretärin bei einer großen Firma. Dafür wird sie vielleicht drei Jahre auf der Handelsschule machen.

b. **Ein Mann spricht.**
Sein Sohn weiß nicht, was er machen wird. Zuerst wollte er Elektriker werden, dann Konditor und jetzt will er Lehrer werden. Er ist aber noch ziemlich jung.

c. **Eine Frau spricht.**
Diese Frau hat mindestens zwei Söhne. Ihr ältester Sohn wird das BBZ besuchen und dort Automechaniker oder Kellner lernen. Die jüngere Tochter weiß nicht, was sie machen wird. Vielleicht Stewardeß. Dafür muß sie natürlich eine weitere Schule machen.

Übung 2. Sieh dir das Foto an! Beantworte folgende Fragen!

a. *What questions are asked in the first part of the poster?*
b. *Where are you invited to meet? At what time and on what day?*
c. *What, according to this poster, will be the advantages of going to this meeting?*

Übung 3. Schreib einen Satz über jedes Bild!

Zum Beispiel:

Sie weiß nicht, ob sie in . . . oder in . . . arbeiten wird.

Er weiß noch nicht, ob er . . . oder . . . wird.

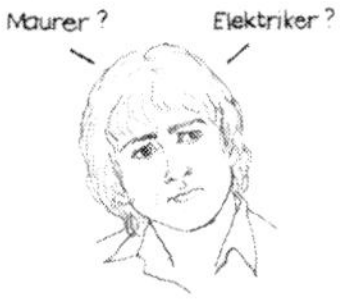

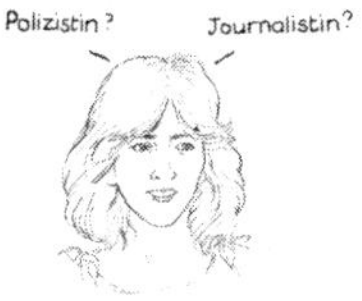

i

Worstellung bei ‚ob' und ‚was'

Ich weiß nicht, ob es regnen wird oder nicht.
Ich kann nicht sagen, was die Eintrittskarten kosten.

i

Das Futur *Future tense*

This tense is formed by using **werden** *with an infinitive. For example:*

Ich werde zwei Jahre auf der Handelsschule **weitermachen**.
Was **wirst du** nach der Schulzeit **machen**?

(Note that the infinitive comes at the end of the sentence.)

werden
ich werde
du wirst
er wird
sie wird
es wird
wir werden
ihr werdet
Sie werden
sie werden

☐ Zum Lesen

Einige Berufe sind gefährlicher als andere. Sollten Leute, die gefährliche Berufe ausüben, mehr als andere verdienen?

gefährlich *dangerous*
sollten *ought*

1.

Vermißte Seeleute nicht gefunden

Kapstadt, 19. Februar (dpa)
Flugzeuge und Schiffe der südafrikanischen Marine setzten am Freitag die Suche nach 16 Seeleuten fort, die nach dem Untergang der südafrikanischen Fregatte „President Kruger" in Südatlantik vermißt werden.

der Untergang (¨-e) *sinking*

2.

Schiff gesunken

Bei schwerem Sturm und bis zu sieben Meter hohen Wellen ist das isländische Frachtschiff „Sudurland" 40 Seemeilen nordwestlich der Färöer gesunken.

das Frachtschiff (-e) *freight-ship*
die Welle (-n) *wave*

3.

Tödlicher Testflug

Beim Absturz eines zweimotorigen Testflugzeugs der Dornier-Werke sind alle drei Insassen – der deutsche Testpilot und zwei Briten – ums Leben gekommen.

der Absturz (¨-e) *crash*
der Insasse (-n) *occupant*
ums Leben kommen *to die*

4.

Spione gefaßt

Das französische Verteidigungsministerium hat am Freitagabend in Paris die Festnahme von drei Sowjetbürgern in West-Berlin durch französische Militärpolizei bestätigt.

bestätigen (*wk*) *to confirm*
die Festnahme *arrest, apprehension*
der Spion (-e) *spy*
das Verteidigungsministerium (-ien) *Ministry of Defence*

5.

Drei Bergarbeiter getötet

Drei Arbeiter sind am Freitag im Kohlebergwerk South Blackwater im australischen Bundesstaat Queensland tödlich verunglückt, als die Decke eines 360 Meter tiefen Schachts aus bisher ungeklärter Ursache einstürzte.

bisher *up to now, hitherto*
die Decke (-n) *ceiling*
der Schacht (¨-e) *shaft*
tödlich verunglückt *fatally injured in an accident*
die Ursache (-n) *cause*

6.

Zwei Polizei-Beamte verletzt

fes./wo. Saarlouis, 19. Februar
Zwei Polizeibeamte wurden verletzt, als ein 22jähriger Autofahrer in der Nacht zum Freitag einen Streifenwagen bei einer Verfolgungsfahrt abdrängte, nachdem er in Saarwellingen eine Polizeikontrolle durchbrochen hatte.

abdrängen (*wk*) *to force off, to push aside*
durchbrechen (durchbricht, durchbrach, durchbrochen) *to drive through, to break through*
der Streifenwagen (-) *police car*
die Verfolgung (-en) *pursuit*
verletzt *injured*

7.

Seeleute aus Sturm gerettet

Acht Seeleute mußten in der Nacht zum Freitag vor der Küste Südwest-Irlands in schwerem Sturm mit einem Hubschrauber von Bord eines spanischen Frachters gerettet werden, dessen Maschine ausgefallen war

dessen *whose*
der Frachter (-) *freighter*
der Hubschrauber (-) *helicopter*
retten (*wk*) *to save, to rescue*

8.

Polizist ermordet

Wahrscheinlich von Terroristen sind in Nordirland am Wochenende ein Polizist und ein Zivilist erschossen worden. Bei dem Anschlag auf den Polizisten schossen zwei Männer von einem Motorrad aus.

der Anschlag (¨-e) *attack, assault*
erschießen (erschießt, erschoß, erschossen) *to shoot dead*
schießen (schießt, schoß, geschossen) *to shoot*

i

Adjektive ohne Artikel *Adjectives without an article*

You have met several examples already of adjectives used without an article (i.e., without **der, die, das, ein, eine, ein, mein,** *etc), e.g:*

Maskulinum	Femininum	Neutrum	Plural
letzten Monat	letzte Woche	letztes Jahr	schwarze Haare

Here is a complete list of the endings taken by adjectives when they are used without an article:

	Maskulinum	Femininum	Neutrum	Plural
Nominativ	tödlich**er** Testflug	erst**e** Hilfe	kalt**es** Wetter	lang**e** Beine
Akkusativ	letzt**en** Monat	letzt**e** Woche	letzt**es** Jahr	lang**e** Haare
Genitiv	heiß**en** Tees	frisch**er** Milch	frisch**en** Obsts	jung**er** Leute
Dativ	mit herzlich**em** Gruß	aus westlich**er** Richtung	bei schlecht**em** Wetter	aus östlich**en** Richtungen

Here are some examples of the genitive:
Sie hat eine Tasse heißen Tees getrunken.
Er hatte ein Glas voll frischer Milch.
Ich habe den Geruch frischen Obsts sehr gern.
Die Kleidung junger Leute ist oft sehr interessant.

Sieh dir Seite 45, Übung 4 an! Die Antworten sind folgende:

Frau Hemmen
- Polizistin.
- Fünfeinhalb Jahre.
- Arbeit gefällt ihr.
- In Bremerhaven, an der Polizeiwache.
- Eine Wohnung. Fünf Gehminuten von der Wache.
- Macht Schichtarbeit. Diese Woche Spätschicht. (18.00 Uhr bis 02.00 Uhr)

die Polizeiwache *police station*

Herr Frisch
- Fabrikarbeiter.
- Anderthalb Jahre.
- Nein, langweilige Arbeit.
- In einer Fabrik in Kassel.
- Nein. Im Dorf, mit Eltern. Mit dem Motorrad.
- Macht Schichtarbeit. Diese Woche Spätschicht. (22.00 Uhr bis 06.00 Uhr).

der Fabrikarbeiter (-) *factory worker*

Frau Mathis
- Sekretärin.
- Drei Jahre.
- Macht Spaß, wenn es nicht zuviel Arbeit gibt.
- Im Rathaus, Essen.
- Nein. Hat eine Wohnung. Im Vorort. Mit der U-Bahn.
- 08.00 Uhr bis 16.00 Uhr. Jeden Tag außer Samstag, Sonntag.

Herr Nolte
- In einem Büro.
- Fünfzehn Jahre.
- Macht Spaß dann und wann.
- Bei der Firma Siemens in München.
- Nein. Vorort von München. Südlich. Mit dem Auto.
- 08.00 Uhr bis 16.00 Uhr. Montag bis Freitag.

Frau Kies
- Bürokauffrau.
- Fünfeinhalb Jahre.
- Gefällt ihr sehr gut.
- Überall in Deutschland. Firma in Hannover.
- Wohnt in Hamburg. Reist viel. Wagen, Flugzeug, Bahn.
- Schrecklich. Manchmal zwölf Stunden am Tage.

Q

die Jacke (-n)	der Stadtteil (-e)	beginnen
das Tal (¨-er)	der Vorort (-e)	beschließen
das Dorf (¨-er)	die Straße (-n)	reservieren
das Verkehrsamt (¨-er)	das Haus (¨-er)	bleiben
das Rathaus (¨-er)	der Hut (¨-e)	sich duschen

in + *dative indefinite article*

Mündliche Wiederholung

1. Du bist am Bahnhof bei der Reiseauskunft. Übe mit einem Partner oder einer Partnerin Dialoge! Einer/eine stellt die Frage und der/die andere gibt die Antwort! Der/die Reisende möchte wissen, wann die Züge abfahren und auf welchem Gleis.

Zeit	Richtung	Gleis
10.51	Saarlouis	7
14.22	Mannheim	14
18.31	Frankfurt	12
04.56	Lübeck	8

2. Am Fahrkartenschalter. Was sagst du, um folgende Fahrkarten zu bekommen?

a. 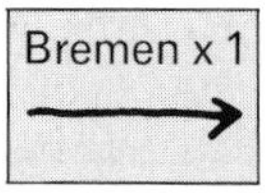

b. 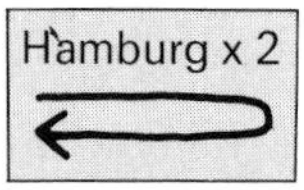

c. 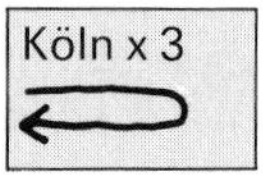

d. 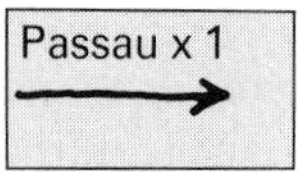

3. Kannst du folgenden Dialog ergänzen?

A: Ich möchte nach Mannheim fahren.
B: Wann wollen Sie fahren, bitte?
A: (Nenn einen Tag und eine Tageszeit!)
B: Ein Zug fährt um . . . auf Gleis . . . .
A: . . . . . . ?
B: Ja. Sie müssen in Kaiserslautern umsteigen.

Erfinde mit einem Partner oder einer Partnerin neue Dialoge!

Einige Reiseziele mit Umsteigen – Zur Auswahl:

Bayreuth (in Bamberg umsteigen)
Nürnberg (in Erlangen umsteigen)
München (in Memmingen umsteigen)
Hamburg (in Hannover umsteigen).

4. Mach zwei Kopien der Landkarte, eine für den Tag und die andere für die Nacht! Zeichne die zwei Wetterberichte!

a. **Wetterbericht – Samstag**

In den nördlichen Landesteilen regnerisch und zeitweise Nebel. Temperaturen zwischen elf und sechzehn Grad.

Wind aus nordwestlicher Richtung. In den anderen Gebieten der Bundesrepublik aus östlicher Richtung.

Im mittleren Deutschland wolkig mit Aufheiterungen. Zeitweise Niederschläge. Tageshöchsttemperaturen neun bis fünfzehn Grad.

Im Südwesten heiter und trocken. Tageshöchstwerte acht bis fünfzehn Grad.

In südöstlichen Gebieten der Bundesrepublik Tagestemperaturen zwischen fünf und zwölf Grad. Einzelne Schneeschauer sonst heiter.

In den Alpen sollen die Höchstwerte bei zehn, die Tiefstwerte bei drei Grad liegen. Starker Schneefall.

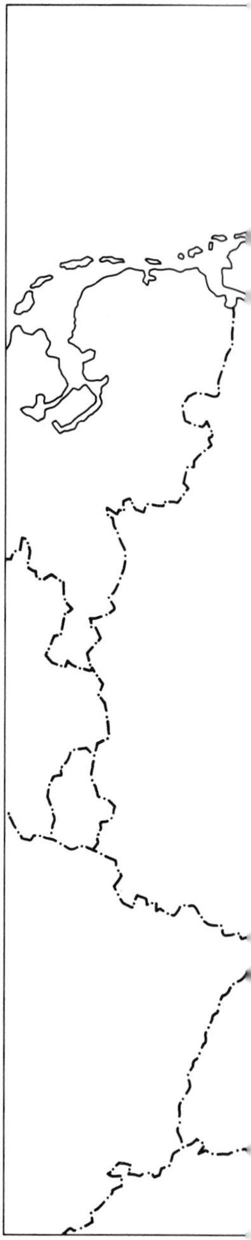

die Aufheiterung (-en) *bright periods*
Höchstwerte *highest temperatures*
der Niederschlag (¨-e) *precipitation, rain*
Tiefstwerte *lowest temperatures*
zeitweise *occasional*

Die Symbole

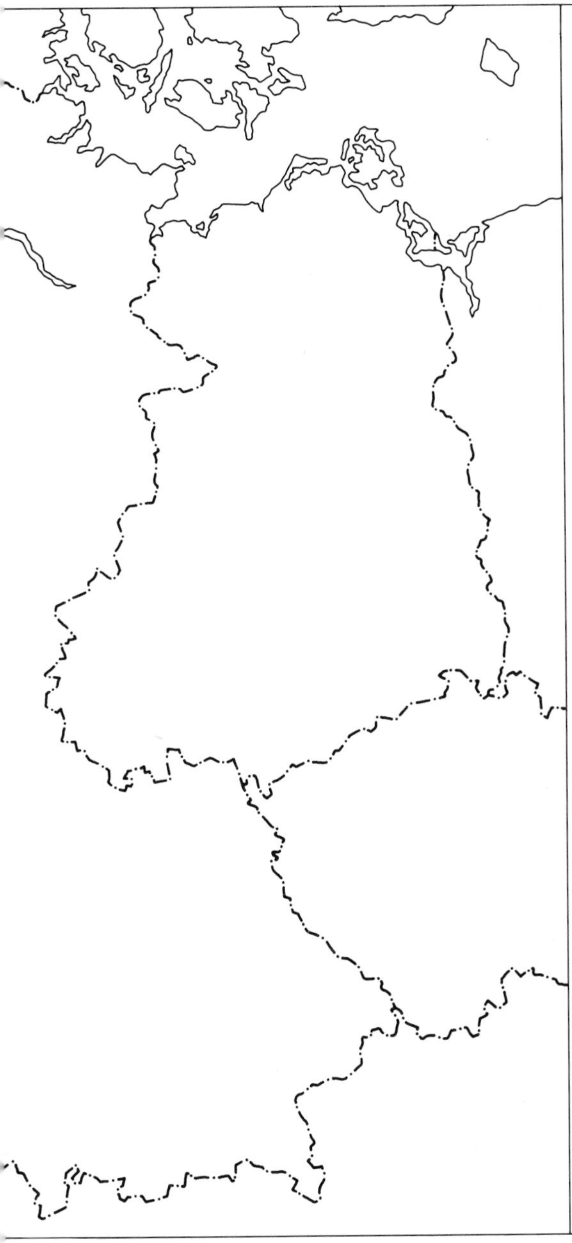

b. **Wetterbericht – In der Nacht zum Samstag**

Im norddeutschen Raum stark bewölkt. Frischer bis starker Wind aus Nordwesten. An der Nordwestküste starker Regen, sonst nur zeitweise Niederschläge. Tiefstwerte fünf bis acht Grad.

Im mittleren Deutschland meist niederschlagsfrei. Wind aus östlicher Richtung. Leichter Frost. Tiefstwerte sollen bei Null bis fünf Grad liegen.

In Nordbayern schwacher Wind aus Nordosten. Niederschlagsfrei. Temperaturen zwischen Null und fünf Grad.

Im Bergland Tiefstwerte bei minus fünf bis fünf Grad. Niederschlagsfrei.

4

Arbeitest du? Oder bist du noch in der Schule?

Do you work or are you still at school?

Das ist
aber gemein!
Schule ist
Arbeit!!

ERSTER TEIL

Der Stundenplan

■ Lies mal diesen Ausschnitt eines Briefes, den Bärbel ihrer englischen Brieffreundin geschrieben hat!

Liebe Sue,

In Deinem letzten Brief hast Du mich über meine Schule gefragt. Also: Meine Schule liegt in einem Vorort. Ich fahre mit dem Bus dahin. Die Schule beginnt morgens um acht Uhr. Ich bin in Klasse 9. Wir haben keine Versammlung jeden Morgen wie bei Euch in den britischen Schulen, und unsere erste Stunde fängt um acht Uhr fünf an. Außer Samstag haben wir jeden Tag 6 Stunden – samstags nur vier. Nachmittags haben wir keine Schule. Mein Schultag ist um halb eins oder ein Uhr zu Ende, und dann fahre ich nach Hause. Es gibt keine Kantine in unserer Schule.

die Versammlung (-en) *assembly*

Ich lege meinen Stundenplan bei. Die Stunden dauern 45 Minuten. Wir haben zwei große Pausen, nach der zweiten und vierten Stunde. In den Pausen gehen wir meistens auf den Schulhof.

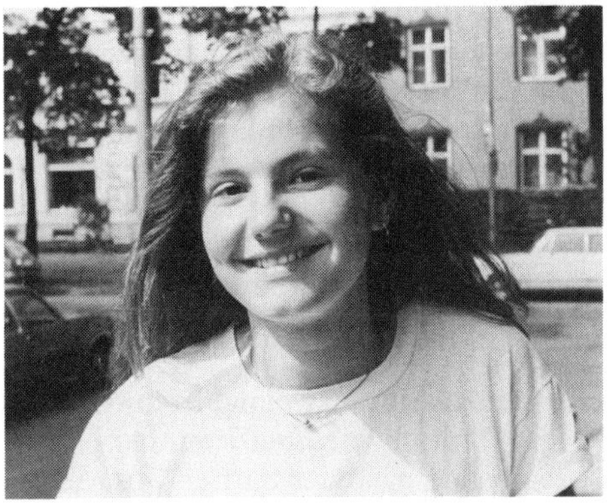

Bärbel

der Schulhof (¨e) *playground*

Montag	Dienstag	Mittwoch	Donnerstag	Freitag	Samstag
Rel.	Franz.	Phys.	Deu.	Eng.	Gesch.
Chem.	Mathe	Rel.	Tech.	Franz.	Mathe
Mathe	Deu.	Phy.	Tech.	Deu.	Deu.
Franz.	Erd.	Chem.	Mathe/Info	Gesch.	Franz.
Eng.	Erd.	Spo.	Kunst	Spo	
Eng.	Bio.	Spo.	Kunst	Spo	

Am Stundenplan sieht man, daß Bärbel viermal die Woche Englisch hat. Wie oft hast du Deutsch?

Die Fächer, die sie hat, sind folgende:

Zwei Fremdsprachen:

Deutsch, Englisch, Französisch, Erdkunde, Kunst, Mathematik, Geschichte

Drei Naturwissenschaften:

Chemie, Physik, Biologie, Informatik, Sport, Religionslehre, Technik

In diesem Jahr hat sie weder Sozialkunde noch Kochen.

Übung 1. Sieh dir den Stundenplan auf Seite 57 an! Sind folgende Sätze falsch oder richtig?

a. Montags hat sie Chemie in der zweiten Stunde und Französisch vor Mathe.
b. Dienstags hat sie Biologie in der ersten Stunde und Deutsch in der dritten.
c. Mittwochs ist Physik in der zweiten Stunde. Sie hat dreimal Sport.
d. Donnerstags hat sie zwei Stunden Technik und eine Stunde Kunst. Der Tag fängt mit Englisch an.
e. Freitags hat sie zweimal Fremdsprachen. Sie hat Deutsch vor einer Fremdsprache.
f. Samstags nach der fünften Stunde ist die Schule aus. Mathe ist in der dritten Stunde.

Übung 2. Wähle einen Tag auf dem Stundenplan mit einem Partner oder einer Partnerin, und arbeitet folgenderweise zusammen!

A: Ist Technik in der ersten Stunde?
B: Ja. In der ersten Stunde hat sie Technik.

Dann mit der zweiten Stunde, usw. bis zur letzten!

Übung 3. Sieh dir deinen eigenen Stundenplan an! Beantworte folgende Fragen!

a. Wieviele Stunden hast du am Tag?
b. Wann hast du Mathe?
c. Wann hast du Deutsch?
d. Wieviele Stunden Kochen hast du in der Woche?
e. Was hast du gestern (oder am vorigen Freitag) gehabt?
f. Was hast du morgen (oder am nächsten Montag)?
g. Wie oft hast du Sport?
h. Wie oft hast du Sozialkunde?
i. Um wieviel Uhr fängst du an?
j. Wie lange dauern die Stunden?
k. Wieviele Naturwissenschaften machst du?
l. Machst du Informatik?

Übung 4. Hör zu!
Ein deutscher Schüler beschreibt die Unterschiede zwischen seiner Schule und einer englischen Schule, die er kennt. Welche Unterschiede gibt es, seiner Meinung nach?

Übung 5. Welche Unterschiede gibt es zwischen britischen und deutschen Schulen?

Zum Beispiel:

Wir . . ., und sie . . . .

	die britischen Schulen	**die deutschen Schulen**
Anfang		
Ende		
Pausen		
Länge der Woche		
Versammlung		
Mittagessen		
Uniform		

Kannst du das jetzt in Sätzen schreiben?

Zum Beispiel:

In Deutschland beginnt die Schule um . . . usw.
Die deutschen Schüler und Schülerinnen gehen um . . . usw.

i

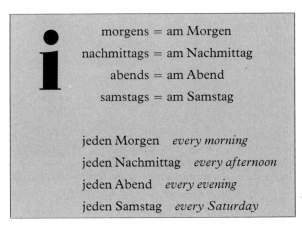

morgens = am Morgen
nachmittags = am Nachmittag
abends = am Abend
samstags = am Samstag

jeden Morgen *every morning*
jeden Nachmittag *every afternoon*
jeden Abend *every evening*
jeden Samstag *every Saturday*

Q

der Polizist (-en)	der Park (-s)	fliegen
der Anfang (¨-e)	der Schlips (-e)	aussteigen
der Wohnblock (¨-e)	der Mund (¨-er)	verlassen
das Gesicht (-er)	die Autobahn (-en)	probieren
die Friseuse (-n)	die Bibliothek (-en)	schlafen

ZWEITER TEIL

Die Klassenräume

■ Hier siehst du den Plan einer Schule. Es ist 10.00 Uhr morgens, und die Lehrer und Lehrerinnen sind im Unterricht.

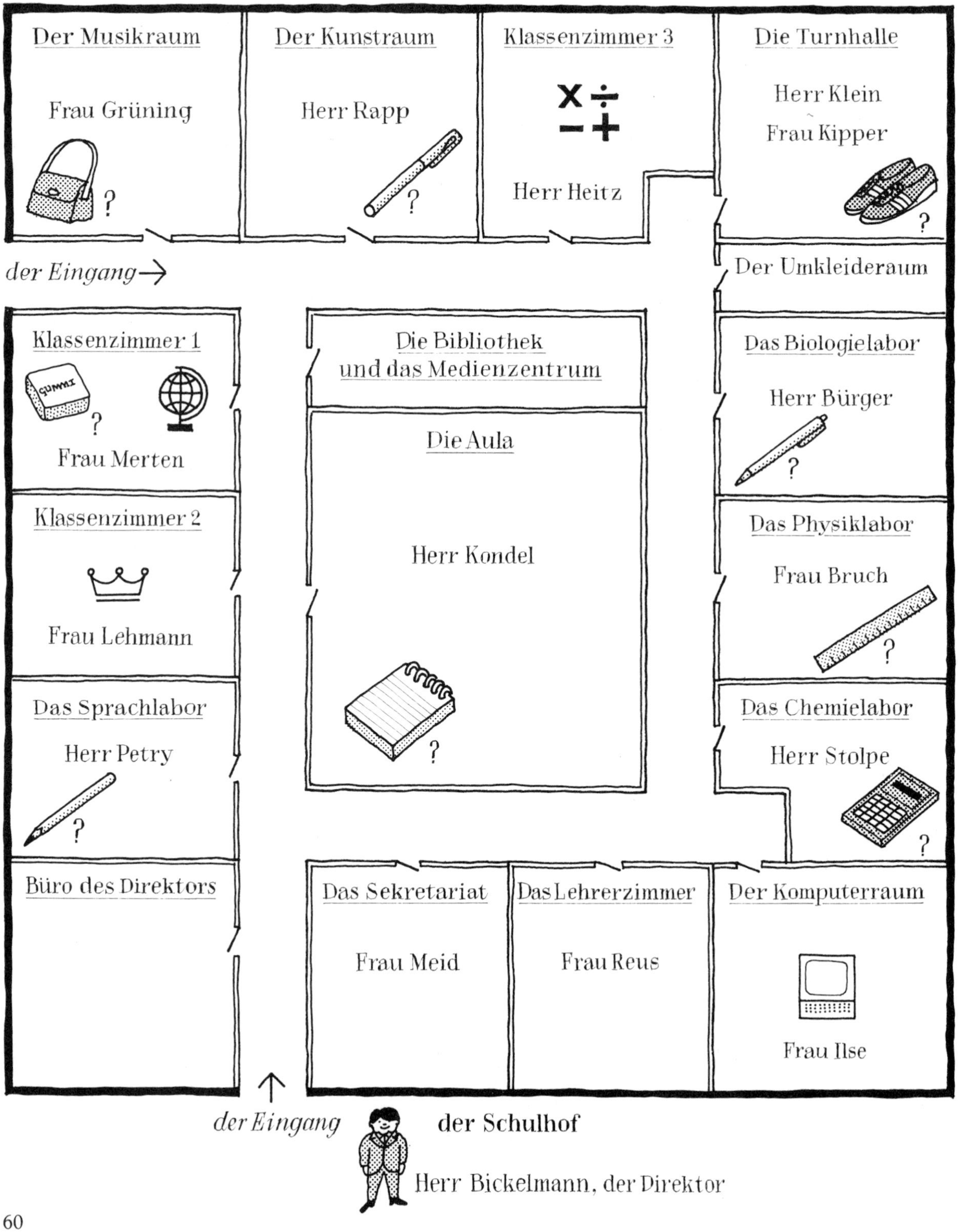

Übung 1. Seht euch den Plan auf Seite 60 an! Stellt einander Fragen! (Vorsicht! Dativ!)

Zum Beispiel:

A: Der Lehrer, der im Sprachlabor ist, heißt . . .?
B: Herr Petry.
A: Richtig. Jetzt bist du dran.
B: Also. Die Lehrerin, die . . . .

Übung 2. Heute hast du Besuch aus der Bundesrepublik in deiner Schule. Kannst du den Besuchern sagen, was die Schüler und Schülerinnen in den verschiedenen Klassenzimmern deiner Schule lernen?

Zum Beispiel:

In diesem Raum . . . .

Die Labors

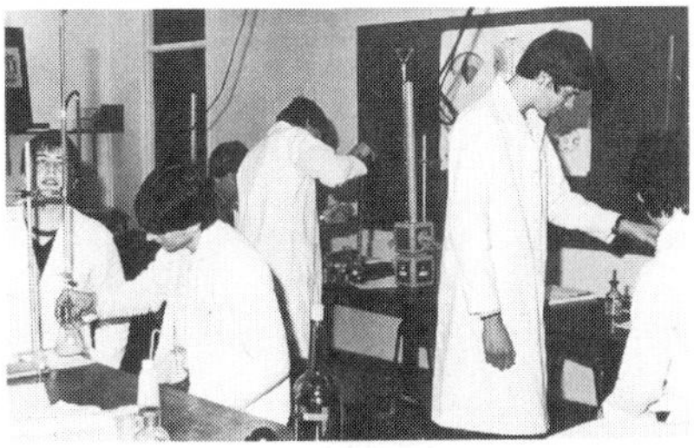

Die Räume

Die Zimmer

Übung 3. Hör zu!
Ein deutscher Schüler spricht über seine Schule.
Richtig oder falsch? Verbessere die falschen Sätze!

a. Die Schule liegt weit vom Dorf entfernt.
b. Er geht zu Fuß zur Schule.
c. Die Schule ist ziemlich alt.
d. Sie hat keinen Sportplatz.
e. Die Schule beginnt um fünf vor acht.
f. Nach drei Unterrichtsstunden hat er eine Pause.
g. Um Viertel nach eins ist die Schule aus.
h. Jeden Samstag hat er Schule.

Jetzt vervollständige diese Sätze!
i. Er . . . Warndt-Gymnasium.
j. Es liegt . . . des Dorfes.
k. Die Schule . . . Gehminuten von seinem Haus.
l. Die Schule ist . . . alt.
m. Die Schule . . . Turnhalle.
n. Der Schultag fängt um . . . .
o. Die Unterrichtsstunden dauern je . . . .
p. Die großen Pausen dauern je . . . .
q. Der Schultag endet . . . .
r. Er hat . . . samstags frei.

je   *each, every*
die Schüler bekommen je ein Deutschlehrbuch
each student receives a German textbook

Übung 4. Sieh dir den Plan unten an! Das ist Inges Stundenplan für Dienstag. Wohin geht sie?

Zum Beispiel:

In der ersten Stunde geht sie ins Sprachlabor.

Übung 5. Sieh dir den Plan auf Seite 60 mit einem Partner oder einer Partnerin an, und beantwortet folgende Fragen!

Zum Beispiel:

A: Ich habe **meine** neue Tasche verloren! Hast du sie gesehen?
B: Nein. Vielleicht hast du **sie** im Musikraum gelassen?

A: Ich habe meinen neuen Taschenrechner verloren! Hast du ihn gesehen?
Ich habe mein neues Lineal verloren! . . . .
Ich habe meinen neuen Kuli verloren! . . . .
Ich habe meinen neuen Bleistift verloren! . . . .
Ich habe meinen neuen Farbstift verloren! . . . .
Ich habe mein neues Notizbuch verloren! . . . .
Ich habe meine neuen Turnschuhe verloren! . . . .
Ich habe meinen neuen Radiergummi verloren! . . . .

B: ? im Musikraum?
? im Sprachlabor?
? in der Aula?
? im Physiklabor?
? auf dem Hof?
? im Biologielabor?
? im Umkleidezimmer?
? im Kunstraum?

Übung 6. Übe mit einem Partner oder einer Partnerin kurze Dialoge!
Wen habt ihr in den verschiedenen Fächern?

Zum Beispiel:

A: Wen hast du in Sport?
B: Frau Matthews.
A: Ich auch.

B: Wen hast du in Erdkunde?
A: Herrn Harris.
B: Ich habe Herrn Trim.

Übung 7. Wessen Klassenzimmer sind das? Stellt einander Fragen!

Zum Beispiel:

A: Wessen Klassenzimmer ist die Nummer 92?
B: Gabis.

B: Wessen Klassenzimmer ist die Nummer 36?
A: Günthers.

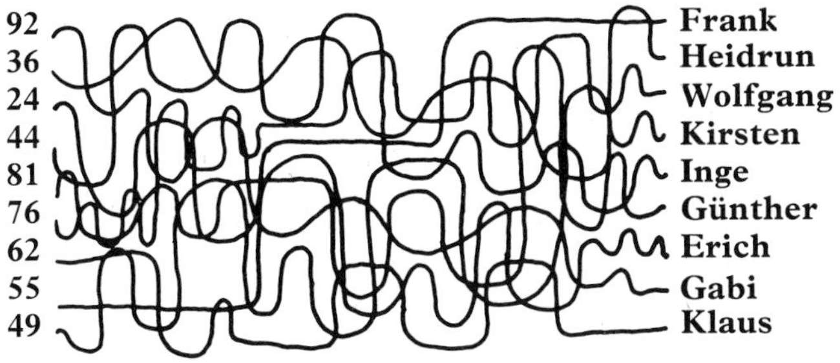

Das Interrogativpronomen *The interrogative pronoun*

Nominativ	**wer**	„Wer unterrichtet im Klassenzimmer 9?“ „Frau Niederländer.“
Akkusativ	**wen**	„Wen hast du in Mathe?“ „Herrn Mayer.“
Genitiv	**wessen**	„Wessen Pullover ist das?“ „Annas, glaube ich.“

Demonstrating possession

In German, when you want to show that something belongs to someone, you do not add an apostrophe 's' as you do in English (e.g., 'That is Julia's book.'); you merely add an **s** *to the name of the person, e.g.:*
Das ist Julias Buch.

je *each, every*

Die Stunden dauern je eine Stunde.
Die Hemden kosten je 50.-DM.

der Park (-s)	der Bahnhof (¨-e)	anrufen
der Wald (¨-er)	die Universität (-en)	sehen
die Fabrik (-en)	das Museum (Museen)	ausmachen
das Schiff (-e)	die Wohnung (-en)	regnen
das Café (-s)	die Wurstbude (-n)	übernachten

zu + *definite article*

DRITTER TEIL

Welches Fach oder welche Fächer hast du am liebsten? Welche sind wichtig, deiner Meinung nach?

„Die Fächer, die ich am liebsten habe, sind Deutsch, Erdkunde, Geschichte und Sport, natürlich. Mathe macht mir keinen Spaß, weil ich immer schlechte Noten bekomme."

die Note (-n) *mark*

„Meine Lieblingsfächer sind Mathe und Physik. Französisch gefällt mir auch. Ich glaube, daß diese Fächer wichtig für den Beruf sind. Wenn man hier in Europa eine gute Stelle bekommen will, muß man mindestens eine Fremdsprache sprechen."

glauben (*wk*) *to think, to believe*
mindestens *at least*
die Stelle (-n) *job*

„Das Fach, das ich am liebsten habe, ist Englisch. Ich mache es sehr gern, weil die Stunden so interessant sind. Sport macht mir auch viel Spaß, weil ich gern im Freien bin, und weil ich dieses Fach wichtig für die Gesundheit und den Körper halte."

im Freien *in the open air*
die Gesundheit *health*
der Körper (-) *body*

Übung 1. Hör zu! Hier spricht Dagmar von ihrer Schulzeit. Beantworte folgende Fragen! Zuerst den Wortschatz studieren!

sich ausdrücken (*wk*) *to express oneself*
das Gewicht (-er) *weight, emphasis*
malen (*wk*) *to paint*
*sinken (sinkt, sank, gesunken) *to sink*

a. *What was Dagmar's favourite subject?*
b. *Something happened which spoilt Dagmar's enjoyment of this subject.*
   (i) *What was this?*
   (ii) *When did it happen?*
   (iii) *What consequences did it have?*
c. *What other subjects did she like?*
d. *What subject did she not like? For what reason?*
e. *Dagmar attaches particular importance to two or three subjects. Give two reasons why she thinks these are so important.*

Übung 2. Wähle einen Partner oder eine Partnerin! Zeig mit dem Finger auf die Fächer und frag, wie er/sie die Fächer findet!

Zum Beispiel:

A: Wie findest du dieses Fach?
B: Ich finde es nützlich.

Zur Auswahl:

interessant	*interesting*
langweilig	*boring*
nützlich	*useful*
nutzlos	*useless*
leicht	*easy*
schwer	*difficult*
wichtig	*important*
unwichtig	*unimportant*

Übung 3. Wie findest du die verschiedenen Fächer? Hast du sie alle gleich gern?

a. Wähle einen Partner oder eine Partnerin! Stellt Fragen über die Fächer und notiert die Antworten!

Zum Beispiel:

„Mathe ist interessanter als Erdkunde, findest du nicht?"

Mögliche Antworten:
„Nein, ich finde Erdkunde interessanter."
„Nein, meiner Meinung nach ist Erdkunde interessanter."
„Ja, für mich auch."
„Ja, finde ich auch."

b. Kannst du das jetzt in ganzen Sätzen schreiben?

Zum Beispiel:

Für Barbara ist Erdkunde interessanter als Physik.
Für mich ist . . . wichtiger als . . . .

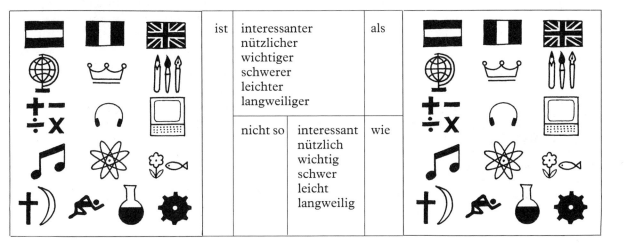

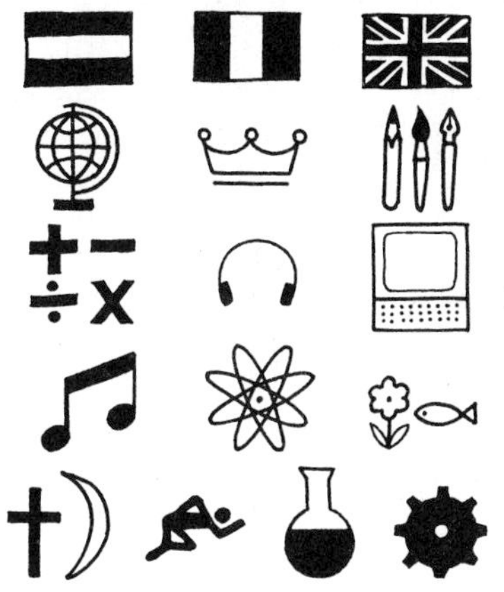	ist	interessanter nützlicher wichtiger schwerer leichter langweiliger		als	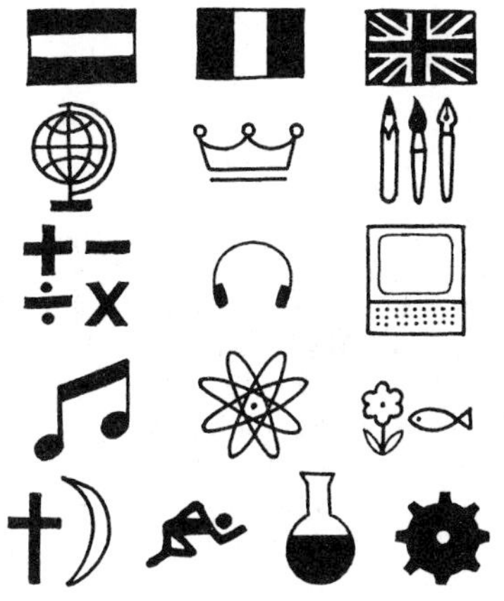
		nicht so	interessant nützlich wichtig schwer leicht langweilig	wie	

Übung 4. Wie gefallen dir die Fächer? Gib Gründe!

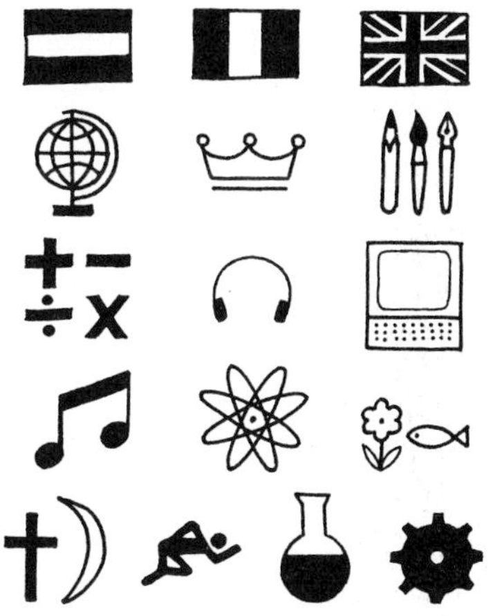	ist mein Lieblingsfach, macht mir Spaß, gefällt mir, mache ich nicht sehr gern, macht mir keinen Spaß, finde ich furchtbar, gefällt mir gar nicht,	weil ich zuviele Hausaufgaben bekomme. weil die Stunden interessant/langweilig sind. weil ich gute/schlechte Noten bekomme. weil ich es einfach schwer/interessant finde. weil ich gern/nicht gern im Freien bin. weil ich gern selbständig arbeite. weil ich praktische Arbeit gern habe. weil ich nicht gut in diesem Fach bin. weil ich gern reise. weil ich gern im Ausland arbeiten möchte.

im Ausland *abroad*
der Grund (¨e) *reason*
selbständig *independently, on one's own*

Schreib fünf Sätze über die Fächer und gib deine Meinung über sie!

Übung 5. Wähle einen Partner oder eine Partnerin und stell Fragen über fünf Fächer!

Zum Beispiel:

A: Hast du gern Mathe (Französisch)?
B: Nein (Ja).
A: Warum (nicht)?
B: Weil . . .

Schreib die Antworten deines Partners oder deiner Partnerin auf!

Zum Beispiel:

Gail hat nicht gern Mathe, weil . . . .

Übung 6. Welche Fremdsprachen lernst du? Und seit wann? Welche Fremdsprachen kann man in deiner Schule lernen?
Erkennst du diese Fremdsprachen?

a. Parla inglese?
b. Spreekt u engels?
c. Fala inglês?
d. Parlez-vous anglais?
e. ¿Habla usted inglés?
f. هل تتكلم الأنجليزية ؟
g. Μιλᾶτε Ἀγγλικά;
h. Вы говорите по английски?
i. Snakker De engelsk?
j. Talar Ni engelska?
k. 你會不會說英國話
l. क्या आप को अंग्रेज़ी आती है ?

(i) Portugiesisch
(ii) Russisch
(iii) Spanisch
(iv) Griechisch
(v) Italienisch
(vi) Arabisch
(vii) Chinesisch
(viii) Hindi
(ix) Schwedisch
(x) Norwegisch
(xi) Holländisch
(xii) Französisch

In welchen Ländern spricht man diese Sprachen? Sieh dir die Weltkarte am Ende des Buches an! Schreib die Antworten auf!

Zum Beispiel:

a. (v) Diese Sprache heißt Italienisch. Man spricht sie in Italien.

Übung 7. Kannst du einen Beruf für diese jungen Leute vorschlagen?
Welchen Beruf unter den folgenden könnten sie wählen?

Verkäufer/in
Elektriker/in
Herbergsvater/-mutter
Testfahrer/in
Bäcker/in
Busfahrer/in
Bibliothekar/in
Journalist/in
Krankenschwester
Konditor/in
Polizist/in
Sekretärin
Lehrer/in
Stewardeß
Elektrotechniker/in
Zahntechniker/in

Sabine

„Ich spreche ziemlich gutes Englisch und Französisch, und ich kann schon ziemlich gut tippen. Bald gehe ich auf die Handelsschule, um dort weiterzumachen. Mein Vater arbeitet bei einer großen Firma – das scheint mir interessant zu sein."

Christoph

„Ich weiß nicht, was ich machen werde. In der Schule macht mir das Schreiben und so weiter nicht viel Spaß. Außer Sport ist Kochen mein Hobby. Das mache ich sehr gern zu Hause – leider gibt es in der Schule keine Möglichkeit Kochen zu lernen."

Bernd

„Ich mache alle Fächer ziemlich gern und kann ein bißchen Englisch und Französisch sprechen – nicht sehr viel aber! Ich würde gern mit anderen Leuten arbeiten – besonders mit jungen Leuten. Ich weiß nicht, was ich am liebsten machen würde. Ich würde nicht gern den ganzen Tag am Schreibtisch sitzen."

Ulrike

„Ich mache Naturwissenschaften gern – besonders Biologie, und ich treibe viel Sport. Das halte ich für wichtig für die Gesundheit. Ich arbeite gern mit anderen und würde gern einen Beruf haben, wo ich anderen helfen könnte. Ich habe ziemlich viel Geduld."

„In der Schule mache ich am liebsten Technik und Sport. Mein Hobby ist mein Leichtfahrrad. Ich spare gerade für ein neues Motorrad. Ich bastle viel und helfe meinem Vater gern beim Autoreparieren, usw.“

Richard

Martina

„Ich mache gern Fremdsprachen und besonders gern lerne ich Deutsch. Ich schreibe schon viel, meistens für unsere neue Schulzeitung. Ich würde gern reisen – ich interessiere mich sehr für andere Länder und für Politik. Ich habe schon einige europäische Länder besucht, und habe vor, eine Weltreise zu machen.“

Jutta

„Meine Lieblingsfächer sind Naturwissenschaften, besonders Physik und Mathe. Ich arbeite gern mit den Händen – ich bastle viel und habe meinen eigenen Komputer zu Hause.“

Zum Lesen 1

Am Ende des Schuljahres bekommen deutsche Schüler und Schülerinnen ein Zeugnis. Hier in dieser Schule bekommt man Noten für Führung und Leistung. Wenn man schlechte Noten für Leistung bekommt, kann man ‚sitzen bleiben‘: das heißt, man geht nicht in die nächste Klasse – man bleibt noch ein ganzes Jahr da, wo man ist!

die Führung *behaviour*
die Leistung *attainment*

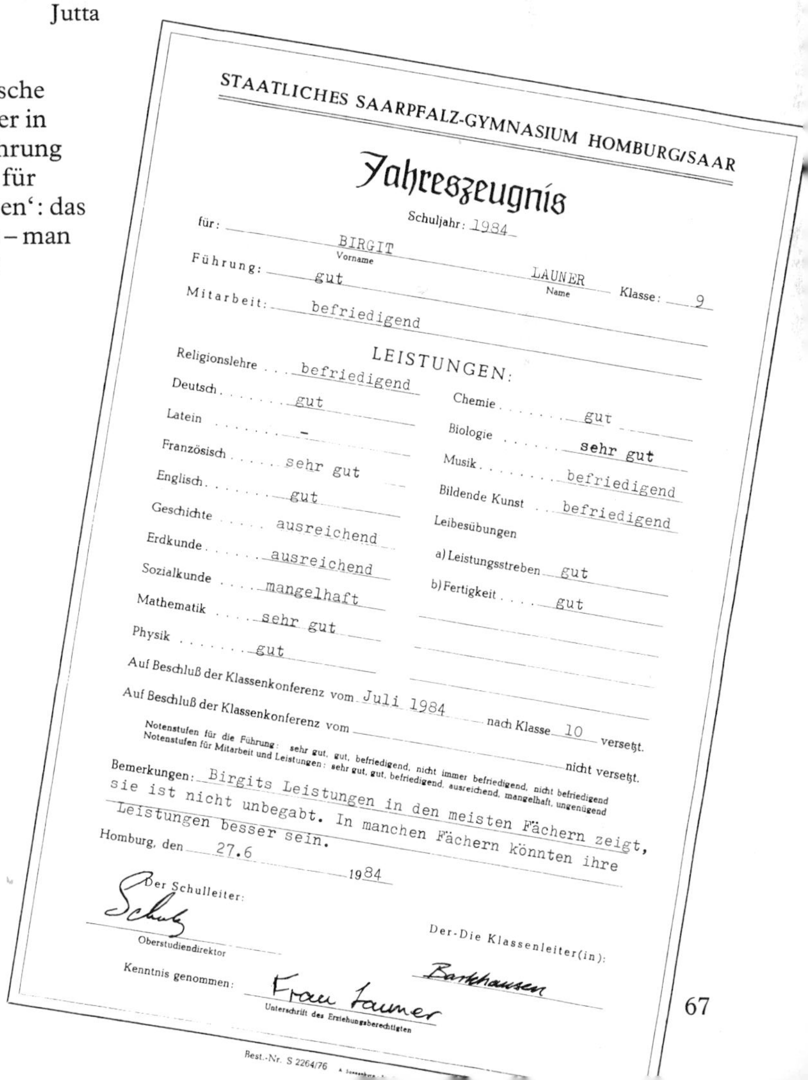

STAATLICHES SAARPFALZ-GYMNASIUM HOMBURG/SAAR

Jahreszeugnis

Schuljahr: 1984

für: BIRGIT (Vorname) LAUNER (Name) Klasse: 9

Führung: gut

Mitarbeit: befriedigend

LEISTUNGEN:

Religionslehre	befriedigend		
Deutsch	gut	Chemie	gut
Latein	–	Biologie	sehr gut
Französisch	sehr gut	Musik	befriedigend
Englisch	gut	Bildende Kunst	befriedigend
Geschichte	ausreichend	Leibesübungen	
Erdkunde	ausreichend	a) Leistungsstreben	gut
Sozialkunde	mangelhaft	b) Fertigkeit	gut
Mathematik	sehr gut		
Physik	gut		

Auf Beschluß der Klassenkonferenz vom Juli 1984

Auf Beschluß der Klassenkonferenz vom ______ nach Klasse 10 versetzt.
nicht versetzt.

Notenstufen für die Führung: sehr gut, gut, befriedigend, nicht immer befriedigend, nicht befriedigend
Notenstufen für Mitarbeit und Leistungen: sehr gut, gut, befriedigend, ausreichend, mangelhaft, ungenügend

Bemerkungen: Birgits Leistungen in den meisten Fächern zeigt, sie ist nicht unbegabt. In manchen Fächern könnten ihre Leistungen besser sein.

Homburg, den 27.6 1984

Der Schulleiter: Schulz
Oberstudiendirektor

Der-Die Klassenleiter(in): Barkhausen

Kenntnis genommen: Frau Launer
Unterschrift des Erziehungsberechtigten

Best.-Nr. S 2264/76

☐ Zum Lesen 2

Eine Weihnachtskarte
aus Bayern von der Fremdsprachenassistentin vom vorigen Jahr.

Liebe 5th form!

Ich habe lange nicht geschrieben, aber ich habe oft an Euch gedacht. Ich hoffe, Euer Deutsch ist jetzt so gut, daß Ihr meinen Brief versteht. Sicher arbeitet Ihr sehr viel in Deutsch – auch ohne mich. Ihr wart immer sehr aufmerksam und sehr fleißig.

Ich bin wieder an der Universität und lerne sehr fleißig Englisch und Französisch. Manchmal denke ich, es ist schöner zu lehren als zu lernen. Die Zeit mit Euch war doch sehr schön und wir haben viel Spaß zusammen gehabt – wenigstens ich.

Ich möchte Euch allen ein recht frohes Weihnachtsfest und ein glückliches Neues Jahr wünschen. Seid brav und ärgert Mr. Lewis und Ms. Capoor nicht zu sehr. Ich wünsche Euch viel Glück bei Euren Prüfungen, vielleicht sehen wir uns zuvor noch.

Herzliche Grüße

Eure Margot

P.S. Habt Ihr auch deutsche Weihnachtslieder gesungen? Ich dieses Jahr noch nicht!!!

Wortstellung bei ‚weil'

Chemie macht mir keinen Spaß, weil ich schlechte Noten bekomme.
Weil ich schlechte Noten bekomme, macht mir Chemie keinen Spaß.

Er fährt in die Stadt, weil er etwas kaufen will.
Weil er etwas kaufen will, fährt er in die Stadt.

seit + *time*
Note the use of the present tense.

Seit wann lernst du Deutsch?
Ich wohne hier seit drei Jahren.

Ein Quiz!

1. Was gefällt euch am besten?
Wähle einen Partner oder eine Partnerin! Stellt einander Fragen!

a. Welche Gruppe hast du am liebsten?
b. Welches Musikinstrument gefällt dir am besten?
c. Welches Fach hast du am liebsten?
d. Welches Tier hast du am liebsten?
e. Welche Eissorten hast du am liebsten?
f. Welche Gemüseart ißt du nicht gern?
g. Welche Fernsehsendung siehst du am liebsten?
h. Welche Zeitschrift ist die Beste, deiner Meinung nach?
i. Welchen Sport treibst du am liebsten?
j. Welche Farbe hast du am liebsten?

2. Wie gut kennst du Europa? Einige allgemeine Fragen, um euer Allgemeinwissen zu testen. Hier geht es auch um das Längste, das Höchste, das Kleinste usw., oder was kleiner oder größer ist.

a. Welche Stadt hat mehr Einwohner?
(i) Paris
(ii) München

b. Welches Land hat mehr Schwerindustrie?
(i) Nordrhein-Westfalen
(ii) Schleswig-Holstein

c. An welchen Flüssen liegen folgende Städte?
(i) Bremen
(ii) Trier
(iii) Bonn
(iv) Wien

d. Welche Stadt liegt nördlicher?
(i) London
(ii) Berlin

e. An welchen Küsten liegen folgende Städte?
(i) Bordeaux
(ii) Lübeck
(iii) Cuxhaven

f. Welcher Berg ist höher?
(i) der Ben Nevis
(ii) die Zugspitze

g. In welchen Bundesländern liegen folgende Städte?
(i) Köln
(ii) München
(iii) Frankfurt am Main

h. In welchen Staaten liegen diese Städte?
(i) Halle
(ii) Salzburg
(iii) Florenz
(iv) Valencia

Das längste Wort in der deutschen Sprache?

Das Vierwaldstätterseedampfschiffgesellschaftskapitänsmützensternlein

i. Welcher Fluß ist länger?
  (i) der Rhein
  (ii) die Donau

j. Welcher Staat hat mehr Einwohner?
  (i) Großbritannien
  (ii) die Bundesrepublik Deutschland

k. An welcher Grenze liegt Passau?

l. Der längste Fluß Europas ist:
  (i) die Donau
  (ii) der Rhein
  (iii) die Rhone.

m. Welche Flüsse fließen durch Norddeutschland?

n. Der höchste Berg Europas ist:
  (i) der Snowdon
  (ii) der Montblanc
  (iii) das Matterhorn.

o. Der größte See Europas befindet sich:
  (i) in der Schweiz (der Bodensee)
  (ii) in Italien (der Gardasee)
  (iii) in Schweden (der Vänersee).

p. Der kleinste Staat Europas ist:
  (i) Liechtenstein
  (ii) Monako
  (iii) Andorra.

q. Die längste Küste Europas ist die von:
  (i) Norwegen
  (ii) Spanien
  (iii) Griechenland.

r. Die längste Grenze in Europa hat:
  (i) Dänemark
  (ii) die BRD
  (iii) Frankreich.

s. Der längste Kanal Europas ist:
  (i) der Manchester-Ship-Kanal
  (ii) der Nord-Ostsee-Kanal
  (iii) der Alphonse XIII-Kanal.

t. Welches von diesen ist das höchste?
  (i) der Londoner Fernsehturm
  (ii) der Hamburger Fernsehturm
  (iii) der Eifelturm, Paris.

30,1° Das war der heißeste Tag in diesem Jahr

Kälteste Nacht des Winters −26°

i

welcher, dieser, jeder

	Maskulinum	Femininum	Neutrum	Plural
Nominativ	welcher	welche	welches	welche
Akkusativ	welchen	welche	welches	welche
Genitiv	welches	welcher	welches	welcher
Dativ	welchem	welcher	welchem	welchen

Notice that the endings are those of the definite article: de**r**, di**e**, da**s**.

Zum Lesen 3

Die schnellste Strickerin der Welt, Mrs. Gwen Matthewman aus Featherstone, hat in einem Londoner Wollgeschäft vor der Öffentlichkeit die Nadeln klappern lassen. Die im Guinness-Buch der Rekorde verzeichnete flinke Dame hatte 1980 bei einem Rekordversuch 111 Maschen pro Minute gestrickt. Innerhalb eines Jahres hat sie 915 Jacken gestrickt, wozu sie die Wolle von 85 Schafen benötigte.
AP

Der Komparativ und der Superlativ

	Komparativ	Superlativ
alt	älter	der/die/das älteste
groß	größer	der/die/das größte
hoch	höher	der/die/das höchste
klein	kleiner	der/die/das kleinste
lang	länger	der/die/das längste
gut	besser	der/die/das beste

flink *nimble*
klappern (*wk*) *to click*
die Masche (-n) *stitch*
die Nadel (-n) *needle*
die Öffentlichkeit *public*
stricken (*wk*) *to knit*
verzeichnen (*wk*) *to enter on a list, to record*

der Schulhof (¨-e)	die Tür (-en)	verbringen
der Eingang (¨-e)	der Sommer (-)	besichtigen
das Rathaus (¨-er)	der Tag (-e)	besuchen
das Schloß (¨-er)	die Stadt (¨-e)	aussteigen
das Lehrerzimmer (-)	das Dorf (¨-er)	ankommen

durch + *definite article*

Mündliche Wiederholung

1. Kannst du folgenden Dialog ergänzen? Du bist am Telefon, und du sprichst mit einem deutschen Freund oder einer deutschen Freundin aus Lübeck, der oder die auf Besuch in England ist.

Freund/in: Und was machst du denn in den nächsten Ferien?

Du: *(Holidays in Germany.)*

Freund/in: Tatsächlich? Prima! Wohin fährst du?

Du: *(North Germany.)*

Freund/in: Und kommst du alleine?

Du: *(Two friends, boy and girl.)*

Freund/in: Wo hast du vor zu übernachten?

Du: *(Cycle tour – youth hostels.)*

Freund/in: Hast du die Termine schon?

Du: *(13th–27th August. Arrive Lübeck 18th August.)*

Freund/in: Schön. Dann sehen wir uns alle wieder.

2. In der Jugendherberge. Übe mit einem Partner oder einer Partnerin folgende Dialoge!

Zum Beispiel:

A: Haben Sie meinen Brief bekommen, bitte?
B: Wann haben Sie geschrieben?
A: Vor zwei Monaten. Im Januar.
B: Was haben Sie reserviert?
A: Vier Betten, für zwei Jungen und zwei Mädchen.

A: ?
B: Wann?
A: 1 Monat (März).
B: Was?
A: 3 × 🛏, ♂♂♀.

A: ?
B: Wann?
A: 3 Wochen.
B: Was?
A: 2 × 🛏, ♂♀.

3. In der Jugendherberge.
Übe mit einem Partner oder einer Partnerin folgende Dialoge!

a.

🛏 „Haben Sie noch Platz frei, bitte?"
„Ja. Für wieviele Personen?"

3 „Drei, bitte."
„Sind das Jungen oder Mädchen?"

♂♀♀ „Ein Junge und zwei Mädchen."
„Wie lange bleiben Sie?"

☽ x 3 „Drei Nächte."
„Brauchen Sie Bettwäsche?"

▯ x 2 „Zwei Schlafsäcke, bitte."
„Welche Mahlzeiten nehmen Sie ein?"

F ~~M~~ A „Frühstück und Abendessen, bitte, aber kein Mittagessen."

b.

	1	2	3
A:	? 🛏	? 🛏	? 🛏
B:	**„Ja. Für wieviele Personen?"**		
A:	2	3	4
B:	**„Sind das Jungen oder Mädchen?"**		
A:	♀♀	♂♂♀	♂♂♀♀
B:	**„Wie lange bleiben Sie?"**		
A:	☽ x 2	☽ x 1	☽ x 3
B:	**„Brauchen Sie Bettwäsche?"**		
A:	~~▯~~	▯ x 3	▯ x 1
B:	**„Welche Mahlzeiten nehmen Sie ein?"**		
A:	F ~~M~~ ~~A~~ ✓ × ×	F ~~M~~ A ✓ × ✓	F M ~~A~~ ✓ ✓ ×

4. *What would a warden say:*

a. when he wanted to see your pass or membership card?

b. when he asked you to sign?

5. Wähle einen Partner oder eine Partnerin! Stellt Fragen und gebt Antworten!
Wo befinden sich folgende Räume?

Zum Beispiel:

A: Wo sind die Jungentoiletten, bitte?
B: Sie sind oben im zweiten Stock.

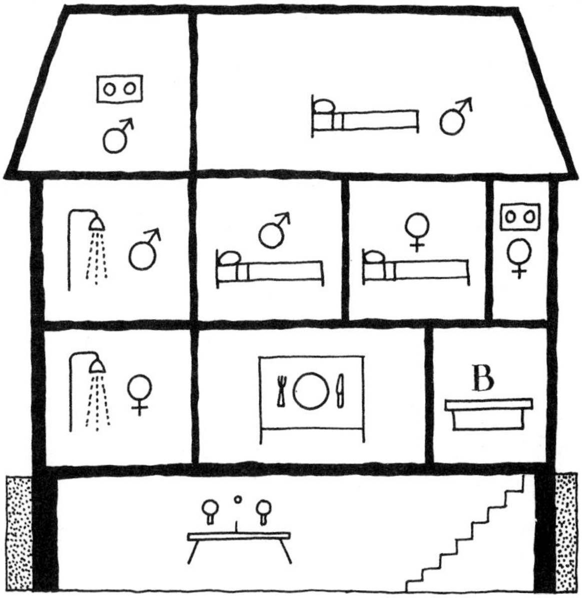

6. *At the end of a sale at the Youth Club the things below were left unsold. The Youth Club leaders decided to donate them to the young people who had helped with the sale. Can you help them decide who to give the things to? The illustrations below show what the hobbies of these young people are.*

Zum Beispiel:

A: Wem geben wir | diesen *(m)* / diese *(f)* / dieses *(n)* / diese *(pl)* | ...?

B: | Den / Die / Das / Die | ... könnt ihr ... geben.

Jetzt schreib für jede Person einen Satz!

Zum Beispiel:

Frank bekommt die Tischtennisbälle, weil er so gern Tischtennis spielt.

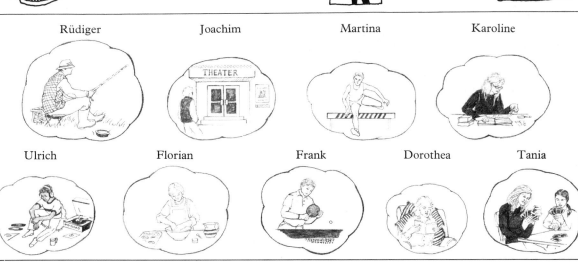

Rüdiger

Joachim

Martina

Karoline

Ulrich

Florian

Frank

Dorothea

Tania

□ Die Schweiz

Die Schweiz ist ein Land mitten in Europa mit 6,3 Millionen Einwohnern. Sie ist von fünf Ländern umgeben – Italien, Frankreich, der Bundesrepublik Deutschland, Österreich und dem kleinen Staat Liechtenstein, der an der östlichen Grenze liegt.

Die Schweiz ist ein viersprachiges Land. Im Westen spricht man Französisch (circa 18% der Bevölkerung), in der Mitte und im Norden Deutsch (c. 65%), im Süden Italienisch (c. 17%) und im Osten Räto-romanisch (c. 0,8%), das dem Italienischen ähnlich ist.

similar

Schwyzerdütsch ist eine gesprochene Sprache, mit sehr vielen Dialekten und wenig Literatur. Es besteht keine feste Rechtschreibung.

spoken
exists *spelling*

confederation

Das Land ist eine Republik und eine alte Demokratie: es ist eine Eidgenossenschaft, die man 1291 gründete.

Bundesbrief von 1291

in view of *bad*
community
promised
'physically and with their possessions'

Angesichts der bösen Zeiten haben die Männer des Tales von Uri, die Landesgemeinde des Tales von Schwyz und die Gemeinde des Tales von Unterwalden . . . in guten Treuen versprochen, sich gegenseitig mit Hilfe, . . . mit Leib und Gut beizustehen.

oath
sworn

. . . Darauf haben sie einen körperlichen Eid geschworen.

struggles for freedom *grew*
shot
exists

Aus diesem kleinen Anfang und nach vielen Freiheitskämpfen wuchs die Schweiz. Alle kennen die Geschichte von Wilhelm Tell, der den Apfel vom Kopf seines Sohnes schoß, und der ein Symbol des Freiheitskämpfers ist. Obwohl die Legende besteht, weiß man nicht mit Sicherheit, ob Wilhelm Tell wirklich lebte.

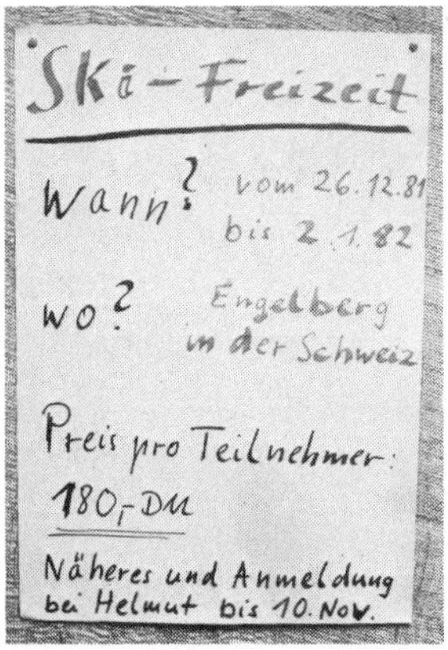

wars *took part*

Das Land ist seit Jahren offiziell neutral. An den zwei Weltkriegen dieses Jahrhunderts nahm die Schweiz nicht teil. Aus diesem Grund haben viele internationale Organisationen dort ihre Büros. Eine unter ihnen ist das Rote Kreuz, das von dem Schweizer Henri Dunant gegründet wurde.

grain

Die schweizerische Industrie ist für Uhren und Präzisionsinstrumente gut bekannt. Die Landwirtschaft konzentriert sich auf Getreide, Milch, Mais, Tabak und Obst. Tourismus fast das ganze Jahr hindurch ist auch eine sehr wichtige Industrie.

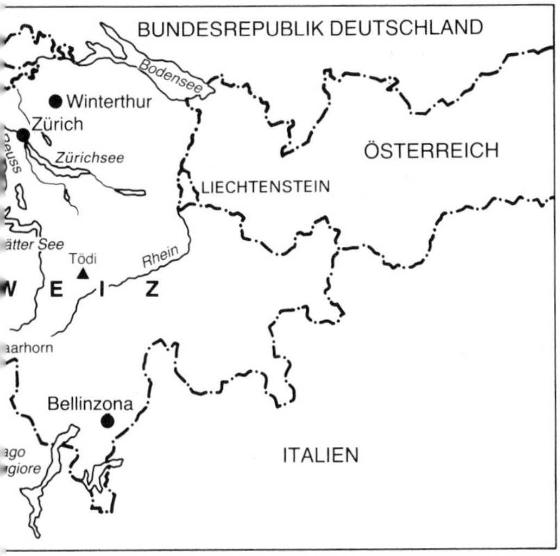

D'Schwiz isch es Land zmitzt in Europa mit 6,3 Milione Iwoner. Rund um d'Schwiz sind feuf Länder; Italie, Frankrich, Dütschland und Öschtrich. S'chli Ländli Lichtestei isch au a der Oschtgränze. D'Schwiz isch e vierschprachigs Land. Im Weschte reded d'Lüt französisch, im Norde dütsch, im Süde italienisch und im Südoschte räto-romanisch, en Art italienisch.

S'Land isch i 24 Kantön ufteilt; d'Hauptschtatt isch Bern.

Der älteste Bundesbrief (den 1.August 1291)

5
Zu Hause
At home

ERSTER TEIL
Häuser und Wohnungen

■ Deutsche Familien wohnen in Einfamilienhäusern . . .

. . . oder in Mehrfamilienhäusern, das heißt Zweifamilienhäusern . . . oder Dreifamilienhäusern.

Sie wohnen auch . . .

. . . in Bungalows,

. . . in Fertighäusern

. . . und in Wohnblöcken.
Die Wohnblöcke befinden sich meistens in den größeren Städten, wo viele Leute auch in Reihenhäusern wohnen.

Manche Leute, die auf dem Land arbeiten, wohnen in Bauernhäusern.

Einige Leute wohnen sogar in Schlössern!

Die meisten Leute in der Bundesrepublik wohnen in Mietwohnungen.
Das heißt, sie mieten das Haus oder die Wohnung und zahlen jeden Monat die Miete.

Fast die Hälfte der Bürger wohnt in Eigentumshäusern und -wohnungen.
Das heißt, sie kaufen ihr eigenes Haus oder ihre eigene Wohnung.

der Bürger (-) *citizen*
eigen *own, personal*
das Eigentum (*no pl.*) *possession, property*
manch- (*behaves like* welch-) *several, many*
meist *most*
die Miete (-n) *rent*
mieten (*wk*) *to rent*

das Dach (¨er) *roof*
eigen *one's own*
der Keller (-) *cellar*
mehrere *several*
der Onkel (-) *uncle*
der Speicher (-) *attic, roofspace*
die Tante (-n) *aunt*
teilen (*wk*) *to share*
der/die Verwandte (-n) *relation*
der Waschraum (¨e) *washroom*

Manchmal wohnt man mit Verwandten im gleichen Haus. Die Familie Simmer, zum Beispiel, wohnt in einem Dreifamilienhaus.
Claudia beschreibt, wo sie wohnt.

„Wir wohnen hier im zweiten Stock. Meine Tante und mein Onkel wohnen mit ihrer Familie hier im ersten Stock, und die Oma wohnt unten im Erdgeschoß."

Wenn mehrere Familien in einem Haus wohnen, teilen sie oft den Waschraum im Keller, den Speicher unter dem Dach und den Garten. Sie haben ihre eigene Garage oder sie teilen den Parkplatz.

Übung 1. Hör zu!
Drei Familien beschreiben ihre Wohnung oder ihr Haus.

A. Die Familie Blumbach
Wähle die passenden Sätze!

a. They live in a [*(i) three* / *(ii) one* / *(iii) two*] *family house.*

b. They [*(i) own* / *(ii) rent*] *their flat.*

c. They have lived there for [*(i) three* / *(ii) two* / *(iii) nine*] *years.*

d. They live on the [*(i) third* / *(ii) second* / *(iii) ground*] *floor.*

e. *There are* | *(i) five* / *(ii) three* / *(iii) four* | *people in the family.*

f. *(i) They have a garden.*
(ii) They have no garden.

Their balcony faces | *(i) west.* / *(ii) south.*

B. Die Familie Becker
Ist das richtig oder falsch? Kannst du die falschen Sätze verbessern?

a. Ihr Haus steht im Dorf.
b. Sie haben ein kleines Grundstück.
c. Sie haben Blumen, Obstbäume und Gemüse im Garten.
d. Das Haus hat ein steiles Dach.
e. Sie haben eine alte Garage neben dem Haus.
f. Der Hobbyraum ist im Keller.

C. Die Familie Gerke
Ergänze die folgenden Sätze!

a. Die Familie wohnt seit . . . Jahren im . . . .
b. Sie haben eine Wohnung in einem . . . .
c. Sie zahlen jeden . . . 450.-DM inklusive . . . .
d. Die Wohnung hat einen . . . , wovon man den . . . sehen kann.
e. Im Keller sind ein . . . und ein . . . .
f. Die Garage steht . . . dem Haus.

Übung 2. Wähle einen Partner oder eine Partnerin und übt Dialoge!
Du zeigst einem Freund oder einer Freundin dein neues Haus, und er oder sie macht Komplimente.

Zum Beispiel:

A: Das ist das Haus!
B: Das ist aber ein schönes Haus!

a. Das ist der Garten!

b. Das ist der Keller!

c. Das ist das Wohnzimmer!

d. Das ist die Küche!

e. Das ist das Badezimmer!

f. Das ist das Eßzimmer!

g. Und das ist Suki!

Q

der Körper (-)	die Eisenbahn (-en)	umziehen
die Treppe (-n)	das Eis (-e)	kommen
das Papier (-e)	die Tochter (¨)	durchgeben
das Stück (-e)	die Schlange (-n)	machen
der Gummi (-s)	die Wurst (¨e)	eröffnen

mit + *indefinite article*

ZWEITER TEIL

Mein Haus und mein Zimmer

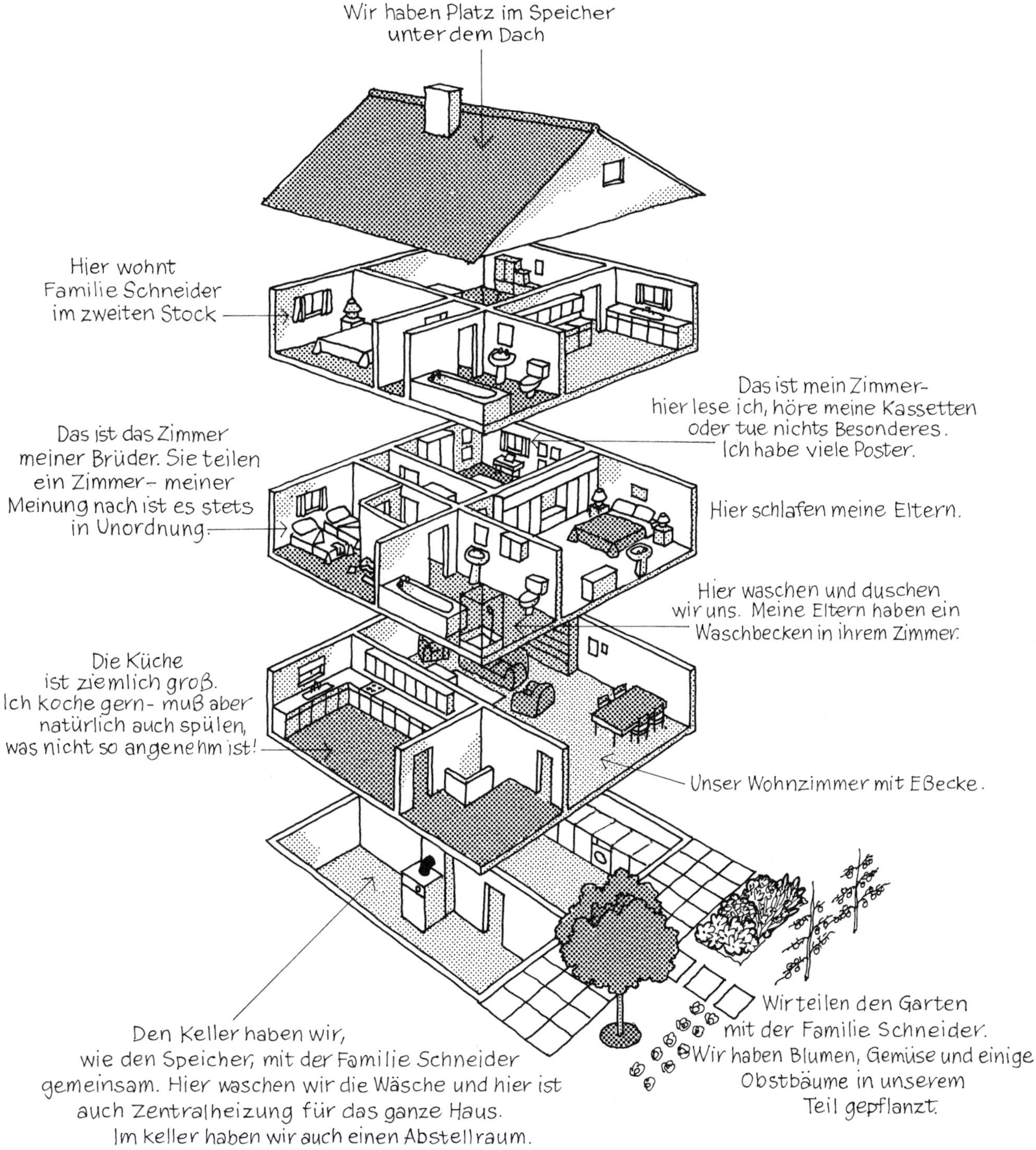

Wir haben Platz im Speicher unter dem Dach
Hier wohnt Familie Schneider im zweiten Stock
Das ist mein Zimmer– hier lese ich, höre meine Kassetten oder tue nichts Besonderes. Ich habe viele Poster.
Das ist das Zimmer meiner Brüder. Sie teilen ein Zimmer– meiner Meinung nach ist es stets in Unordnung.
Hier schlafen meine Eltern.
Hier waschen und duschen wir uns. Meine Eltern haben ein Waschbecken in ihrem Zimmer.
Die Küche ist ziemlich groß. Ich koche gern– muß aber natürlich auch spülen, was nicht so angenehm ist!
Unser Wohnzimmer mit Eßecke.
Wir teilen den Garten mit der Familie Schneider. Wir haben Blumen, Gemüse und einige Obstbäume in unserem Teil gepflanzt.
Den Keller haben wir, wie den Speicher, mit der Familie Schneider gemeinsam. Hier waschen wir die Wäsche und hier ist auch Zentralheizung für das ganze Haus. Im keller haben wir auch einen Abstellraum.

der Abstellraum (⸚e) *store room*
gemeinsam *in common*
der Obstbaum (⸚e) *fruit tree*
stets *always*
die Wäsche *washing*
waschen (wäscht, wusch, gewaschen) *to wash*
die Zentralheizung *central heating*

Übung 1. Hör zu!
Herr und Frau Morbach sind mit Freunden in einem Café. Sie haben ein Haus gesehen und beschlossen, es zu nehmen. Ihre Freunde haben sie gebeten, es zu beschreiben. Frau Morbach zeichnet einen Plan von jedem Stockwerk, und dann beschreibt sie das neue Haus.

Zeichne diese Pläne ab und dann trage die Namen der verschiedenen Zimmer ein!

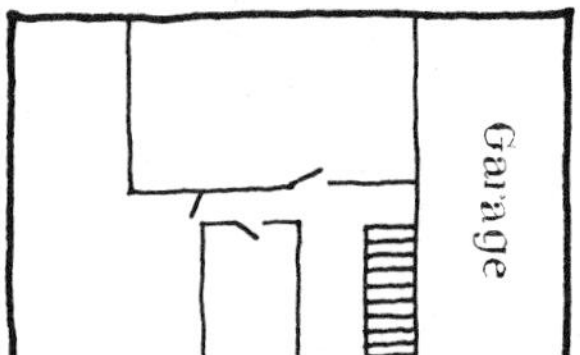

a. das Erdgeschoß

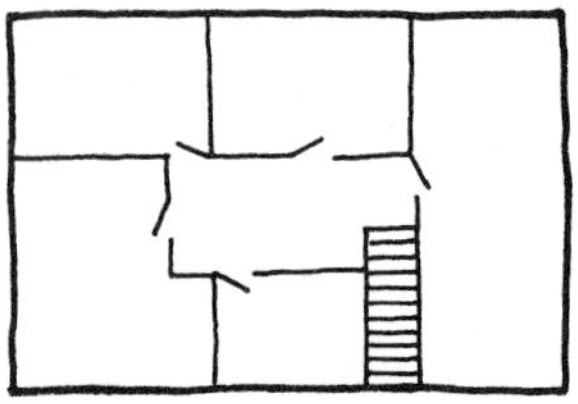

b. der erste Stock

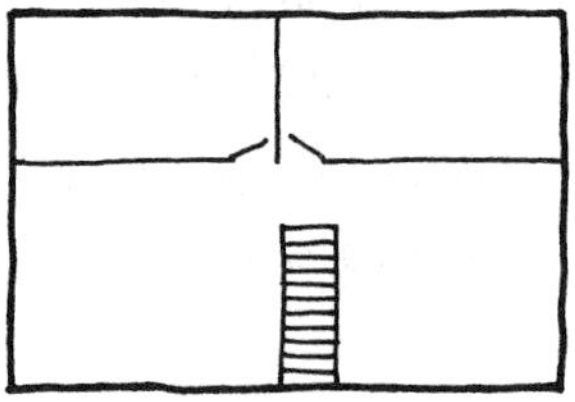

c. der Keller

Übung 2. Hör zu!
Dagmar beschreibt ihre Wohnung.
Hör zu und mach Notizen! Dann schreib so viel wie möglich über Dagmars Wohnung und das Haus, wo sie wohnt.

die Blume (-n) *flower*
die Nachbarschaft (-en) *neighbourhood*
die Pflanze (-n) *plant*

Übung 3.
a. Kannst du die Häuser unten beschreiben?
b. Und jetzt dein eigenes Haus – kannst du es beschreiben?

Zum Beispiel:

Wir haben ein relativ kleines Haus.
Unser Haus ist relativ klein.

Wir haben einen großen Garten hinter dem Haus.
Unser Garten ist ziemlich groß.

Mein Zimmer.

„Das ist mein Zimmer – ungefähr zwei mal drei Meter groß, ungefähr sechs Quadratmeter. Wir haben die Tür und das Fenster weiß gestrichen – mein Vater hat mir geholfen – und die Farben für die Wände und die Tapeten und den Stoff für die Vorhänge habe ich selber ausgesucht. Ich finde es viel besser, wenn man sein eigenes Zimmer schön macht, findest du nicht? Vorher waren die Farben wahnsinnig trüb – alles dunkel und grau."

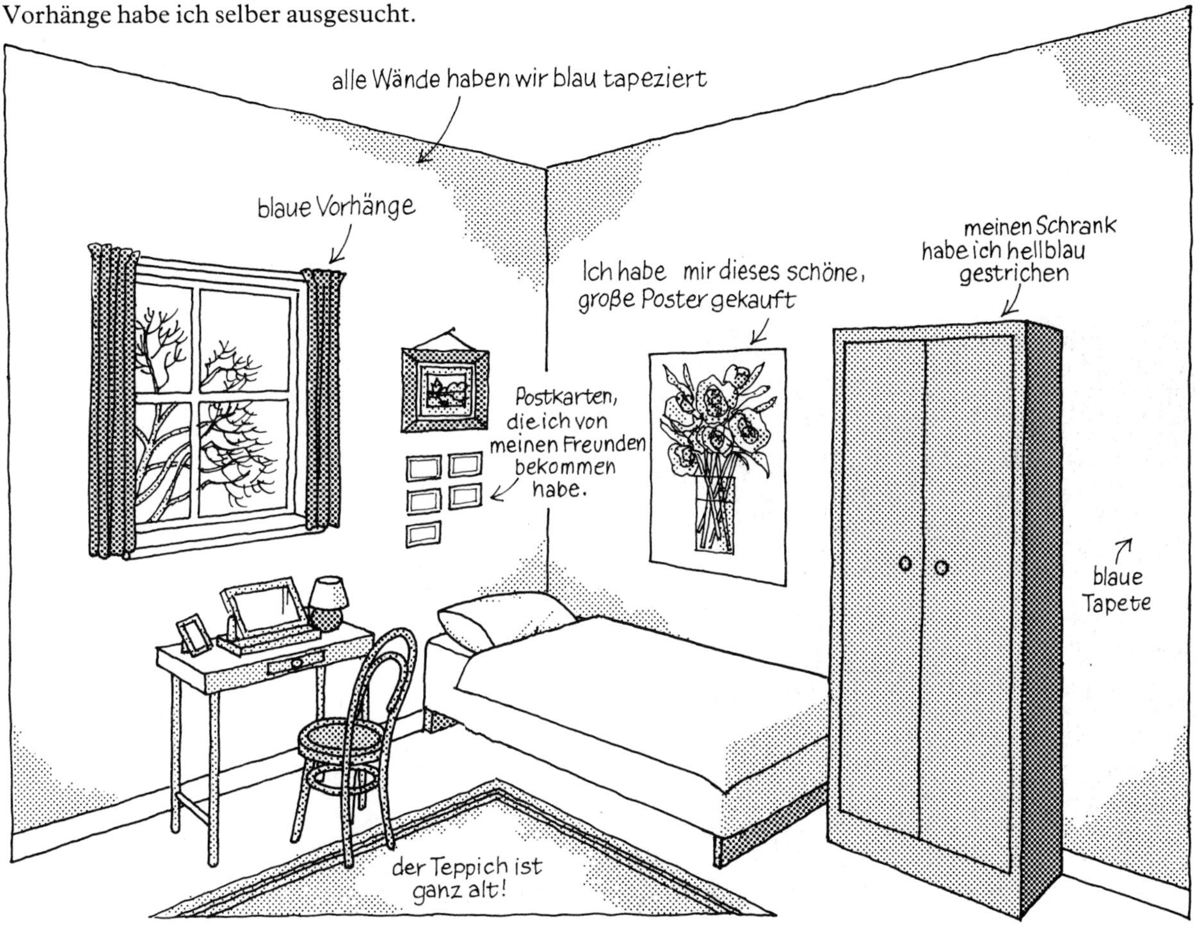
alle Wände haben wir blau tapeziert
blaue Vorhänge
Ich habe mir dieses schöne, große Poster gekauft
meinen Schrank habe ich hellblau gestrichen
Postkarten, die ich von meinen Freunden bekommen habe.
blaue Tapete
der Teppich ist ganz alt!

aussuchen (*wk*) *to choose*
der Boden (¨) *floor*
die Lampe (-n) *lamp*
das Poster (-) *poster*
der Schrank (¨e) *cupboard*
streichen (streicht, strich, gestrichen) *to paint*
der Stoff (-e) *cloth*
die Tapete (-n) *wallpaper*
tapezieren (*wk*) *to wallpaper*
der Teppich (-e) *carpet, rug*
trüb *dull, dreary*
der Vorhang (¨e) *curtains*
vorher *previously*
wahnsinnig *ridiculously, terribly*
die Wand (¨e) *wall*

„Mein Zimmer? Das ist mir ganz egal, wie es ist. Ob es blau, grün oder sogar golden ist, ist mir egal. Ich gehe nur zum Schlafen hinein, und dann mach ich meistens die Augen zu! Ich interessiere mich eigentlich nicht für Farben."

Übung 4. Hier siehst du einen Plan von Karls Schlafzimmer. Kannst du es beschreiben? Er ist vor kurzem eingezogen und hat es gestrichen und tapeziert. Seine Freundin ruft an und möchte wissen, wie er das gemacht hat. Kannst du den Dialog rechts ergänzen?

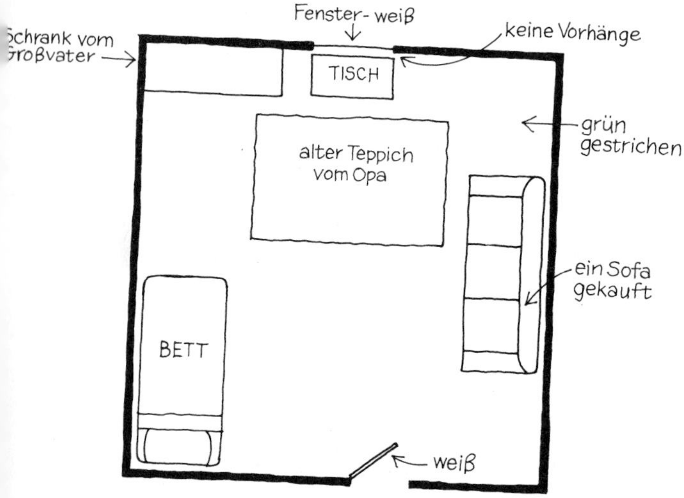

Freundin: Hast du tatsächlich alles blau gestrichen?
Karl: Nein, die Tür und das Fenster sind . . . und . . . .
Freundin: Und hast du dir endlich einen Teppich gekauft?
Karl: Nein, mein . . . .
Freundin: Und hat er dir auch Möbel gegeben?
Karl: Ja, einen . . . .
Freundin: Was hast du denn gekauft?
Karl:

Freundin: Wo steht das Bett?
Karl: Hinter . . . .
Freundin: Und der Tisch?
Karl: Vor . . . .
Freundin: Welche Farbe hast du endlich für die Vorhänge gewählt?
Karl: . . . .
Freundin: Noch nicht? Soll ich vorbeikommen, um dir zu helfen?

Übung 5. Das ist Gabriele. Sie ist eben eingezogen. Was hat sie vor? Was wird sie machen? Was wird sie sich kaufen?

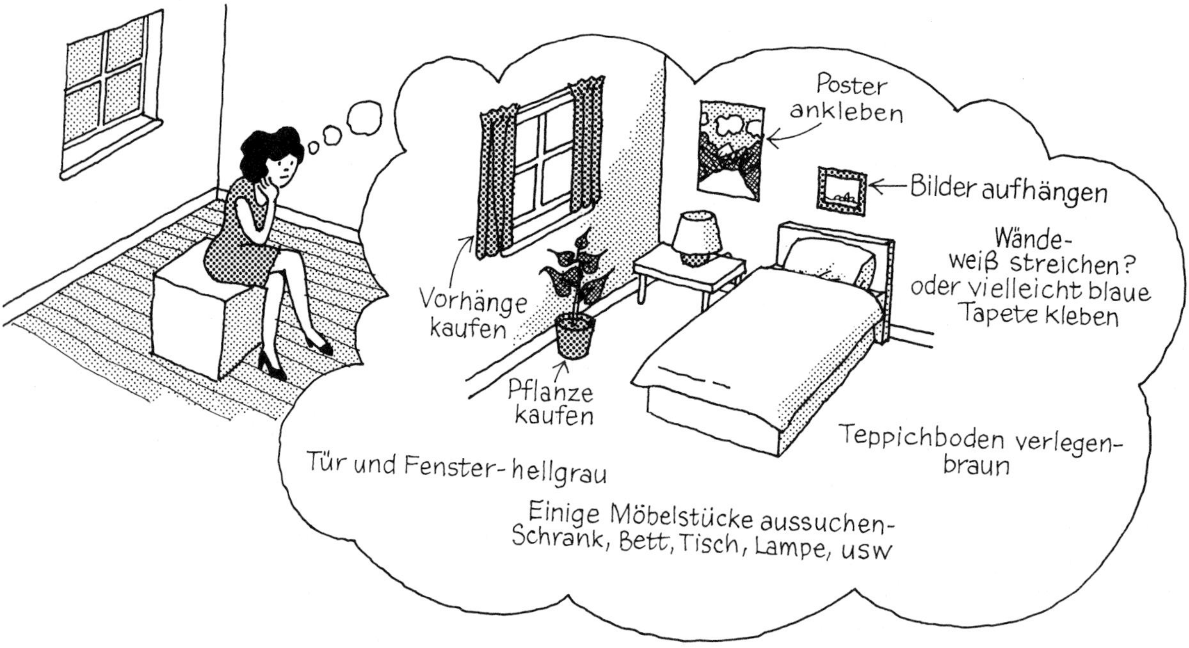

Poster ankleben
Bilder aufhängen
Wände- weiß streichen? oder vielleicht blaue Tapete kleben
Vorhänge kaufen
Pflanze kaufen
Teppichboden verlegen- braun
Tür und Fenster- hellgrau
Einige Möbelstücke aussuchen- Schrank, Bett, Tisch, Lampe, usw

Übung 6. Kannst du jetzt dein Zimmer beschreiben? Wähle einen Partner oder eine Partnerin! Stellt einander folgende Fragen! Der Partner oder die Partnerin muß alles aufschreiben!

a. Teilst du ein Zimmer mit deinem Bruder/deiner Schwester?
b. Welche Farbe hat dein Zimmer?
c. Hast du eine Lieblingsfarbe?
d. Kannst du die Wände, die Tür, das Fenster und den Boden beschreiben?
e. Hast du die Farben selber gewählt?
f. Wer hat das Zimmer angestrichen und/oder tapeziert?
g. Hast du ein normales Bett, oder hast du ein Etagenbett?
h. Welche anderen Möbelstücke hast du im Zimmer?
i. Hast du Poster an der Wand? Oder andere Bilder?
j. Hast du Zentralheizung im Zimmer oder nicht?
k. Was sieht man vom Fenster aus?

das Etagenbett (-en) *bunk beds*
die Möbelstücke *pieces of furniture*

Jetzt muß dein Partner oder deine Partnerin dein Zimmer beschreiben – und du mußt das gleiche für ihn oder sie machen!

Zum Beispiel:

Er/sie hat sein/ihr eigenes . . . .
Er/sie teilt mit . . . .
Sein/ihr Zimmer ist . . . .
In seinem/ihrem Zimmer hat er/sie . . . .
Er/sie hat sein/ihr Zimmer (nicht) gern, weil . . . .

Übung 7. Übe mit einem Partner oder einer Partnerin Dialoge!
Die Familie zieht ein. Könnt ihr den Männern von der Spedition helfen?

die Spedition *removal firm*

a. Wohin kommt das Klavier, bitte? ⟶ Diele
b. Wohin kommt der runde Tisch, bitte? ⟶ Küche
c. Wohin kommt dieser Stuhl, bitte? ⟶ Wohnzimmer
d. Wohin kommt dieser große Schrank? ⟶ Schlafzimmer
e. Wohin kommt dieser Teppich? ⟶ Eßzimmer
f. Wohin kommt die Waschmaschine, bitte? ⟶ Waschraum
g. Und dieser Schrank? ⟶ Keller
h. Und die Spülmaschine? ⟶ Küche
i. Und der kleine Tisch, bitte? ⟶ Hobbyraum
j. Und die Stereoanlage? ⟶ Wohnzimmer
k. Und wohin kommen diese Pflanzen? ⟶ Diele
l. Und wohin kommt der rote Stuhl, bitte? ⟶ Badezimmer
m. Und das kleine Bücherregal? ⟶ Schlafzimmer
n. Und der blaue Schrank? ⟶ Garage
o. Und der grüne Teppich? ⟶ Schlafzimmer
p. Und wohin kommen die grünen Stühle? ⟶ Eßzimmer
q. Und wohin kommt das alte Bild? ⟶ Wohnzimmer

Übung 8. Komplimente.
Dein Freund/deine Freundin zeigt dir einige Sachen, die er/sie neulich gekauft hat. Du findest sie schön, und du bewunderst sie.

bewundern (*wk*) *to admire*

Zum Beispiel:

A: Hast du den Regenmantel gesehen, den ich gekauft habe?
B: Toll! Der ist sehr schön!

A: Hast du die Stiefel gesehen, die ich gekauft habe?
B: Klasse! Die sind sehr schön!

a. Hast du das T-Shirt gesehen, das ich gekauft habe?
b. Hast du das Fahrrad gesehen, das ich gekauft habe?
c. Hast du den Taschenrechner gesehen, den ich gekauft habe?
d. Hast du die Schuhe gesehen, die ich gekauft habe?
e. Hast du die Jacke gesehen, die ich gekauft habe?
f. Hast du die Stereoanlage gesehen, die ich gekauft habe?
g. Hast du die Postkarten gesehen, die ich gekauft habe?
h. Hast du den Teppich gesehen, den ich gekauft habe?
i. Hast du das Bild gesehen, das ich gekauft habe?
j. Hast du den Schläger gesehen, den ich gekauft habe?

Übung 9. Tobias fährt bald auf Urlaub und ist hier beim Packen. Wo befinden sich seine Sachen?

i

Das Relativpronomen *The relative pronoun*

	Maskulinum	**Femininum**	**Neutrum**	**Plural**
Nominativ	der	die	das	die
Akkusativ	den	die	das	die

Zum Beispiel:

Nominativ
Hast du den Film gesehen, **der** im Balikino läuft?
Wie nennt man eine Frau, **die** in einem Geschäft arbeitet?
Hast du das Buch gesehen, **das** hier auf dem Tisch war?
Wie nennt man Leute, **die** im Stahlwerk arbeiten?

Akkusativ
Nein. Der Pulli, **den** ich hatte, war blau.
Wo ist die neue Tasche, **die** du gekauft hast?
Ich habe hier das Buch, **das** du suchst.
Weißt du, wo die Schuhe sind, **die** ich gerade bei mir hatte?

Zum Lesen

Liebe Mutti, lieber Vati,

Wir sind seit drei Tagen in der neuen Wohnung. Sie ist wunderschön nach den vielen Jahren in der alten! Die meisten alten Möbelstücke haben wir verkauft – erinnert Ihr Euch an den großen blauen Teppich? Den haben wir nicht mehr. Der schöne Schrank, den wir von Opa bekommen haben, steht jetzt im großen Schlafzimmer. Da kommt er richtig zur Geltung. Die neue Küche ist sehr schön – jetzt macht mir das Kochen sogar Spaß! Die Einrichtung der alten Küche war so unpraktisch, daß man kaum kochen konnte. Auch der neue Vermieter ist sympathischer als der andere – außerdem wohnt er nicht im Haus.

Wann kommt Ihr uns eigentlich besuchen? Da wir jetzt ein richtiges Gästezimmer haben, könnt ihr bei uns übernachten.

In den nächsten Tagen bekommen wir auch ein Telefon – dann könnt Ihr einen Anruf von uns erwarten. Ich vermute, das wird erst nächste Woche sein oder vielleicht noch später. Also schreib bald, ob ihr kommt

Eure Gabriele

die Einrichtung (-en) *lay out, set up, design*
erst *not until*
erwarten (*wk*) *to expect*
er kommt zur Geltung *it looks fine, it looks good*
vermuten (*wk*) *to suppose*

Das Adjektiv nach dem bestimmten Artikel *The adjective after the definite article*

	Maskulinum	Femininum	Neutrum	Plural
Nominativ	der neue Teppich	die neue Wohnung	das neue Haus	die neuen Vorhänge
Akkusativ	den neuen Teppich	die neue Wohnung	das neue Haus	die neuen Vorhänge
Genitiv	des neuen Teppichs	der neuen Wohnung	des neuen Hauses	der neuen Vorhänge
Dativ	dem neuen Teppich	der neuen Wohnung	dem neuen Haus	den neuen Vorhängen

So auch: dieser, jeder, welcher.

Präpositionen *Prepositions*

Immer mit dem Akkusativ	Immer mit dem Dativ	Entweder mit dem Akkusativ oder mit dem Dativ
durch	aus	an
für	bei	auf
gegen	gegenüber	hinter
ohne	mit	in
um	nach	neben
	seit	unter
	von	über
	zu	vor
		zwischen

Reflexivpronomen – Akkusativ und Dativ

Akkusativ		Dativ	
ich wasche mich	mich	mir	Ich werde **mir** ein Poster kaufen.
du wäschst dich	dich	dir	Willst du **dir** etwas kaufen?
er/sie/es wäscht sich	sich	sich	Was hat er **sich** gekauft?
wir waschen uns	uns	uns	Wir haben **uns** ein schönes Bild gekauft.
Sie waschen sich	sich	sich	Sie haben **sich** einen schönen Rock genäht!
ihr wäscht euch	euch	euch	Was werdet ihr **euch** kaufen?
sie waschen sich	sich	sich	Hann und Kurt haben **sich** einen Hund gekauft.

Q

die Blume (-n)	die Autobahn (-en)	sanieren
der Berg (-e)	das Papier (-e)	bauen
die Brücke (-n)	die Gitarre (-n)	fahren
die Kartoffel (-n)	die Torte (-n)	helfen
die Linie (-n)	der Tisch (-e)	gehen

auf + *dative indefinite article*

DRITTER TEIL

Was würdest du tun?

Übung 1. Hör zu!
Beantworte folgende Fragen!

a. Heinrich und Ulrike
  (i) What is Ulrike asking Heinrich's opinion about?

  (ii) What does Heinrich suggest?

b. Nicola und Klaus
  (i) What has happened?
  (ii) What does Nicola suggest?

c. Manfred und Karin
  (i) What are they discussing?
  (ii) What is Manfred thinking of doing?
  (iii) What does Karin think about this?

d. Karla und Inge
  (i) What is Karla planning to do?
  (ii) How does Inge react to this idea?

e. Rosa und Hans-Peter
  (i) What are they discussing?
  (ii) What would Rosa choose?
  (iii) What reason does she give for her choice?

Übung 2. Was würdest du unten den folgenden Umständen tun?

a. Würdest du hier geradeaus oder nach rechts fahren?

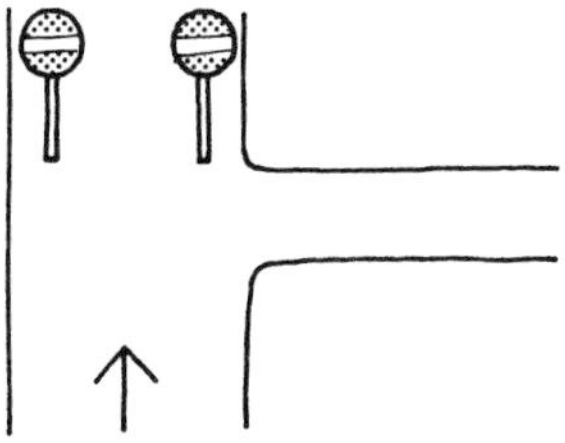

b. Was würdest du hier tun?

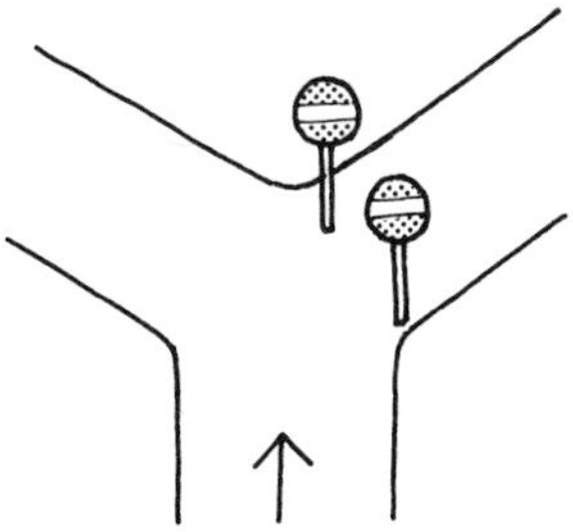

c. Welches Getränk würdest du lieber trinken? Warum?

d. Welches Auto würdest du am liebsten fahren? Warum?

e. Würdest du hier schwimmen gehen? Warum oder warum nicht?

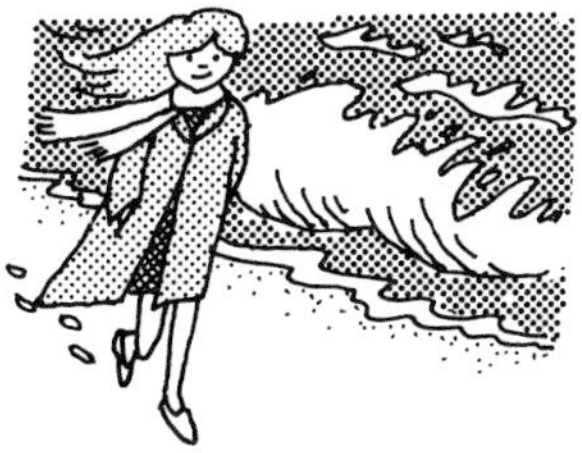

f. Wo würdest du hier am liebsten wohnen? Warum?

g. Was würdest du bei diesem Wetter anziehen? Warum?

h. Welche Kleidung würdest du bei diesem Wetter anziehen? Warum?

Übung 3. Übe mit einem Partner oder einer Partnerin folgenden Dialog!

A: Ist dein Zimmer schon fertig?
B: Nein. Sollte ich es **grün** oder **blau** anstreichen?
A: Ich finde **blau** viel schöner. Ich würde es **blau** anstreichen.
B: Gut. Ich werde mir **blaue** Farbe kaufen.

Übt den Dialog mit folgenden Farben!

a. rosa . . . rot
b. braun . . . weiß
c. gelb . . . grün
d. grau . . . hellbraun

Übung 4. Unten siehst du ein leeres Zimmer. Frag mal deinen Partner oder deine Partnerin, was er oder sie tun würde, um das Zimmer schön zu machen! Stellt einander Fragen!

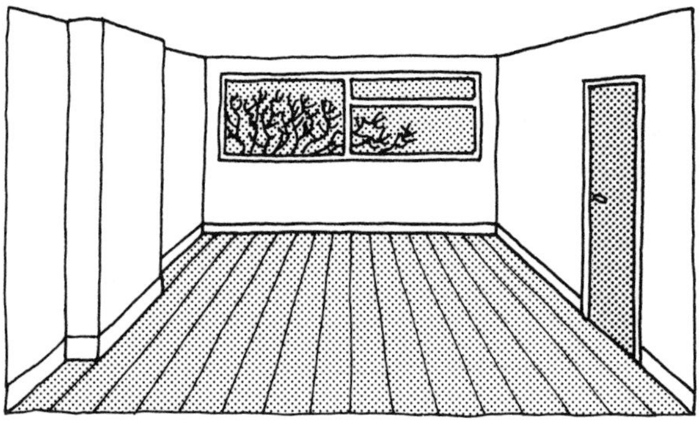

Zum Beispiel:

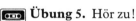

a. Welche Farbe würdest du dir

(i) für die Wände (ii) für die Tür (iii) für das Fenster	kaufen?

b. Was für Vorhänge würdest du dir kaufen?
c. Was würdest du auf den Boden verlegen?
d. Welche Möbelstücke würdest du dir aussuchen (kaufen)?
e. Würdest du Poster oder Bilder aufhängen? Was für welche?
f. Würdest du dir einige Pflanzen kaufen?

Jetzt schreib das alles auf!

Zum Beispiel:

Mark würde es tapezieren.
Er würde sich blaue Tapete kaufen, usw.

Übung 5. Hör zu!
Inge hat eine neue Wohnung gefunden und zieht am Wochenende darein. Beim Umzug braucht sie Hilfe und also ruft sie einige Freunde an. Können sie ihr helfen? Und wenn nicht, warum nicht? Schreib das auf!

Zum Beispiel:

Andrea kann ihr am Samstagmorgen helfen.
Kurt kann ihr nicht helfen, weil . . . .

Doris

Gerd

Kurt

Barbara

Hans-Peter

Manfred

Lutz

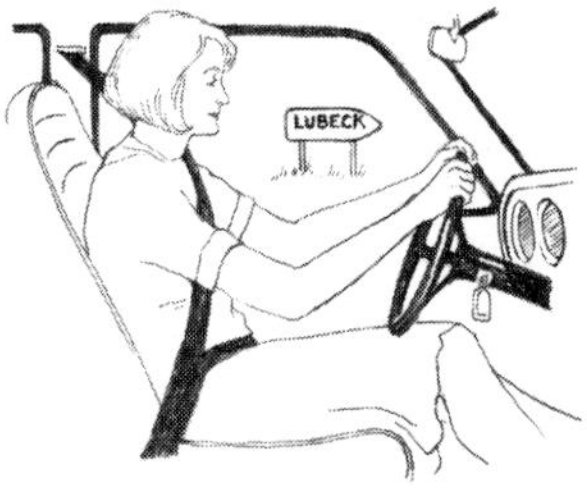

Brigitte

Andrea

Thomas

i

What would you do? I would . . . .

ich würde	Ich würde gern mitkommen.
du würdest	Was würdest du machen?
er würde	Er würde lieber zu Hause bleiben.
sie würde	Sie würde die Ärztin anrufen.
es würde	Es würde mit blauen Vorhängen schöner sein.
wir würden	Wir würden keinen Teppichboden verlegen.
ihr würdet	Was würdet ihr am liebsten machen?
Sie würden	Was würden Sie bei dieser Hitze tragen?
sie würden	Ich kenne sie gut. Das würden sie nicht machen.

The connection between **würden** *and* **werden** *is much the same as that between 'would' and 'will' in English, e.g:*

I will go. Ich werde gehen.
I would go. Ich würde gehen.

Zum Lesen

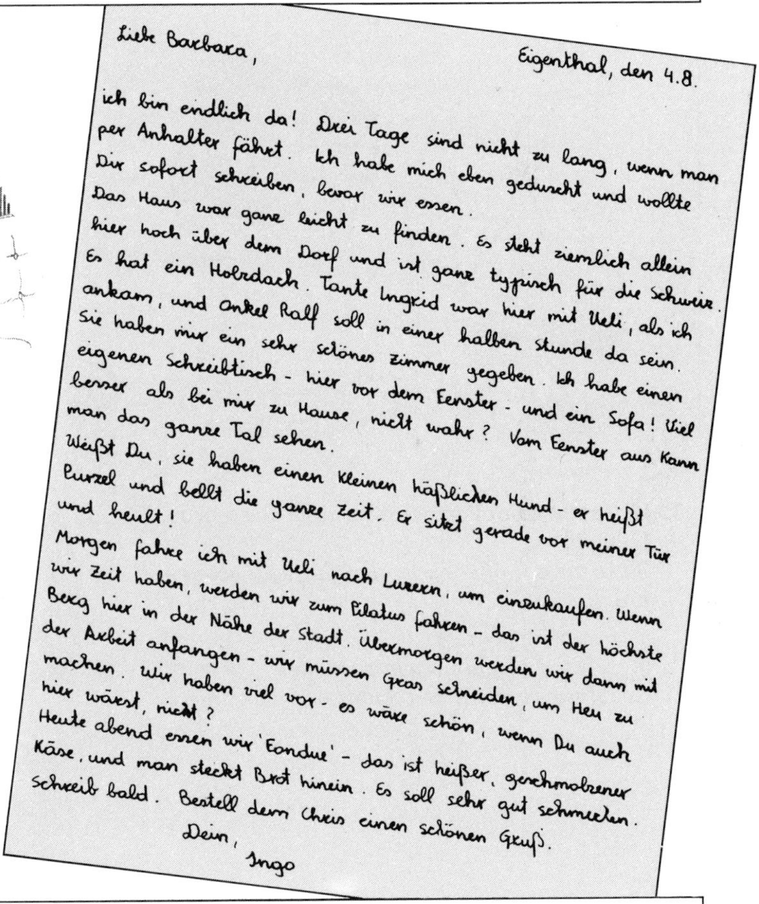

Liebe Barbara, Eigenthal, den 4.8.

ich bin endlich da! Drei Tage sind nicht zu lang, wenn man per Anhalter fährt. Ich habe mich eben geduscht und wollte Dir sofort schreiben, bevor wir essen.
Das Haus war ganz leicht zu finden. Es steht ziemlich allein hier hoch über dem Dorf und ist ganz typisch für die Schweiz. Es hat ein Holzdach. Tante Ingrid war hier mit Ueli, als ich ankam, und Onkel Ralf soll in einer halben Stunde da sein. Sie haben mir ein sehr schönes Zimmer gegeben. Ich habe einen eigenen Schreibtisch - hier vor dem Fenster - und ein Sofa! Viel besser als bei mir zu Hause, nicht wahr? Vom Fenster aus kann man das ganze Tal sehen.
Weißt Du, sie haben einen kleinen häßlichen Hund - er heißt Purzel und bellt die ganze Zeit. Er sitzt gerade vor meiner Tür und heult!
Morgen fahre ich mit Ueli nach Luzern, um einzukaufen. Wenn wir Zeit haben, werden wir zum Pilatus fahren - das ist der höchste Berg hier in der Nähe der Stadt. Übermorgen werden wir dann mit der Arbeit anfangen - wir müssen Gras schneiden, um Heu zu machen. Wir haben viel vor - es wäre schön, wenn Du auch hier wärest, nicht?
Heute abend essen wir 'Fondue' - das ist heißer, geschmolzener Käse, und man steckt Brot hinein. Es soll sehr gut schmecken.
Schreib bald. Bestell dem Chris einen schönen Gruß.

Dein,
Ingo

per Anhalter *hitch-hiking*
bellen (*wk*) *to bark*
das Heu *hay*
heulen (*wk*) *to howl*
das Holz (¨-er) *wood*
tauchen (*wk*) *to dip*
übermorgen *the day after tomorrow*

Q

die Nummer (-n)	die Wolke (-n)	machen
die Shorts (*pl*)	der Mantel (¨-)	anrufen
das Jahr (-e)	die Schwester (-n)	sehen
der Stadtteil (-e)	das Eis (-e)	essen
der Vater (¨-)	die Tasche (-n)	beginnen

Mündliche Wiederholung

1. Wähle einen Partner oder eine Partnerin und stellt einander Fragen über die Ferien im letzten Jahr!
Ihr möchtet beide folgendes wissen:

a. Wo der/die andere die Ferien verbracht hat.
b. Wann das war und wie lange die Ferien gedauert haben.
c. Ob er/sie gezeltet hat oder in einem Hotel gewohnt hat.
d. Mit wem er/sie die Ferien verbracht hat.
e. Wie er/sie dahin gefahren ist.
f. Wie das Wetter war.
g. Was er/sie dort gemacht hat.
h. Ob er/sie nochmal dahin möchte oder nicht. Warum oder warum nicht?

2. *How do you ask a guest if he/she would like to do one of the following things?*
Zuerst mit ‚du' und dann mit ‚Sie'!

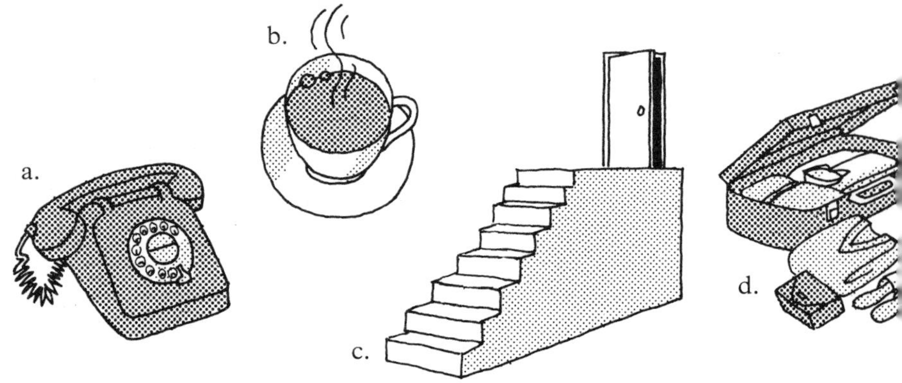

3. Übe mit einem Partner oder einer Partnerin Dialoge!
Take turns to offer each other the foods above and practise:

a. accepting politely
b. refusing because you have enough
c. refusing because you could not eat any more.

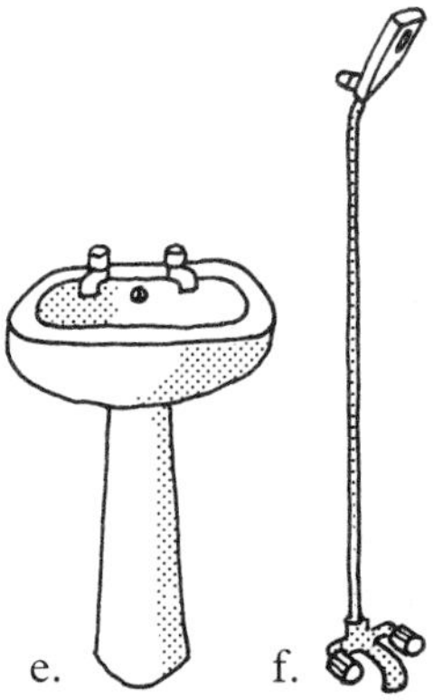

e. f.

Bei Karstadt gekauft. Übe mit einem Partner oder einer Partnerin Dialoge!

um Beispiel:

Das ist aber ein schöner Pullover. Wo hast du ihn gekauft?
Bei Karstadt.
Wieviel hast du bezahlt?
29.-DM.
Toll/Dufte/Klasse!

□ Ein wichtiger Schweizer aus dem neunzehnten Jahrhundert: Henri Dunant, der Mann in Weiß

Am 8.Mai 1828 wurde Henri Dunant in Genf geboren. Sein Vater war ein ziemlich reicher Kaufmann. Seine Mutter war intelligent und fromm. Sie hatte einen großen Einfluß auf das Kind, das eine sehr glückliche Kindheit verbrachte.

pious *influence*

looked after orphans
poor homeless
dying

Seine Eltern betreuten Waisenkinder und taten was sie konnten für arme, heimatlose Kinder. Schon als Henry achtzehn Jahre alt war, besuchte er allein kranke, sterbende und arme Menschen, um ihnen zu helfen.

became
YMCA
exists

Als er älter wurde, wollte er noch mehr tun und diskutierte oft mit seinen Freunden darüber. 1855 war er Mitbegründer des ‚Christlichen Vereins Jünger Männer', eine Organisation, die heute noch besteht.

developed
realise
government

Natürlich mußte er auch sein Brot verdienen. Er wurde Kaufmann, und 1858 reiste er nach Nordafrika. Dort entwickelte er große Pläne, aber um diese Pläne zu verwirklichen, brauchte er die Hilfe der französischen Regierung. Die Hilfe war sehr schwer zu bekommen, und nach langem

Warten beschloß er, den Kaiser Napoleon III selbst aufzusuchen. Der Kaiser führte Krieg in Italien mit seiner Armee, also fuhr Dunant dahin. Er traf aber den Kaiser nicht, da er mitten in der Schlacht von Solferino ankam. Als er sie sah, vergaß Henri Dunant alles andere.

was waging war · *battle* · *forgot*

Die Schlacht von Solferino fand am 24. Juni 1859 statt und war eine der blutigsten Schlachten des Jahrhunderts. Am Ende des Tages lagen 40 000 Soldaten auf dem Schlachtfeld – tot oder verwundet. Und es gab keine medizinische Hilfe. In der Stadt Castiglione fand Dunant 9 000 Verwundete und Sterbende, deren Blut durch die Regenrinne der Straßen floß. Dunant erlitt einen sehr schweren Schock. Obwohl er nichts über Medizin wußte, begann er sofort zu helfen.

took · *place* · *dead* · *wounded* · *gutter* · *flowed* · *suffered* · *although*

Die italienischen Frauen der Stadt wollten den französischen Soldaten nicht helfen. Dunant mußte sie überreden – „Tutti fratelli," sagten sie am Ende, als sie ihnen halfen.

convince · *'all brothers'*

Zwei englische Touristen, ein Journalist aus Paris und ein Geistlicher aus Italien, die dabei waren, halfen auch mit.

priest

Dunant konnte diese Schlacht und ihr Elend nicht vergessen. Er versuchte, seinem Beruf nachzugehen, aber es ging nicht. Endlich fuhr er nach Genf zurück und schrieb ein Meisterwerk: ‚Eine Erinnerung an Solferino'. In diesem Werk beschrieb er den Schrecken des Krieges, genau wie er ihn gesehen hatte:

‚Es ist ein Kampf Mann gegen Mann, ein entsetzlicher, schreckender Kampf. Österreicher und allierte Soldaten treten sich gegenseitig unter die Füße, . . . zerschmettern dem Gegner den Schädel, schlitzen anderen mit Säbel und Bayonett den Bauch auf. Es gibt keinen Pardon. Es ist ein allgemeines Schlachten, ein Kampf wilder, wütender, blutdurstiger Tiere.'

misery · *carry on with* · *masterpiece* · *memoire, memory* · *horror* · *war* · *disgusting* · *tread* · *enemy* · *skull* · *sabre* · *slaughter* · *raging*

(Fortsetzung auf Seite 115)

6
Kannst du bitte helfen?
Can you help, please?

ERSTER TEIL

Wer ist dran?

Wenn man in einer Jugendherberge ist, oder wenn man zu Gast bei einer Familie ist, sollte man mithelfen.

Eva deckt den Tisch.

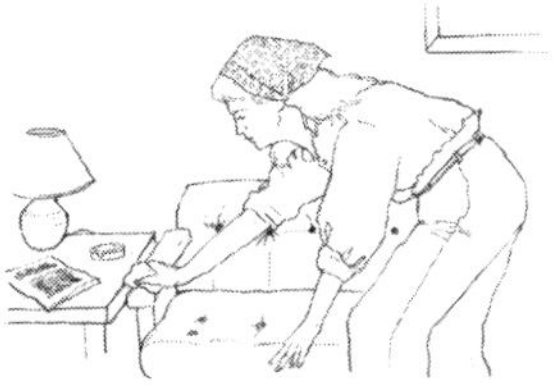

Barbara macht das Zimmer sauber.

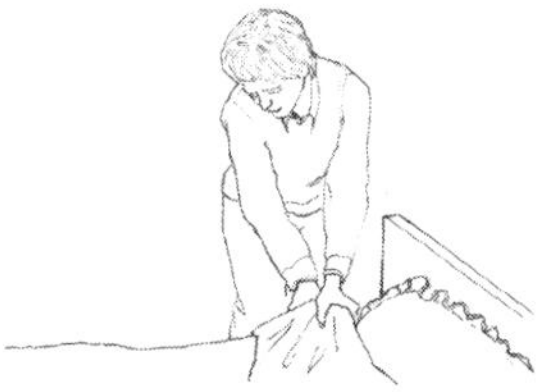

Lutz macht das Bett.

Horst spült.

Gäste werden gebeten mitzuhelfen:

beim Tischdecken;
beim Abräumen der Tische;
beim Spülen;
beim Abwischen der Tische;
beim Saubermachen der Zimmer;
beim Kehren der Flure;
beim Bettenmachen.

Danke schön!

Helmut und Sabine Braun
Herbergseltern

Klaus kehrt den Flur.

Inge wischt den Tisch ab.

Kurt räumt ab.

Kannst du sagen, was die Leute hier auf diesen Bildern machen?

5.

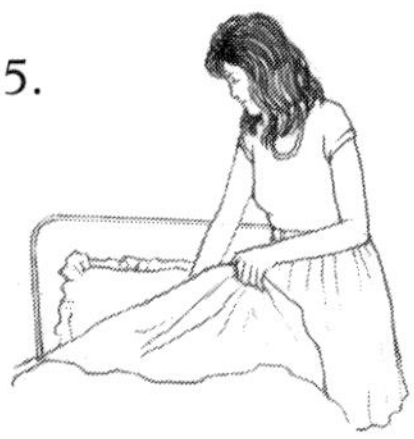

6.

Und was braucht man, um diese Aufgaben zu erledigen?

Mit einem Besen macht man die Zimmer sauber.

Mit einem Lappen spült man.

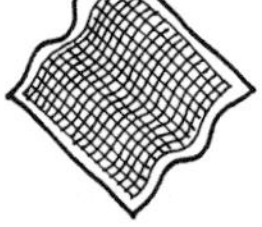

Mit einem Geschirrtuch trocknet man ab.

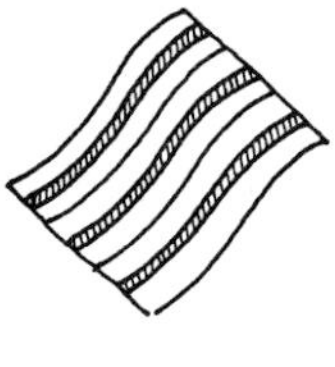

Mit einem Besen kehrt man die Flure.

Mit einem Lappen wischt man die Tische ab.

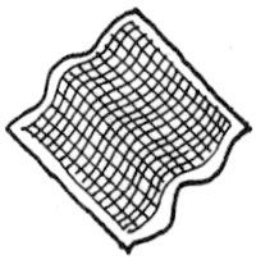

der Besen (-) *broom*
erledigen (*wk*) *to complete, to finish, to do*
das Geschirrtuch (¨-er) *drying-up cloth*
der Lappen (-) *dish cloth*

Übung 1. Hör zu!
Wenn eine Gruppe in einer Jugendherberge wohnt, gibt es jeden Tag viel zu tun. Am besten macht man eine Liste der verschiedenen Aufgaben, und dann kann man später die Namen eintragen. Hier machen zwei Lehrer die Aufgabenliste für Montag und Dienstag. Schreib diese Liste ab, und dann trage die Namen, die du hörst, ein!

	Montag	Dienstag
Tischdecken	Kurt	
Abräumen		
Spülen		
Abtrocknen		Kurt
Abwischen der Tische		
Schlafräume saubermachen		
Flure kehren		

Wähle einen Partner oder eine Partnerin! Stellt euch vor, daß heute Montag ist. Spielt Rollen, und sagt was man morgen und übermorgen machen muß!

Zum Beispiel:

Lehrer/Lehrerin: Kurt. Du mußt heute die Tische decken, bitte.
Student/Studentin: Und was mache ich morgen?
Lehrer/Lehrerin: Morgen mußt du abtrocknen.

Übung 2. Hör zu!
Was werden diese jungen Leute morgen machen und mit wem?
Zeichne zuerst diese Tabelle ab!

Name	**Was?**	**Mit wem?**
Manfred		Horst oder Barbara
Bernd		Eva oder Frank
Bettina		Gabi oder Jörg
Sabine		Hans-Peter oder Karin
Bodo		Ulrike oder Stefan
Claudia		Jürgen oder Monika

Jetzt schreib einen Satz für jede Person!

Zum Beispiel:

Manfred wird mit . . . .

Wie bittet man um einen Gefallen?

der Gefallen *favour*

Tür auf! Mach die Tür auf! Machen Sie die Tür auf, bitte!	*Open up!* *Open the door!* *Open the door, please.*
Kannst du die Tür bitte aufmachen? Könnt ihr die Tür bitte aufmachen? Können Sie die Tür bitte aufmachen?	*Can you open the door, please?*
Könntest du die Tür bitte aufmachen? Könntet ihr die Tür bitte aufmachen? Könnten Sie die Tür bitte aufmachen?	*Could you open the door, please?*

Übung 3. *Look at each of the sentences printed below in which people are asking or telling someone else to do something. What can you say about the way in which they talk to the other person? Can you imagine their tone of voice and guess what their relationship is with the people they are addressing?*

a. He, du, Horst! Geh in die Küche und spül!
b. Herr Schneider. Könnten Sie einen Moment warten, bitte?
c. Gabi, kannst du mir den Lappen holen, bitte?
d. Könnt ihr bitte mithelfen? Es gibt noch viel zu tun.
e. He, du! Mach das Fenster zu!
f. Könntest du mir eine Briefmarke zu 20 Pfg. kaufen, bitte?

Was würden diese Leute vielleicht sagen?

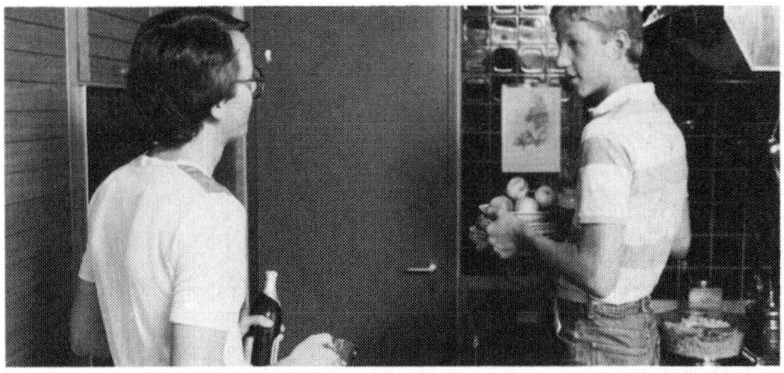

Übung 4. Hör zu!
Findest du das, was diese Leute sagen, höflich oder nicht?

höflich *polite*

a. Gib Punkte! × = unhöflich
√ = normal
√√ = sehr höflich
b. Kannst du auf Englisch sagen, was die Leute sagen?

Übung 5.

a. What does Felix want Duncan to do for him?
b. What can you tell about Felix's interests from the notepaper he uses?

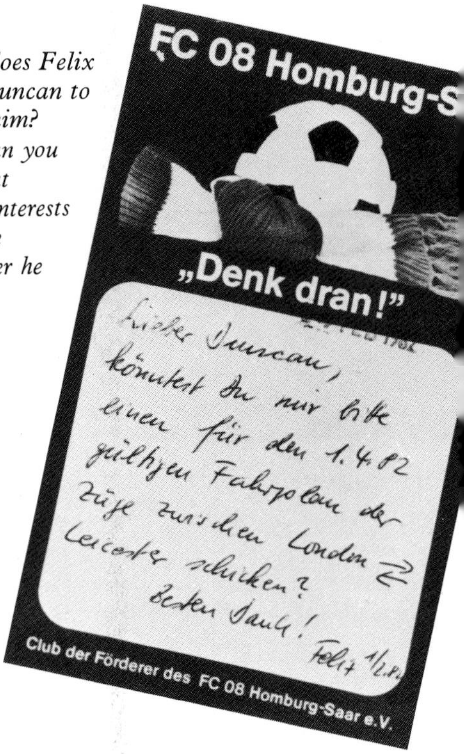

Übung 6. Wähle einen Partner oder eine Partnerin und übt Dialoge!

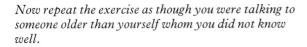

a.

b.

c.

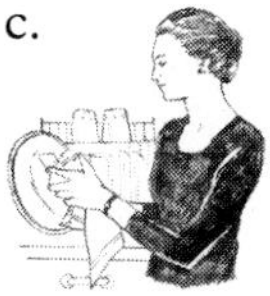

d.

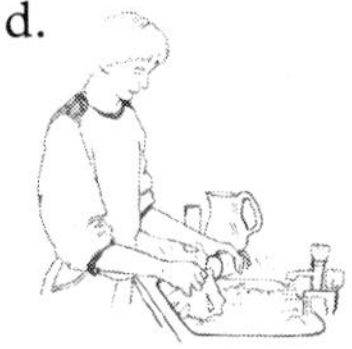

e.

a. A: Könntest du diesen Tisch bitte . . . ?
B: Sicher. Wo ist aber . . . ?
A: Da ist . . . .

b. A: Könntest du dieses Zimmer bitte . . . ?
B: Sicher. Wo ist aber . . . ?
A: Da ist . . . .

c. A: Könntest du diese Teller . . . ?
B: Sicher. Wo ist aber . . . ?
A: Da ist . . . .

d. A: Könntest du diese Tassen bitte . . . ?
B: Sicher. Wo ist aber . . . ?
A: Da ist . . . .

e. A: Könntest du diese Gläser bitte . . . ?
B: Sicher. Wo ist aber . . . ?
A: Da ist . . . .

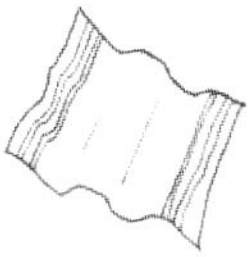

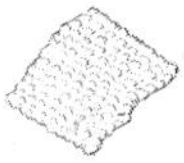

Now repeat the exercise as though you were talking to someone older than yourself whom you did not know well.

Übung 7. Kannst du die folgenden Bitten höflicher ausdrücken?

die Bitte (-n) *request*

Zum Beispiel:

„Wer macht denn heute das Abtrocknen? Karl ist dran, ne? Karl! Abtrocknen!"
Dies könnte man folgenderweise höflicher ausdrücken:
„Karl! Könntest du bitte abtrocknen?"

a. „Man hat die Zimmer noch nicht saubergemacht. Ute ist heute dran, nicht wahr? Ute, mach die Zimmer sauber!"
b. „Ich muß die Flure machen. Wo ist denn der Besen? Georg! Hol den Besen!"
c. „Niemand hat gespült! Inge und Tobias! Spülen!"
d. „Herr Schmidt! Das Eßzimmer ist noch nicht sauber!"

Übung 8. Hier siehst du zwei Stockwerke eines Hauses.

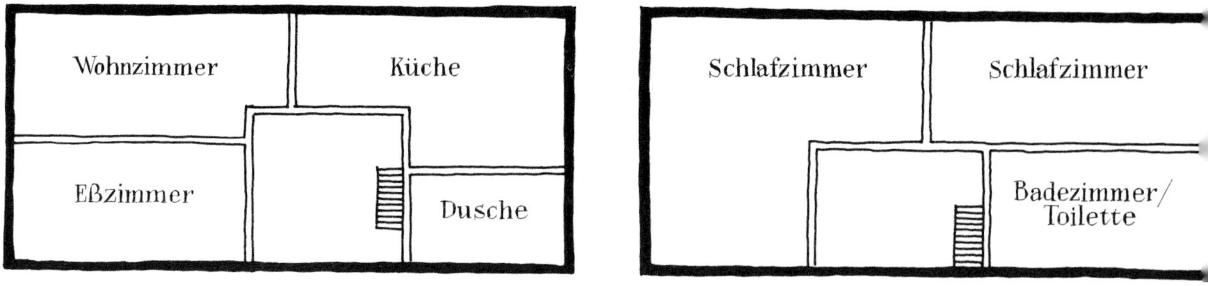

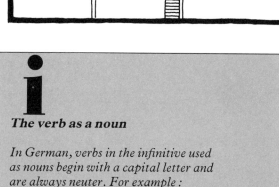

Wähle einen Partner oder eine Partnerin und stellt einander Fragen! Der/die eine zeigt mit dem Finger auf ein Zimmer und fragt: „Was macht man in diesem Zimmer?"
Der/die andere muß dann einen Vorschlag machen.

Zum Beispiel:

„Man könnte Schach spielen."
oder
„Man könnte Tee trinken."

Wer keine Antwort geben kann, verliert einen Punkt! Ihr könnt so viele Fragen stellen, wie ihr wollt.

The verb as a noun

In German, verbs in the infinitive used as nouns begin with a capital letter and are always neuter. For example:

Ralf hilft **beim Abräumen**.
Ich habe **das Schwimmen** sehr gern.
Sprudelwasser ist etwas **zum Trinken**.

Das Interrogativpronomen *The interrogative pronoun*

Nominativ	**wer**	„**Wer** ist im Wohnzimmer?" „Klara."
Akkusativ	**wen**	„**Wen** hast du in Deutsch?" „Herrn Schulz."
Genitiv	**wessen**	„**Wessen** Schulheft ist das?" „Michaels, glaube ich."
Dativ	**wem**	„Mit **wem** gehst du ins Kino?" „Mit Bettina."

die Schule (-n)	der Fisch (-e)	dauern
der Bungalow (-s)	der Koffer (-)	hören
der Abstellraum (¨-e)	das Kino (-s)	anstreichen
die Wohnung (-en)	die Flasche (-n)	lesen
der Mund (¨-er)	das Bier (-e)	spülen

in + *dative definite article*

ZWEITER TEIL

Zu Tisch!

Wenn man zwei bis drei Wochen zu Gast bei einer Familie ist, möchte man natürlich mithelfen. Man könnte vielleicht sein Zimmer putzen, seine Hemden oder Blusen bügeln, vielleicht auch beim Kochen helfen. Und was sonst noch?

Hier auf diesem Foto siehst du Ralph, der zu Gast bei der Familie Schnitzler war. Er wollte seine Hilfe anbieten.

<u>an</u>bieten (bietet an, bot an, angeboten) *to offer*
bügeln (*wk*) *to iron*
putzen (*wk*) *to clean*

„Na. Wieviel Uhr ist es?"

„Halb sieben. Kann ich beim Kochen helfen?"

„Nein, danke. Es geht schon. Wir essen heute abend kalt."

„Soll ich den Tisch decken?"

„Ja. Bitte. Tu das, Ralph. Ihr habt sicher alle Hunger. Ich bereite gleich etwas vor."

„Was essen wir?"

„Aufschnitt, Käse und so weiter."

„Und was trinken wir dazu?"

„Was hättet ihr alle gern? Tee oder Sprudelwasser?"

„Ich würde lieber Tee trinken."

„OK. Dann mache ich Tee."

„Wieviel sind wir?"

„Nur vier. Der Thomas hat heute abend Training."

„Gibt's einen Nachtisch?"

„Nein, heute nicht."

soll ich . . . ? *shall I . . . ?*

Übung 1. Sieh dir das Foto und den Text oben an! Welche Mahlzeit ist das? Wird man kalt oder warm essen? Was braucht Ralph, um den Tisch zu decken?

Mach zwei Listen!

a. Schreib alles auf, was er unbedingt braucht (das heißt, was er haben **muß**).
b. Schreib das auf, was er vielleicht braucht.

das Besteck:

die Gabel (-n)

der Löffel (-)

das Messer (-)

das Geschirr:

die Kaffeekanne (-n)

der Krug (¨-e)

die Tasse (-n)

die Teekanne (-n)

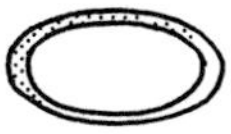
der Teller (-)

die Untertasse (-n)

das Glas (¨-er)

die Serviette (-n)

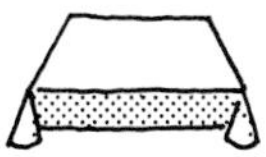
das Tischtuch (¨-er)

das Salz

der Pfeffer

der Topf (¨-e)

die Pfanne (-n)

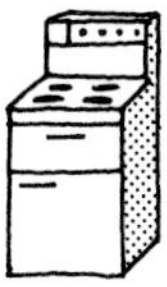
der Herd (-e)

Übung 2.

a. Was sieht man hier auf diesem Tisch?

b. Barbara ist spät und unerwartet zu Tisch gekommen. Was braucht sie?

unerwartet *unexpected(ly)*

c. Was siehst du hier in dieser Schublade?

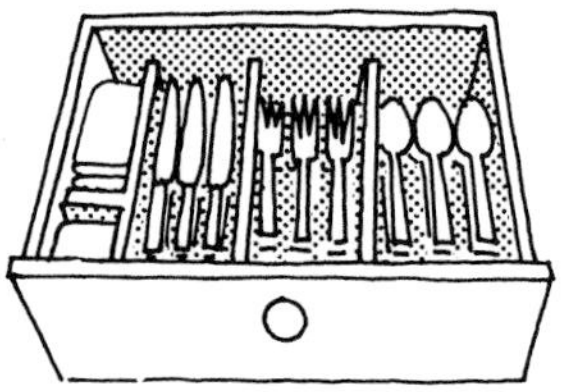

die Schublade (-n)

d. Und was siehst du hier auf diesem Regal?

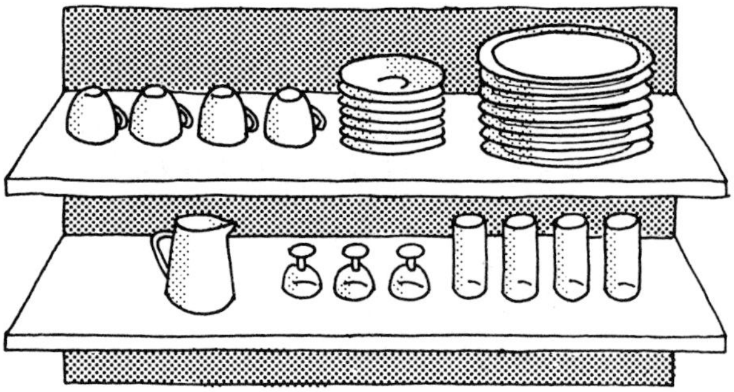

das Regal (-e)

Übung 3. Hör zu!

Jemand ist hier beim Tischdecken. Sag auf Deutsch oder auf Englisch:

a. welche Mahlzeit es ist;
b. was sie essen werden;
c. was sie für Geschirr und Besteck suchen;
d. wo das Geschirr oder das Besteck sich befindet.

Übung 4. Bist du so weit? *Are you ready?*

Wähle einen Partner oder eine Partnerin und übt Dialoge! Seht mal den Tisch an!

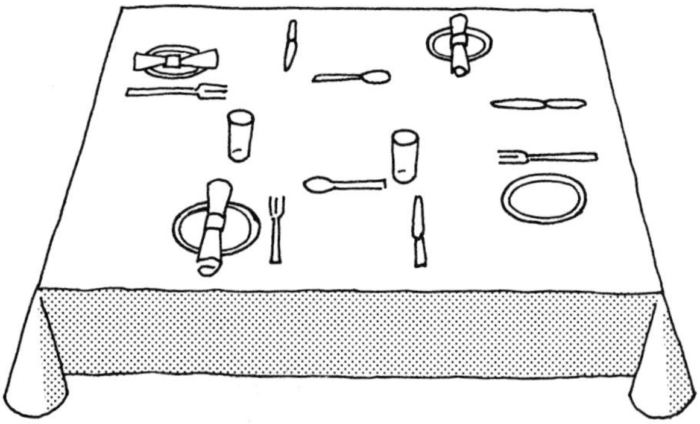

Zum Beispiel:

A: Bist du so weit?

B: Ja. Ich glaube.

A: Nein. Du hast . . . vergessen.

Übung 5. Übe mit einem Partner oder einer Partnerin Dialoge!

a. „Soll ich etwas machen?“
„Ja, bitte. Du könntest den Tisch decken.“

„Wo sind 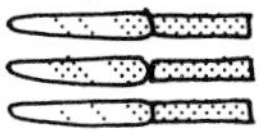, bitte?“

„Sie sind 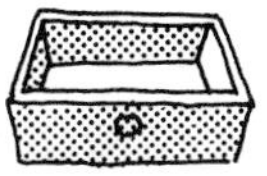.“

„Danke schön.“

b. „Soll ich etwas machen?“
„Ja, bitte. Du könntest den Tisch decken.“

„Wo sind 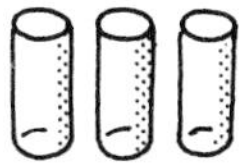, bitte?“

„Sie sind 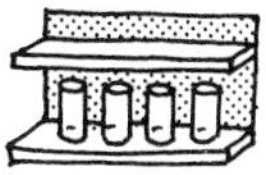.“

„Danke.“

c. „Soll ich etwas machen?“
„Ja, bitte. Du könntest den Tisch decken.“

„Wo sind , bitte?“

„Sie sind 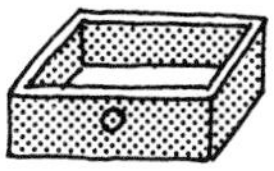.“

„Danke.“

d. „Soll ich etwas machen?“
„Ja, bitte. Das wäre nett. Du könntest abtrocknen.“

„Wo ist 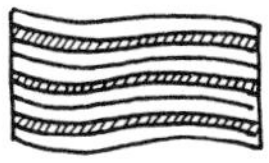, bitte?“

„Es ist 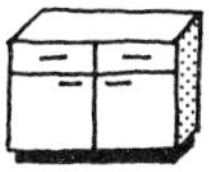.“

„Danke.“

Übung 6. *Can you match up the offers of help made by the second person with the statements made by the first person?*

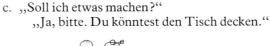

a. Ich habe meine Tasche verloren!
b. Wann fängt der Film an? Weißt du?
c. Wann fährt mein Zug? Ich weiß nicht mehr!
d. Ich habe seit zwei Tagen Zahnweh.
e. Meine kleine Muffi ist krank, weißt du.

(i) Soll ich den Zahnarzt für dich anrufen?
(ii) Soll ich die Polizei anrufen?
(iii) Nein. Soll ich das Kino anrufen?
(iv) Schade! Soll ich den Tierarzt anrufen?
(v) Soll ich den Bahnhof für dich anrufen?

Übung 7. Du möchtest helfen. Was sagst du? Übe mit einem Partner oder einer Partnerin Dialoge!

Zum Beispiel:

Du willst beim Saubermachen des Wohnzimmers helfen. Was sagst du?

A: Soll ich das Wohnzimmer saubermachen?

B:

Danke schön.	Tu das.
	Das wäre nett.

a. Du willst beim Abtrocknen helfen.
b. Du willst beim Tischdecken helfen.
c. Du willst beim Bettenmachen helfen.
d. Du willst beim Spülen helfen.
e. Du willst beim Einkaufen helfen.
f. Du willst beim Rasenmähen helfen.
g. Du willst beim Wäschewaschen helfen.

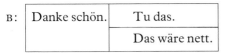

der Rasen (-) *lawn*
mähen (*wk*) *to mow*

Übung 8. Hör zu! Wer hat was gemacht?

Angelika spricht mit ihrem Vater. Um die Aufgaben für dieses Wochenende aufzuteilen, möchte sie wissen, wer was letztes Wochenende gemacht hat. Wer hat letztes Wochenende in ihrer Familie den Tisch gedeckt, usw?

Zeichne diese Tabelle ab!
a. Hör zu und schreib die Informationen ein!
b. Dann schreib einen Satz für jede Person!

Zum Beispiel:

Letztes Wochenende hat Papa. . . .

Letztes Wochenende

Mama	
Papa	
Eva	
Horst	
Ich	

abgeräumt gebügelt gedeckt gekehrt gekocht geputzt gespült

Übung 9. Was haben diese Leute hier eben gemacht?

a.

b.

c.

d.

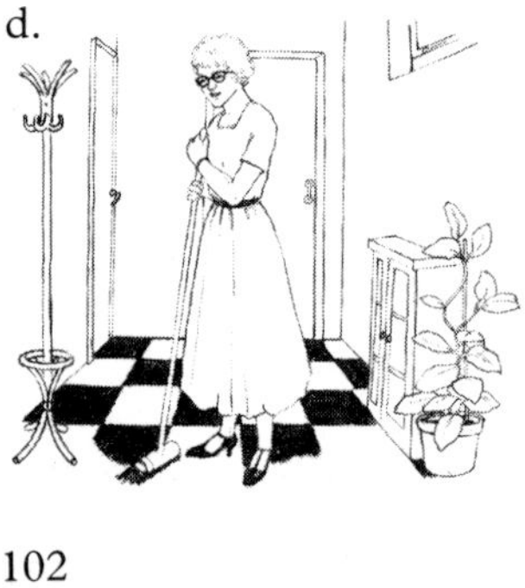

e.

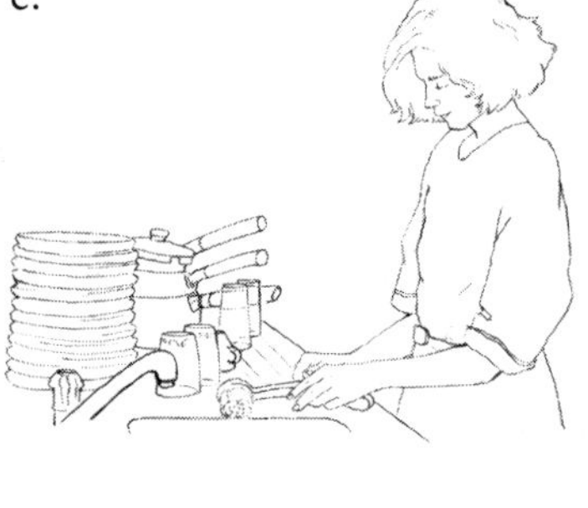

f.

Übung 10. Die kleine Nicola hat den Tisch für eine Person gedeckt. Sie hat es aber etwas falsch gemacht. Kannst du sagen, wo das Geschirr und das Besteck sein sollten?

Zum Beispiel:

Die Gabel sollte . . . sein.

Zum Lesen

Temperaturen sinken

Das Wochenende soll uns Kälte und Schnee bringen

Wintereinbruch auch in Großbritannien

Frankfurt, 11. Dezember (AP)

Das Wochenende zum 3. Advent bringt Schnee und Eis im gesamten Bundesgebiet. Nach Auskunft des Deutschen Wetteramtes wird am Samstag Süddeutschland noch Temperaturen über dem Gefrierpunkt und Auflockerungen haben, dagegen wird es nördlich der Mainlinie schneien und vielfach kräftig frieren. Am Sonntag schneit es auch im Süden, im Norden wird Kälte bis minus zehn Grad erwartet.

Wetter soll sonnig und kalt bleiben

München, 26. Februar (AP)

Schnee- und Eisglätte haben am Freitag in Süddeutschland den Verkehr behindert. Für das Wochenende sagten die Meteorologen aber überwiegend sonniges Winterwetter im übrigen Bundesgebiet voraus. Nachts werden die Temperaturen auf Werte zwischen minus vier und minus acht Grad sinken, tagsüber soll es bis vier Grad warm werden.

behindern (*wk*) *to hinder*
der Einbruch (¨e) *beginning (of cold weather, etc.)*
die Eisglätte *black ice*
tagsüber *during the day*
überwiegend *mainly*
der Verkehr *traffic*
voraussagen (*wk*) *to predict*

sollen
ich soll
du sollst
er soll
sie soll
es soll
wir sollen
ihr sollt
Sie sollen
sie sollen

sollen *is a modal verb like* **können, müssen** *and* **wollen**. *The verb it is used with goes at the end of the sentence.*

Zum Beispiel:
Das Wetter soll in den nächsten Tagen viel wärmer sein.

Die große Wäsche

Man muß sagen, daß das Leben einer Hausfrau heutzutage leichter ist, als es zur Zeit meiner Mutter war. Meine Tochter, zum Beispiel, obwohl sie selbst Mutter ist, hat viel mehr Zeit für sich, was ich für sehr gut halte.

Ich weiß noch gut, wie schwer meine Mutter im Haushalt arbeiten mußte. In meiner Kinderzeit gab es, zum Beispiel, keine Waschmaschinen, so daß meine Mutter alles von Hand waschen mußte. Und da ich fünf Geschwister hatte, hatte sie alle Hände voll zu tun. Jeden Samstag verschwand meine Mutter in heißen Dampfwolken, wenn sie mit der großen Wäsche begann.

Zuerst mußte sie alle Laken und Hemden, und so weiter, in einem großen Kessel kochen, bevor sie sie richtig schrubben konnte. Natürlich gab es auch kein Waschpulver – sie mußte für alles ein Stück Seife verwenden.

Dann hängte sie alles auf. Die Reihe der Wäschestücke schien mir endlos lang zu sein.

Beim Geschirrspülen ging es ähnlich zu – keine Spülmaschine und kein Spülmittel.

Bei all dieser Arbeit fand meine Mutter eigentlich nie Zeit für sich selbst.

Was machen diese Frauen? Wo? Und in welchem Jahrhundert, deiner Meinung nach?

beginnen (beginnt, begann, begonnen)
finden (findet, fand, gefunden)
scheinen (scheint, schien, geschienen)
*verschwinden (verschwindet, verschwand, verschwunden)

Q

das Café (-s)	die Galerie (-n)	trinken
die U-Bahnstation (-en)	die Ausstellung (-en)	gehen
das Schloß (¨er)	das Schwimmbad (¨er)	wandern
die Jugendherberge (-n)	der Fluß (¨e)	besuchen
der Schuh (-e)	das Postamt (¨er)	studieren

in + *accusative definite article*

DRITTER TEIL

Was essen wir heute?

Übung 1. Wähle einen Partner oder eine Partnerin!

a. Könnt ihr alles hier identifizieren?

Zum Beispiel:

A: Was ist das?
B: Das sind Erbsen.

b. Mögt ihr das alles? Fragt einander!

Zum Beispiel:

A: Magst du Erbsen?

B:

Ja.	Ich mag sie	sehr. einigermaßen.
Nein.		nicht. gar nicht.

c. Jetzt übt Dialoge mit ‚Sie'!

Zum Beispiel:

A: Mögen Sie Spinat?
B: Ja. Ich mag ihn sehr. Und Sie?
A: Nein. Ich mag ihn nicht.

Ein einfaches Rezept

Kaiserschmarren – ein Gericht aus Österreich

Man braucht:

100 gr. Mehl
3 Eier (Dotter, Eiklar (Eiweiß))
$\frac{1}{8}$ l. Milch
3 Eßlöffel Margarine
1 Kaffeelöffel Zucker
Rosinen
Vanillezucker
Staubzucker

der Dotter *(egg-) yolk*
das Eiklar *(egg-)white*
das Eiweiß *(egg-)white*
der Eßlöffel (-) *dessert-spoon*
der Kaffeelöffel (-) *tea-spoon*
das Mehl *flour*
die Rosine (-n) *sultana*
der Staubzucker *icing sugar*
der Vanillezucker *vanilla-flavoured sugar*

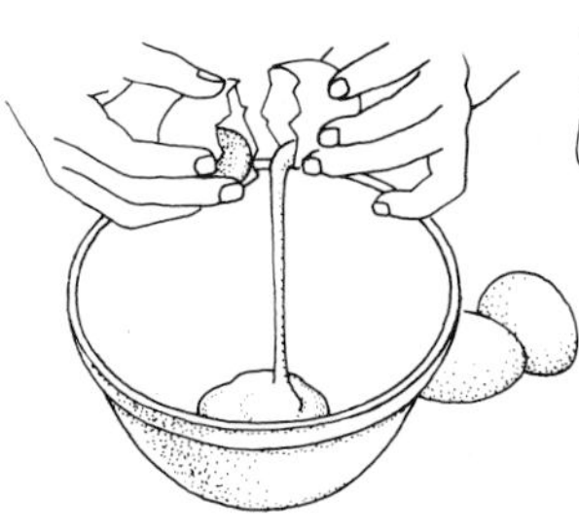

1. Eier trennen.

2. Dotter, Mehl, Zucker, Vanillezucker und Milch verrühren.

3. Eiklar zu steifem Schnee schlagen.

4. Eiklar mit dem Teig mischen.

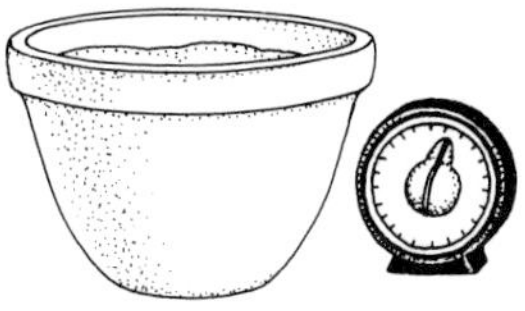

5. Eine Stunde stehen lassen.

6. Margarine in der Pfanne zergehen lassen.

7. Teig eingießen. Rosinen dazugeben.

8. Auf kleinem Feuer gold-gelb backen.

9. Wenden, mit zwei Gabeln zerreißen, fertig backen.

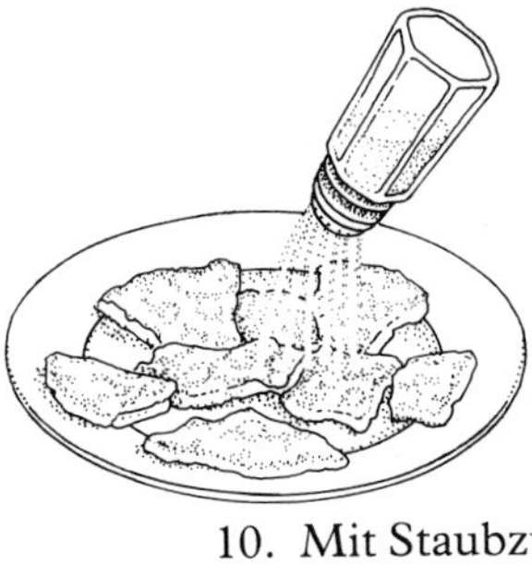

10. Mit Staubzucker bestreut servieren.

Übung 2. Hör zu!

Mach drei Listen! Was wird hier angeboten?
(*What's being offered?*)

a	b	c
einige/ein paar	**etwas**	**ein Stück**

Kannst du jetzt sagen, wann man

a. ‚einige' und ‚ein paar'
b. ‚etwas'
c. ‚ein Stück'

sagt, wenn man eine Speise anbietet?

Übung 3. Kannst du folgende Dialoge ergänzen?

„Möchten Sie noch 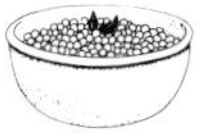 ?"

„Danke, das reicht. Können Sie mir aber  reichen, bitte? . . . Danke."

„Schmeckt es Ihnen? Essen Sie gern 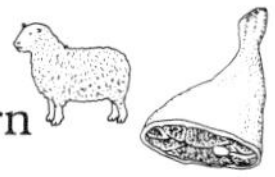 ?"

„Ja, danke. Es/er schmeckt sehr gut."

reichen (*wk*) *to pass; to be enough*

Und jetzt mach das Gleiche mit den anderen Speisen!

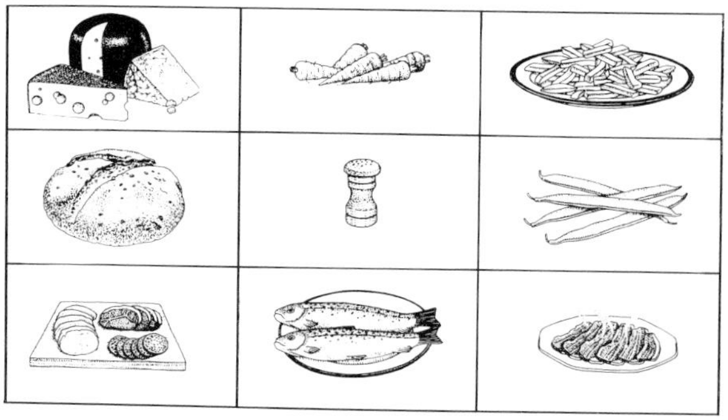

Übung 4. Diese Dialoge sind nicht sehr höflich! Kannst du sie höflicher (in du- und Sie-Formen) ausdrücken?

a. A: Erbsen?
B: Nein. Tomaten.
A: Hier.

b. A: Spinat?
B: Nein, Eintopf.
A: Hier.

b. A: Fisch!
B: Hier. Ist er OK?
A: Ja.

d. A: Käse?
B: Ja.
A: Ist gut?
B: Ja.

Übung 5. Übe mit einem Partner oder einer Partnerin Dialoge!

A: Kann ich dir helfen?
Kann ich Ihnen helfen?
Soll ich etwas machen?

B: Ja. Du kannst den Tisch decken, bitte.
Ja. Könntest du bitte den Tisch decken?
Ja. Können/Könnten Sie bitte . . .?

A: Was essen wir heute?

B: Heute essen wir. . . .
Heute gibt's. . . .

A: Gibt's einen Nachtisch?

B: Ja, . . .
Nein, . . .

A: Wo sind die Gläser/Servietten/Teller/usw., bitte?
Wo ist das Besteck/Geschirr, bitte?

B:

Er Es	ist	im. . . . in der. . . . auf. . . .
Sie	sind	

Übung 6. Übe mit einem Partner oder einer Partnerin Dialoge!

A: Möchtest du

diesen diese dieses	. . . probieren?
diese	

B: Danke. Ich habe

ihn sie es	schon probiert.
sie	

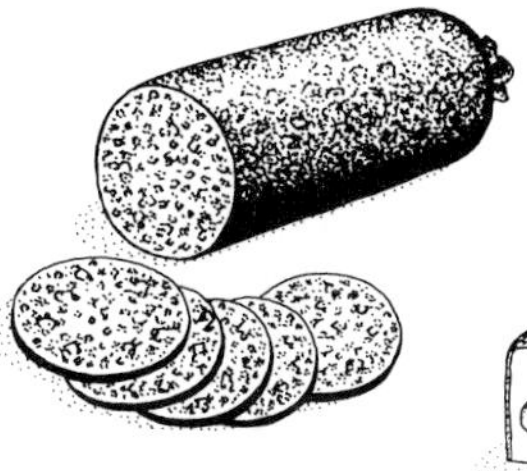

(f.)

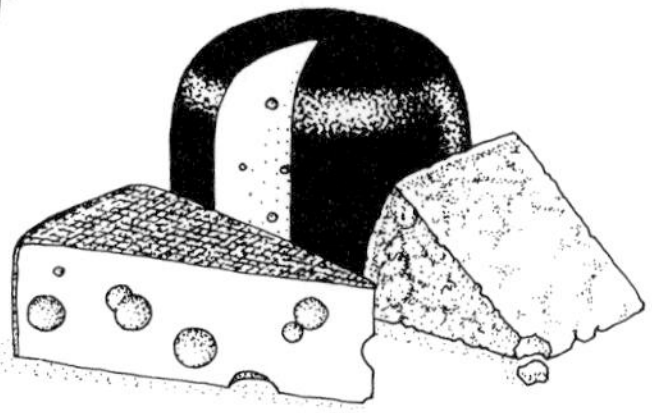

(m.)

(f.)

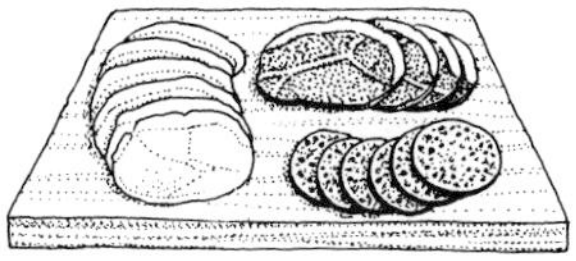

(m.)

(n.)

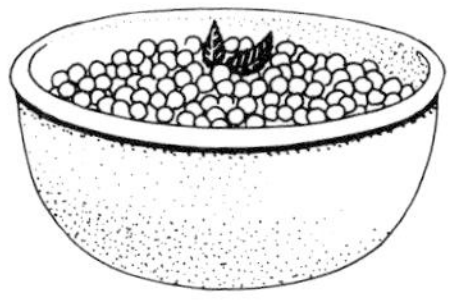

(pl.)

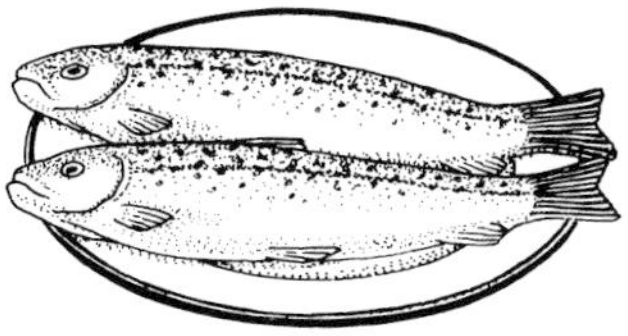

(m.)

(n.)

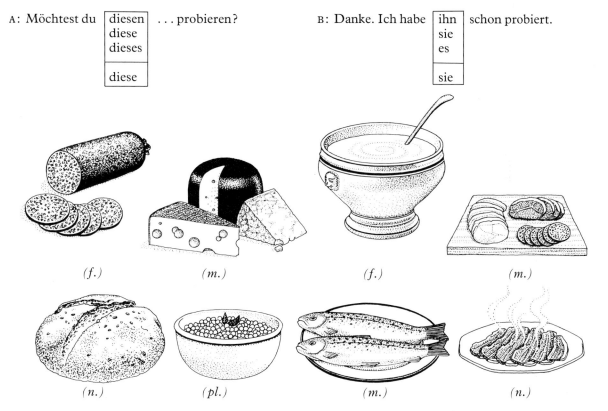

Übung 7. Hör zu!
Hier beschreibt man ein ganz einfaches Gericht: Bohnensalat. Mach Notizen auf Deutsch oder auf Englisch!

mögen	**mögen** *is a modal verb like* **können, müssen, sollen, wollen**. *When it is used with another verb, the verb it is used with goes at the end of the sentence.*
ich mag	
du magst	
er mag	„Magst du ihn?"
sie mag	„Ja, sehr."
es mag	
wir mögen	„Magst du Bohnen?"
ihr mögt	„Nein. Gar nicht."
Sie mögen	„Möchtest du um sieben Uhr essen?"
sie mögen	

Wortstellung – Pronomen mit Substantiv *Pronouns and nouns – word order.*

Gib mir das Buch, bitte.
Kannst du ihm den Kuli reichen, bitte?
Sie möchten gern etwas trinken. Kannst du ihnen eine Tasse Tee machen?
Kannst du mir die Bohnen reichen, bitte?
Zum Geburtstag gaben sie ihr einen guten Tennisschläger.

☐ Zum Lesen

Nudeln und Pommes frites

Was junge Leute gern essen

München, 2. April (AP)
Geflügel, Nudeln und Pommes frites sind die Lieblingsspeisen der jungen Deutschen. Die Älteren dagegen essen lieber Fleisch, Kartoffeln und Salat. Dies ist das Ergebnis einer Untersuchung der Ernährungsgewohnheiten von Schülern und jungen Erwachsenen, die der Gießener Ernährungswissenschaftler Ulrich Oltersdorf durchgeführt hat.

durchführen (*wk*) *to carry out (research, etc.)*
das Ergebnis (-se) *result*
die Ernährungsgewohnheit (-en) *eating habit*

According to this survey of German eating habits, what are the differences between what young people and older people like to eat?

☐ **Q**

die Tür (-en)	der Tag (-e)	holen
die Woche (-n)	das Hotel (-s)	nehmen
der Garten (¨)	die Stadt (¨e)	ankommen
das Haus (¨er)	das Dorf (¨er)	fahren
das Jahr (-e)	die Küche (-n)	verbringen

durch + *definite article*

VIERTER TEIL

Wo kommt das alles hin?

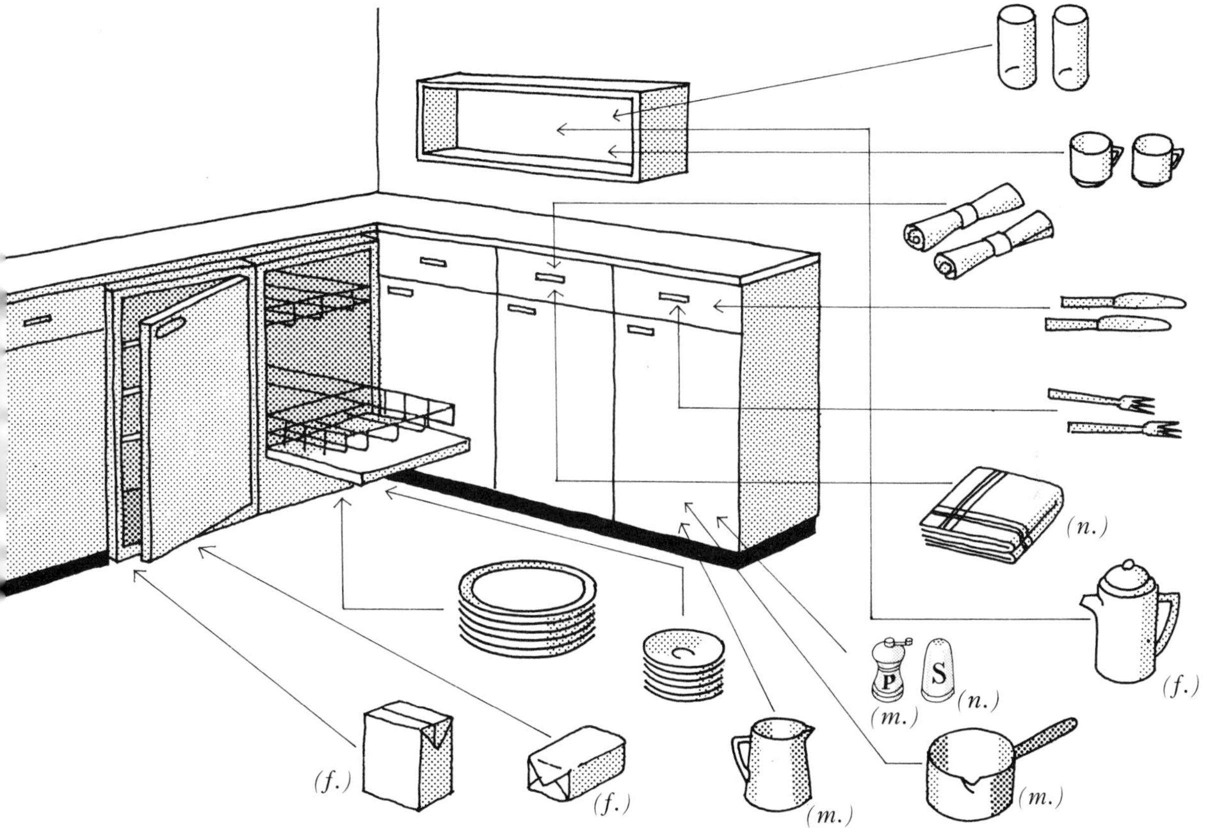

CRESCENT HEIGHTS HIGH SCHOOL
1019 - 1st STREET N.W.
CALGARY, ALBERTA, T2M 2S2

der Kühlschrank (¨-e) *fridge*
die Spülmaschine (-n) *washing-up machine*

■ **Übung 1.** Nach dem Abräumen, Spülen und Abtrocknen.
Erfinde mit einem Partner oder einer Partnerin Dialoge!

Zum Beispiel:

A: Wo kommen die Tassen hin?
B: Sie kommen auf das Regal.
(Vorsicht! Akkusativ!)

‚Legen' oder ‚stellen'?

Übung 2.

Zum Beispiel:

Das ist Klaus. Er ist mit einer Flasche in die Küche gekommen, und er stellt sie auf den Tisch.

Das ist seine Mutter. Sie legt eine Zeitung auf den Tisch.

a. Das ist Irene. Sie hat eine Vase in der Hand, und sie. . . .

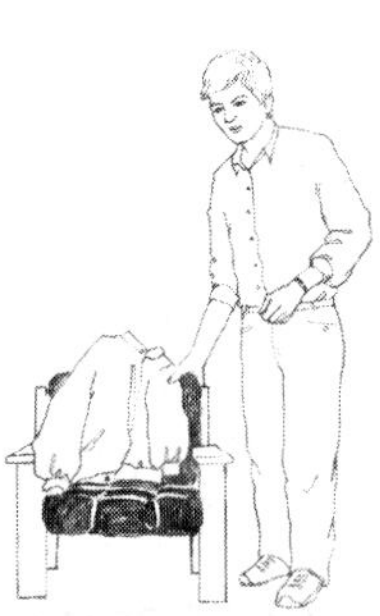

c. Das ist Mark. Er ist ins Haus gekommen, und er . . . Mantel auf. . . .

b. Das ist Wolfgang. Er hält ein Buch, und er wird e

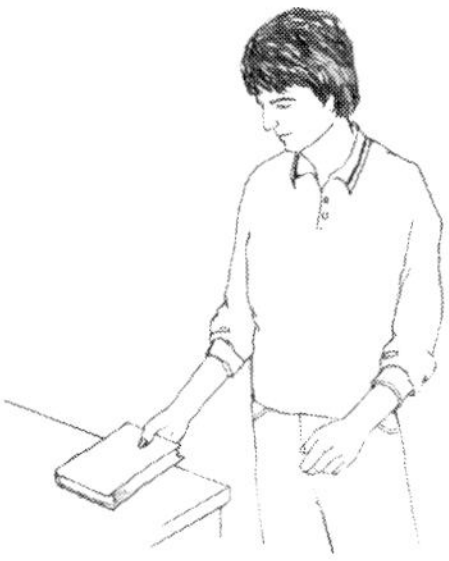

d. Das ist Inge. Sie . . . ihr Glas. . . .

Übung 3.

a. „Was soll ich mit dem Tischtuch machen?"
„Das kannst du auf den Tisch . . . ."

b. „Was soll ich mit der Vase machen?"
„Die kannst du auf das Regal . . . ."

c. „Wo kommt dieses Buch hin?"
„Das kannst du auf den Tisch . . . ."

d. „Und wo kommt die Zeitung hin?"
„Die kannst du auf den Tisch . . . ."

e. „Was mache ich mit der Kaffeekanne?"
„Die kannst du hier . . . ."

f. „Was soll ich mit Ihrer Jacke tun?"
„Die kannst du auf das Sofa . . . ."

g. „Wo kommt diese Flasche hin?"
„O, . . . sie auf den Tisch."

h. „Was soll ich mit dieser Zeitschrift machen?"
„. . . Sie sie auf den kleinen Schrank."

können, mögen, sollen, werden

Each of these modal verbs is used commonly in the conditional tense **(Konjunktiv I)**. *They are also used frequently in the present tense. The difference between the two tenses is important and is as follows:*

Present tense	Kannst du abtrocknen?	*Can you dry up?*
Conditional tense	Könntest du abtrocknen?	*Could you dry up?*
Present tense	Magst du Bohnen?	*Do you like beans?*
Conditional tense	Möchtest du Bohnen?	*Would you like some beans?*
Present tense	Soll ich spülen?	*Shall I wash up?*
Conditional tense	Sollte ich spülen?	*Should I wash up?*
Present tense	Ich werde einen Anorak tragen.	*I will wear an anorak.*
Conditional tense	Ich würde einen Anorak tragen.	*I would wear an anorak.*

In the present tense, **sollen** *also has the meaning of 'is said to be', 'is reported to be', for example:*
Seine neue Schallplatte soll sehr gut sein.
Das Wetter soll morgen kalt sein.

Konjunktiv I *Conditional tense*

ich könnte
du könntest
er könnte
sie könnte
es könnte
wir könnten
ihr könntet
Sie könnten
sie könnten

The stems of the modal verbs given in the previous **i**-*box are:*

können	könnt-
mögen	möcht-
sollen	sollt-
werden	würd-

Q

der Regen (-)
die Universität (-en)
der Bahnhof (¨e)
das Haus (¨er)
die Schule (-n)

der Wagen (-)
das Hallenbad (¨er)
die Tasche (-n)
der Fluß (¨e)
das Wohnzimmer (-)

machen
sammeln
kaufen
reservieren
bleiben

aus + *definite article*

Mündliche und schriftliche Wiederholung

1. Stelle mit einem Partner oder einer Partnerin folgende Fragen über das Reisen! Dein Partner, bzw. deine Partnerin hat eine Reise gemacht und du willst folgendes wissen:

a. wann der Partner/die Partnerin London usw. verlassen hat;
b. wie er/sie gefahren ist;
c. wie er/sie die Überfahrt über den Kanal gemacht hat;
d. wie die Überfahrt war;
e. was er/sie unterwegs gemacht hat;
f. ob und wo er/sie umgestiegen ist;
g. wann er/sie angekommen ist;
h. wie lange die Reise gedauert hat.

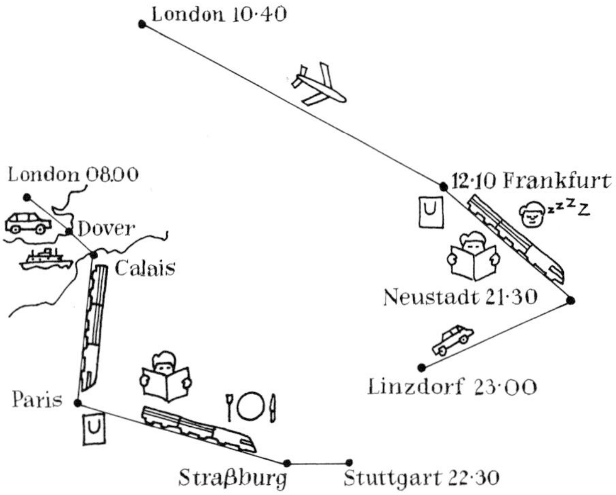

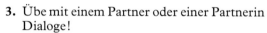

2. Was fragt man in der Apotheke, wenn man ein Mittel gegen folgende Krankheiten haben möchte?

3. Übe mit einem Partner oder einer Partnerin Dialoge!
Dein Partner oder deine Partnerin ist krank, und du willst folgendes wissen:

a. wie es deinem Partner/deiner Partnerin geht;
b. was los ist;
c. seit wann er/sie krank ist;
d. ob er/sie den Arzt, bzw. den Zahnarzt angerufen hat, oder ob er/sie zur Apotheke gegangen ist.

(Die Antworten des Partners oder der Partnerin befinden sich auf Seite 175.)

4. In welcher Reihenfolge wird er sich anziehen?

Zum Beispiel:

Er wird zuerst . . . anziehen, und dann . . . .

Henri Dunant, der Mann in Weiß (Fortsetzung)

Das Buch ‚Eine Erinnerung an Solferino' hatte großen Erfolg, und Dunant hatte darin einen konkreten Vorschlag gemacht – man sollte Hilfsgesellschaften für Verwundete in allen Ländern Europas gründen. In Genf gründete er mit der Hilfe anderer Menschen ein kleines Komitee für die Schweiz. Dann organisierte er eine internationale Konferenz, die am 26. Oktober 1863 in Genf stattfand. Diese Konferenz war sehr erfolgreich. Dunants geniale Idee, alle Kriegsärzte, Krankenschwestern, Ambulanzen und Krankenhäuser mit einem Roten Kreuz zu kennzeichnen, wurde akzeptiert. Jetzt hatten die Ärzte usw. in allen Armeen ‚Neutralität'.

suggestion · *should* · *associations* · *brilliant* · *identify*

Art. 8 Die freiwilligen Hilfer tragen in allen Ländern ein einheitliches Erkennungszeichen, eine weiße Armbinde mit einem roten Kreuz.
29. Oktober 1863

volunteer · *common* · *sign*

Ein Jahr später kam die Genfer Konvention, die den Krieg zu humanisieren versuchte.

In diesen Jahren hatte Dunant sehr viel getan. Er hatte aber seinen Beruf als Kaufmann vernachlässigt und nichts für das Geschäft in Nordafrika getan. 1867 machte die Bank Bankrott. Dunant mußte die Schuld tragen und war total ruiniert. Jahrelang wanderte er von allen Freunden verlassen, allein und verfolgt umher.

neglected · *bankrupt* · *blame* · *pursued, persecuted*

‚Zwei Nächte hintereinander habe ich einmal unter freiem Himmel zubringen müssen, weil ich für mein Zimmer die Miete nicht bezahlen konnte.'

open air

Dann und wann mußte er auf Bahnhöfen schlafen.

1887 fuhr Dunant wieder in die Schweiz, in die kleine Ortschaft Heiden, wo ein Freund ihm ein Zimmer in seinem Krankenhaus gab. Dort wohnte er von der Welt vergessen.

Vergessen bis 1895, als ein Journalist einen Zeitungsartikel über ihn schrieb. Der Artikel wirkte wie eine Sensation. Man erinnerte sich an diesen großen Mann.

remembered

Von überall bekam er Lob, Hilfe und Dank. Er wurde Preisträger des ersten Friedensnobelpreises. Siebenunddreißig Länder in der Welt hatten schon Rotkreuzgesellschaften.

praise · *peace*

Er starb 1910 – im gleichen Jahr wie Florence Nightingale.

Inter arma caritas.

7
Die Ferien

ERSTER TEIL

Wo kommt man unter?
Where can you stay?

■ In der Bundesrepublik, in Österreich und in der Schweiz gibt es für den Touristen eine Vielfalt von Möglichkeiten unterzukommen. Natürlich hat jeder Urlauber verschiedene Wünsche oder Bedürfnisse – für den einen kommt es nicht auf den Komfort an, und ein einfaches Zelt und ein Dosenöffner genügen; andere wollen etwas Besseres haben – für sie ist ein Hotelzimmer (mit Dusche!) unbedingt notwendig, und sie legen viel Wert auf gute Eßgelegenheiten in der näheren Umgebung. Manche suchen ‚High-Life' mit Discos, Kino und Möglichkeiten andere Leute kennenzulernen, während andere Ruhe in abgelegenen Erholungsgebieten suchen. Viele träumen davon, in einem Luxushotel zu wohnen – aber nicht jeder kann sich das leisten.

abgelegen *distant*
das Bedürfnis (-se) *need*
das Erholungsgebiet (-e) *area for relaxation*
die Gelegenheit (-en) *opportunity*
genügen (*wk*) *to be enough, to be sufficient*
Es kommt auf den Komfort an *comfort is what's important, it's a question of comfort*
sich etwas leisten *to be able to afford something*
(Ich kann es mir nicht leisten) *(I can't afford it)*
notwendig *necessary*
träumen (*wk*) *to dream*
die Umgebung (-en) *surroundings*
*unterkommen (kommt unter, kam unter, untergekommen) *to find accommodation*
die Vielfalt *variety*
Wert auf etwas legen *to value something*
der Wunsch (¨-e) *wish*

„Also, du. Welche Brücke dieses Jahr?"

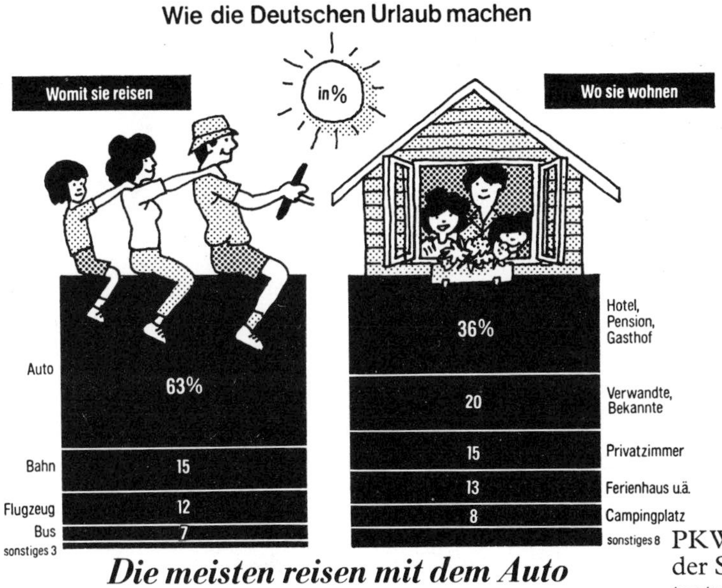

Die meisten reisen mit dem Auto

Trotz der hohen Benzinpreise, trotz Staus auf den Autobahnen, fährt man noch am liebsten mit dem Wagen in Urlaub. Fast zwei Drittel aller deutschen Urlauber machen sich mit dem PKW auf die Reise. Was sind die Vorteile?

Man hat keinen festen Fahrplan, man braucht keine schweren Koffer zu tragen, man kann halten, wo man will – kurz gesagt, man ist unabhängig.

PKW (Personenkraftwagen)	*private car*
der Stau (-s)	*traffic-jam, dam*
trotz + *gen.*	*in spite of*
unabhängig	*independent*
der Vorteil (-e)	*advantage*

Ich glaube, daß es besser ist, mit dem Wagen zu fahren.

Und so preiswert fährt Sie die Bahn

Ich meine, daß der Zug auch Vorteile hat.

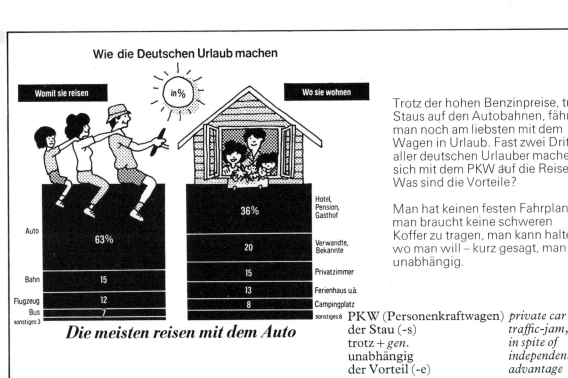

Übung 1. Und wo wohnen deutsche Urlauber? Kannst du diese Satzteile sinnvoll miteinander verbinden? Sieh dir die Prozentsätze auf Seite 117 an!

a. Mehr als ein Drittel
b. Ein Fünftel
c. Ungefähr ein Siebtel
d. Weniger als ein Zehntel

(i) wohnt bei Verwandten oder Bekannten.
(ii) zeltet.
(iii) wohnt im Hotel, in einer Pension oder im Gasthof.
(iv) wohnt in Privat- oder Fremdenzimmern.

Zwei Meinungen über Unterkunft

„Zelten? Um Gottes willen! Für mich ist das ein Alptraum! Auf dem Boden, nichts als Insekten und Mücken. Laute Musik die ganze Nacht durch. Kein Badezimmer, kein Fernseher. Nein, für mich käme das nie in Frage. Ich hab's einmal ausprobiert. Nie wieder!"

der Alptraum (¨-e) *nightmare*
das Insekt (-en) *insect*
die Mücke (-n) *gnat, midge*

Dietmar Lukacs

Und ich glaube, daß er recht hat.

Elke Persch

„Die Jugendherberge oder der Campingplatz ist für mich das Ideale. In Hotels fühlt man sich nie zu Hause – keine eigene Küche, immer fein angezogen sein, und dann kostet das so viel. Auf dem Campingplatz oder in der Jugendherberge ist die Atmosphäre lockerer – man fühlt sich einfach viel freier und ungezwungener."

angezogen *dressed (taken from* anziehen*)*
sich fühlen (*wk*) *to feel*
glauben (*wk*) *to believe*
locker *relaxed*
meinen (*wk*) *to be of the opinion*
ungezwungen *at ease, unconstrained*

Ich bin auch dieser Meinung. Ich meine, daß Hotels zu teuer sind.

Übung 2. Falsch oder richtig? Verbessere die falschen Sätze!

A. Herr Lukacs meint,:

a. daß das Zelten ein Alptraum ist.
b. daß es keine Mücken gibt.
c. daß die nächtliche Musik angenehm ist.
d. daß er nie wieder zelten wird.

B. Elke Persch meint,:

a. daß Jugendherbergen unangenehm sind.
b. daß man sich im Hotel nie zu Hause fühlt.
c. daß es angenehm ist, für sich zu kochen.
d. daß Hotelpreise zu hoch sind.
e. daß man sich viel freier auf dem Campingplatz fühlt.

Übung 3.

a. Welche Nachteile gibt es für Herrn Lukacs auf dem Campingplatz?
b. Welche Nachteile gibt es für Elke Persch in Hotels?
c. Was ist deine Meinung? Mit wem stimmst du überein? Mit Herrn Lukacs oder mit Elke Persch?
d. Glaubst du, daß es besser ist, mit dem Zug oder mit dem Auto in die Ferien zu fahren? Warum?
e. Glaubst du, daß es besser ist, mit der Familie oder mit Freunden in die Ferien zu fahren?

Wortstellung bei ‚daß'

The word order after **daß** *is the same as that after* **wenn** *and* **weil***: in all three cases the verb goes at the end of the phrase. For example:*
Ich glaube, daß ein Hotel Vorteile hat.
Ich meine, daß es besser ist, mit dem Zug zu fahren.

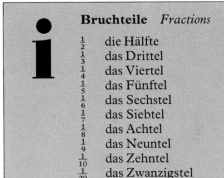

Bruchteile *Fractions*

$\frac{1}{2}$	die Hälfte
$\frac{1}{3}$	das Drittel
$\frac{1}{4}$	das Viertel
$\frac{1}{5}$	das Fünftel
$\frac{1}{6}$	das Sechstel
$\frac{1}{7}$	das Siebtel
$\frac{1}{8}$	das Achtel
$\frac{1}{9}$	das Neuntel
$\frac{1}{10}$	das Zehntel
$\frac{1}{20}$	das Zwanzigstel
$\frac{1}{100}$	das Hundertstel
$\frac{1}{1000}$	das Tausendstel

Übung 4. Wähl einen Partner oder eine Partnerin und stellt einander Fragen über eure Ferien! Ihr sollt folgendes herausfinden:

a. Ob der/die andere Ferien gemacht hat.
b. Wann er/sie Ferien machte.
c. Was er/sie machte, wenn er/sie zu Hause blieb.
d. Mit wem er/sie Urlaub machte.
e. Ob das in Großbritannien oder im Ausland war.
f. Wo er/sie wohnte.
g. Wie lange der Urlaub dauerte.
h. Ob der Urlaub an der Küste, auf dem Lande oder in der Stadt war.
i. Wie das Wetter war.
j. Was ihm/ihr besonders Spaß machte.

Schreib einen kurzen Bericht über die Ferien deines Partners oder deiner Partnerin!

Q

der Vorschlag (¨-e)	der Freund (-e)	legen
die Vase (-n)	die Kette (-n)	besuchen
das Sofa (-s)	das Rad (¨-er)	verlassen
der Besen (-)	der Löffel (-)	fliegen
der Bleistift (-e)	das Kleid (-er)	bleiben

mit + *indefinite article*

ZWEITER TEIL

Am Kurhaus

Stefan Disch arbeitet im Kurhaus am Titisee im Schwarzwald. Er hilft den anreisenden Gästen, eine Unterkunft zu finden. Er hat ein Hotelverzeichnis und eine Preisliste.

An einem typischen Werktag im Sommer letzten Jahres war er dabei, als die ersten Anreisenden ankamen. Er half ihnen, eine Unterkunft zu finden.

Die allerersten, die ankamen, waren Anna und Brian. Sie machten eine Tour quer durch Deutschland bis in die Schweiz. Da sie im vorigen Jahr in Bayern gewesen waren, hatten sie beschlossen, diesmal am Rhein entlangzufahren, den Schwarzwald kennenzulernen und dann, wenn sie es sich leisten konnten, noch weiter in die Schweiz zu fahren.

Als sie in Titisee ankamen, gingen sie direkt ins Kurhaus. Dort sprachen sie mit Stefan. Sie suchten eine preiswerte Unterkunft – in anderen Orten hatten sie in Jugendherbergen übernachtet, hier wollten sie in einem Hotel übernachten.

das Hotelverzeichnis (-se) *hotel list*
die Preisliste (-n) *price list*

„Guten Tag. Wir suchen eine Unterkunft. Können sie uns ein preiswertes Hotel empfehlen?"

„Ja. Sicher. Es gibt einige preiswerte Hotels, wo sie unterkommen können. Sehen Sie, hier ist ein Hotelverzeichnis. . . . Sie haben die Pension Joos oder den Gasthof Vogelhaus."

„Was kostet eine Übernachtung, bitte?"

„Also, in der Pension kostet sie 28.-DM und im Gasthof Vogelhaus 36.-DM. Und das ist inklusive Dusche."

„Ist das Frühstück auch im Preis inbegriffen?"

„Ja, sicher."

„Können Sie uns die Adressen geben?"

„Ja. Sind sie zu Fuß oder mit dem Wagen da?"

„Mit dem Wagen."

„Dann ist es ganz leicht. Sehen Sie sich den Plan an."

inbegriffen *included*

Iris und Jörg waren auch letzten August in der Bundesrepublik unterwegs. Sie machten aber eine Radtour, und zwar fuhren sie von Urach in der Schwäbischen Alb westlich die Donau entlang bis in den Schwarzwald. Sie übernachteten immer auf Campingplätzen, und in Titisee wollten sie sich einen aussuchen. Also gingen sie zum Kurhaus.

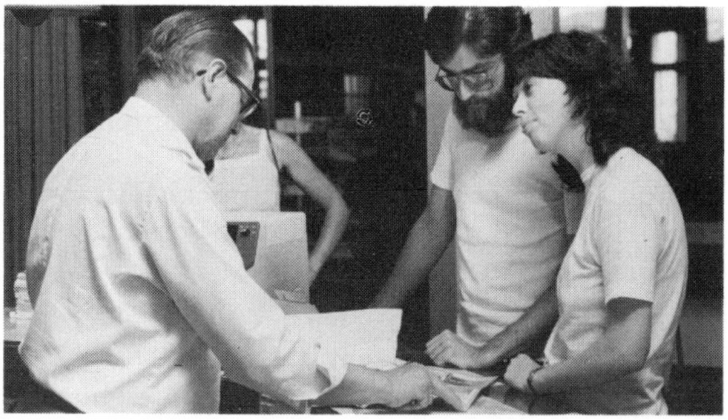

„Grüß Gott. Ist hier in der Nähe ein Campingplatz?"

„Ja. Sie haben mehrere Möglichkeiten. Sehen Sie hier auf den Plan. Sind Sie mit dem Wagen da?"

„Nein. Wir sind mit dem Fahrrad unterwegs."

„OK. Also, wenn Sie vor dem Haus nach rechts fahren, sehen Sie den ersten Campingplatz auf der rechten Seite – er heißt Bühlhof und ist beschildert. Dann ein bißchen weiter auf der linken Seite sind zwei andere – die sind auch beschildert."

„Danke sehr."

„Bitte."

beschildert *signposted*

> Ich suche eine Unterkunft.
> Können Sie mir ein preiswertes Hotel empfehlen?
> Was kostet eine Übernachtung?
> Ist das mit Frühstück?
> Ist das Frühstück im Preis inbegriffen?

Übung 1. Verbessere die falschen Sätze!

a. (i) Anna und Brian kamen am Sonntag an.
(ii) Sie machten eine Radtour.
(iii) Sie waren unterwegs in die Schweiz.
(iv) Bayern hatten sie schon im vorigen Jahr besucht.
(v) Sie wollten sich hier eine Jugendherberge aussuchen.
(vi) Die Pension war teuerer als der Gasthof.

b. (i) Iris war letztes Jahr mit Peter unterwegs.
(ii) Sie machten eine Fahrradtour.
(iii) Sie fuhren den Rhein entlang.
(iv) In Titisee suchten sie eine Jugendherberge.
(v) Es gab nur eine Unterkunftsmöglichkeit für sie.

Übung 2. Hör zu!
Diese Leute suchen sich eine Unterkunft aus.
Beantworte folgende Fragen!

Haus Fullberg

a. Er sucht ein
(i) Einzelzimmer.
(ii) Doppelzimmer.
(iii) Vierbettzimmer.

b. Er sucht ein Zimmer zu
(i) 15.-DM.
(ii) 25.-DM.
(iii) 35.-DM.
(iv) 52.-DM.

c. Das Haus steht in der
(i) Seebachstraße.
(ii) Siebachstraße.
(iii) Seebergstraße.

Gasthaus Hirsch

a. Sie sucht ein
(i) Einzelzimmer.
(ii) Doppelzimmer.

b. Sie sucht ein Zimmer zu
(i) 24.-DM.
(ii) 25.-DM.
(iii) 28.-DM.

c. Sie sucht ein Zimmer für
(i) zwei
(ii) drei
(iii) vier
Nächte.

d. Es gibt
(i) ein
(ii) kein
Zimmer im Gasthaus.

FRANZI
Was macht ihr in den Ferien?
Wir verlassen unser Haus und wohnen in einem kleinen Zelt.
Warum macht ihr denn das???
Weil uns das Spaß macht.
Also...wenn euch so etwas Spaß macht, dann könnt ihr das ganze Jahr durch bei mir wohnen!

Übung 3. Ergänze folgende Sätze!

a. Ich suche eine . . . für zwei Nächte.
b. Ist hier in der Nähe ein . . . Hotel, bitte?
c. Was kostet eine Übernachtung mit . . . ?
d. Können Sie bitte ein gutes Hotel . . . ?
e. Ist das sehr . . . von hier?
f. Ist die Dusche im Preis . . . ?

Übung 4. Kannst du diesen Unsinn verbessern?

„Guten Preis. Ich suche eine Nacht."

„Für wieviele Nächte?"

„Für eine Unterkunft. Können Sie ein preiswertes Frühstück empfehlen?"

„Ja. Das Auto Bärenhof."

„Was kostet eine Dusche?"

„Es kostet 21.-DM."

„Ist das mit Übernachtung?"

„Ja."

„Und ist das Hotel im Tag inbegriffen?"

„Ja, sicher. Sind Sie mit dem Gasthaus da?"

„Nein. Zu Fuß."

Übung 5. Ein deutscher Freund/eine deutsche Freundin fragt dich, wo deine Freunde Urlaub machen, oder wo sie sind. Du bist nicht hundert Prozent sicher, und du sagst jedes Mal: „Ich glaube, daß . . . ."

a. „Weißt du, wo der Mark diesen Sommer ist?"

„Ich glaube, . . . (Spanien)."

b. „Weißt du, was die Sally diesen Sommer macht?"

„( in Schweden)."

c. „Mit wem fährt Trevor in Urlaub dieses Jahr?"

„(Mit Nathan)."

d. „Weißt du, wie lang der John in Deutschland blei

„(Drei Wochen)."

e. „Weißt du, ob der Ian in Schottland zeltet?"

„(Jugendherberge)."

f. „Wo ist Mary?"

„(arbeiten – Café – Torquay)."

g. „Wie fährt Bernard über den Kanal?"

„()."

h. „Weißt du, was die Sue macht?"

„(arbeiten – Fabrik – Hartlepool)."

Übung 6. Lies mit einem Partner oder einer Partnerin die Dialoge, die auf der rechten Seite stehen! Dann, nachdem ihr sie gut studiert habt, übt sie mit Hilfe des englischen Textes auf der linken Seite!

a. *Ask if there's a campsite nearby. Ask what it costs per night.*

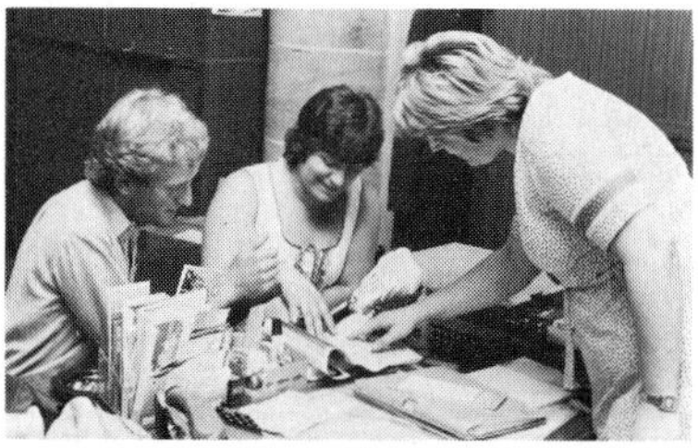

„Ist hier in der Nähe ein Campingplatz?"
„Ja. In der Bergstraße."
„Was kostet eine Übernachtung?"
„So um die 5.-DM."

b. *Ask if he/she can recommend a cheap hotel. Ask the price of a single room. Ask if that includes breakfast.*

„Können Sie ein preiswertes Hotel empfehlen, bitte?"
„Ja. Da ist das Hotel Rheinland."
„Was kostet ein Einzelzimmer?"
„24.-DM."
„Ist das mit Frühstück?"
„Ja."

Zum Lesen

Am letzten Tag ihrer Ferien in Deutschland fuhren Debbie, Susan und Martin in die Stadt. Sie hatten etwas Geld übrig, und wollten einige Geschenke kaufen. Zunächst gingen sie auf die Bank, um ihr englisches Geld zu wechseln.

„Guten Tag. Ich möchte englische Reiseschecks einlösen, bitte," sagte Debbie.

„Wieviel, bitte?" fragte der Bankangestellte.

„Fünfzehn Pfund."

„Unterschreiben Sie hier und hier. Ihren Paß, bitte . . . . Danke. Gehen Sie bitte zur Kasse."

An der Kasse bekam Debbie 58.-DM, und dann gingen sie alle direkt ins Kaufhaus.

Martin suchte etwas für seine Eltern. Er kaufte ihnen eine Schachtel Pralinen. Debbie hatte noch kein Geschenk für ihre Schwester und wußte auch noch nicht, was sie für sie kaufen sollte. Sie wollte sich umsehen und ging durch fast jede Abteilung. Die anderen Freunde langweilten sich zu Tode. Martin hatte schon seine Geschenke gekauft, und Susan hatte nichts gefunden. Sie gingen ins Café, um einen Kaffee zu trinken. Endlich fand Debbie das richtige Geschenk – ein T-Shirt; dann ging sie auch ins Café.

Später beschloß Susan, eine Schallplatte für sich zu kaufen. Sie hatte dann kein Geld für Geschenke übrig.

„Die können sich alle meine Schallplatte anhören," sagte sie.

die Abteilung (-en) *department*
der/die Bankangestellte (-n) *bank clerk*
einen Scheck einlösen (*wk*) *to cash a cheque*
der Reisescheck (-s) *traveller's cheque*
übrig *left (over)*
unterschreiben (unterschreibt, unterschrieb, unterschrieben) *to sign*
zunächst *firstly, to begin with*

Das Plusquamperfekt *Pluperfect tense*

You have seen a number of examples of this tense in this section. It is used in conjunction with the simple past tense **(das Imperfekt)** *and is formed by joining the simple past tense of* **sein** *or* **haben** *to the past participle of another verb.*

Er war gegangen.
Sie hatte gegessen.

Zum Beispiel:

a. *He was on his way to school but had to come home again because he had forgotten his wallet.*
Er war auf dem Weg zur Schule, mußte aber wieder nach Hause zurück, weil er sein Portemonnaie dort vergessen hatte.

b. *They were in Germany and before that they had visited friends in France.*
Sie waren in Deutschland und davor hatten sie Freunde in Frankreich besucht.

c. Sie suchten eine private Unterkunft. In anderen Orten hatten sie in Jugendherbergen übernachtet.
They were looking for private accommodation. In other places they had stayed in youth hostels.

d. Sie freute sich sehr auf ihre Reise in die Schweiz. Sie kannte sich in Zürich schon ziemlich gut aus, da sie vor vielen Jahren dort gewesen war.
She was looking forward to her trip to Switzerland. She already knew her way around Zurich quite well, as she had been there many years ago.

der Urlaub (-e)	das Hotelverzeichnis (-se)	tanzen
der Verwandte (-n)	das Insekt (-en)	warten
der Bekannte (-n)	die Tasche (-n)	abräumen
die Schachtel (-n)	das T-Shirt (-s)	bekommen
der Geschmack (¨e)	der Käse (*no pl.*)	kaufen

DRITTER TEIL
Reservierung

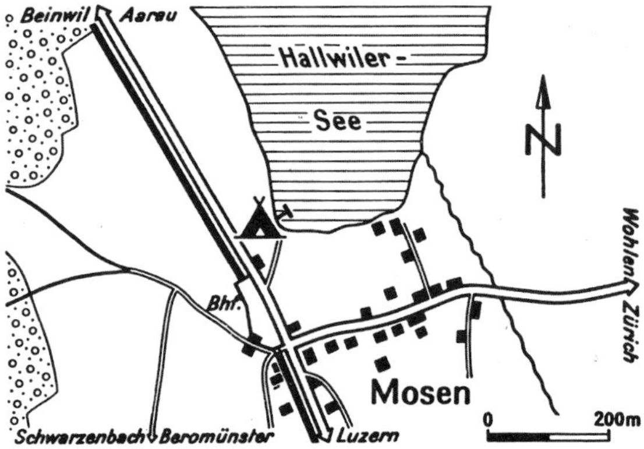

Control: Camp. Tel. (041) 851666
TAX **reka** P/N 3.20, FICC 2.90, SCCV 2.30, 6–16: ½ Tax, KT –.40, T/N o. C/N 1.50, Pic-nic 1.–, A/N 1.–, M/N 1.–
Mosen (30 m)
6295 **Mosen** (200 m)
Camp: SCCV/FSCC

(w) 220 V WC
20
nicht gestattet/ *non autorisé*
not allowed/ *non autorizzato*
Restaurant Kreuz (50 m)
Hallwilersee
Schloss Hallwil, Schloss Heidegg

der Abort (-e) *lavatory*
die Kurtaxe (-n) *tourism tax*

erstklassig eingerichteter Zeltplatz	Waschmaschine	Dusche
Bäume	Lebensmittel	warm
Wohnwagen	Camping-Gaz-Flaschenaustausch	elektrischer Anschluß für Rasierapparate
nächster Bahnhof	Hunde nicht zugelassen	elektrischer Anschluß für Wohnwagen
nächste Post	Restaurant	Kochgelegenheit
Wäschanlage	Aufenthaltsraum	offenes Feuer
Abort	Badegelegenheit	**F** für Ferienaufenthalt geeignet **N** zum Übernachten geeignet
Sehenswürdigkeiten	Bootsfahrt	P/N pro Person und Nacht T/N pro Zelt und Nacht A/N pro Auto und Nacht C/N pro Wohnwagen und Nacht M/N pro Motorrad und Nacht KT Kurtaxe pro Kopf

Übung 1. Sieh dir mal den Plan des Mosener Zeltplatzes auf Seite 124 an!

a. Beschreib die genaue Lage des Mosener Zeltplatzes!

b. Wie sagt man auf Deutsch '*admitted*' und '*allowed*'?

c. Kann man an diesem Zeltplatz:
   (i) für sich kochen?
   (ii) ein warmes Essen kaufen?
   (iii) seinen Hund mitbringen?
   (iv) sich elektrisch rasieren?
   (v) Milch kaufen?
   (vi) Wäsche waschen?
   (vii) am Abend im Wohnwagen fernsehen?
   (viii) Gasflaschen austauschen?
   Für jede Antwort gib einen Grund an!

   Zum Beispiel:

   Ja(nein), weil es . . . gibt.
   Ja(nein), weil . . . (nicht) gestattet ist.

d. Ergänze! An diesem Zeltplatz kann man . . .

e. Wieviel kostet folgendes?
   (i) Eine Nacht – zwei Personen – Zelt – Motorrad.
   (ii) Eine Nacht – vier Personen – Wagen – Wohnwagen.

In welcher Währung bezahlt man? (In welchem Land ist das?)

f. (i) Wie weit ist der Bahnhof vom Campingplatz entfernt?
   (ii) Wie weit ist die Post vom Campingplatz entfernt?

g. Welche Sehenswürdigkeiten gibt es in der Nähe?

die Währung *currency*

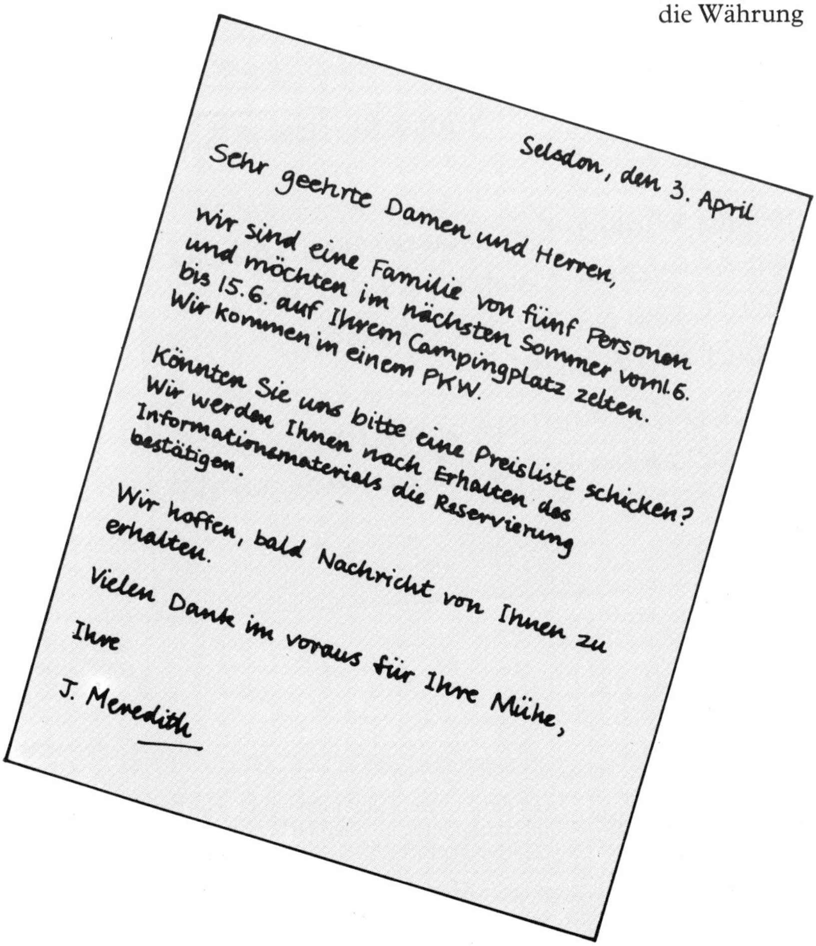

Selsdon, den 3. April

Sehr geehrte Damen und Herren,

Wir sind eine Familie von fünf Personen und möchten im nächsten Sommer vom 1.6. bis 15.6. auf Ihrem Campingplatz zelten. Wir kommen in einem PKW.

Könnten Sie uns bitte eine Preisliste schicken? Wir werden Ihnen nach Erhalten des Informationsmaterials die Reservierung bestätigen.

Wir hoffen, bald Nachricht von Ihnen zu erhalten.

Vielen Dank im voraus für Ihre Mühe,

Ihre

J. Meredith

bald *soon*
bestätigen (*wk*) *to confirm*
das Erhalten *reception, receipt*
die Mühe *trouble, effort*
die Nachricht (-en) *news*

Harrogate, den 5.4.84

Sehr geehrte Damen und Herren,

wir beabsichtigen, eine Deutschlandreise zu machen und bitten um Reservierung eines Doppel- und eines Einzelzimmers für die Zeit von Samstag, dem 4.8 bis Sonntag dem 12.8 inklusive. Können Sie uns bitte schreiben, ob eine Anzahlung nötig ist?

Ich lege einen adressierten Umschlag und einen internationalen Antwortschein bei und würde mich über eine baldige Bestätigung freuen.

Vielen Dank im voraus.

Mit freundlichen Grüßen,

Ihr

K. Lownes

der Antwortschein (-e) *international reply coupon*
die Anzahlung (-en) *deposit*
baldig *rapid, early*
beabsichtigen (*wk*) *to intend*
beilegen (*wk*) *to enclose*
die Bestätigung (-en) *confirmation*

UNION POSTALE UNIVERSELLE

COUPON-RÉPONSE INTERNATIONAL

C 22

Ce coupon est échangeable dans tous les pays de l'Union postale universelle contre un ou plusieurs timbres-poste représentant l'affranchissement minimal d'une lettre ordinaire, expédiée à l'étranger par voie de surface.

Empreinte de contrôle du pays d'origine (date facultative)	Prix de vente (indication facultative)	Timbre du bureau qui effectue l'échange

ein Antwortschein

Newcastle, den 19.3.84

Lieber Herbergsleiter,

wir beabsichtigen, im kommenden Sommer eine Radtour durch die Schweiz zu machen. Könnten Sie bitte zwei Betten für die Nächte vom 3.7. bis 5.7. inklusive reservieren? Wir sind zwei Mädchen.

Ich lege einen adressierten Umschlag und einen internationalen Antwortschein bei und freue mich auf eine baldige Antwort.

Ihre,

H. Norman

Haus Heck

G. Hubertus – Seestraße 13
Tel. 07651/8265

Modern eingerichtete Pension in zentraler Lage – 3 Min. vom See entfernt – Zimmer mit fl. warm. u. kalt. Wasser – Zentralheizung – Bad und Dusche – gepflegter Aufenthalts- und Fernsehraum.

(In der Schweiz sagt man lieber ‚Herbergsleiter' und ‚Herbergsleiterin' als ‚Herbergsvater' und ‚Herbergsmutter'.)

Are J. Meredith, K. Lownes and H. Norman men or women?

Übung 2. Schreib diese Briefe in der richtigen Reihenfolge ab!

a. Mit freundlichem Gruß,
eine Deutschlandreise zu machen, und
Sehr geehrte Damen und Herren,
Informationsmaterial schicken?
möchten auf Ihrem
Wir sind eine Familie
adressierten Umschlag und
wir beabsichtigen in ⟵ Hier beginnt die zweite Zeile.
einen Antwortschein bei.
von vier Mitgliedern und haben
Juli, und zwar vom 12.7. bis 21.7.,
zwei Zelte.
Campingplatz zelten.
Könnten Sie uns bitte
Ich lege einen
Ihr,
G. Walton

die Zeile (-n) *line*

b. Juli Neustadt zu besuchen. Können
freue mich auf
Sehr geehrte Herbergseltern,
lege einen internationalen
inklusive reservieren? Wir sind
Sie uns bitte drei
wir haben vor, im kommenden
Betten für die Nächte
eine baldige Antwort.
vom 14. bis 16. Juli
Antwortschein bei und
ein Junge und zwei Mädchen. Ich
Ihre,
J. Peckham

Übung 3.

a. Wie schreibt man folgendes auf Deutsch?
 (i) *I hope to hear from you soon.*
 (ii) *Many thanks in advance.*
 (iii) *I enclose an envelope.*

b. *How many ways can you think of to express the following phrase, in German?*
'We are planning to go to Germany.'

Übung 4. Ergänze folgende Sätze!

a. Wir bitten um . . . eines Doppelzimmers mit . . . .
b. Bitte . . . Sie uns zwei Einzelzimmer.
c. Ich werde nach Erhalten Ihrer Antwort die . . . bestätigen.
d. Ich freue mich auf eine . . . .
e. Ich lege . . . internationalen . . . bei.

■ **Übung 5.** Ergänze folgende Briefe!

a. Sehr geehrte . . . ,

wir . . . im nächsten Sommer, eine . . . zu machen und möchten auf Ihrem . . . zelten. Wir sind eine . . . von vier, und wir . . . zwei Zelte.

Wir . . . um eine Reservierung zweier Stellplätze vom 8.7. bis 19.7. Könnten Sie uns bitte eine . . . schicken?

Ich . . . einen adressierten . . . und einen . . . Antwortschein . . . .

Mit freundlichen Grüßen,

Ihr(e),

b. Sehr geehrte . . . ,

wir haben . . . , zu Weihnachten eine Deutschlandreise zu machen und zwar . . . 18.12. bis 29.12. Bitte . . . Sie uns ein . . . mit . . . und zwei Einzelzimmer.

Wir hoffen, bald . . . . . . von . . . zu haben.

Ihr(e),

◪ **Übung 6.**

a. Schreib einen Brief an eine Pension!

Du willst zu Weihnachten Deutschland besuchen – 22.12.-29.12.
Du brauchst ein Doppelzimmer und zwei Einzelzimmer.
Du bittest um eine Reservierung.
Du legst einen adressierten Umschlag und einen Antwortschein bei.

b. Schreib ans Verkehrsamt!

Du willst zu Pfingsten den Schwarzwald besuchen.
Du möchtest ein Hotelverzeichnis und eine Preisliste bekommen.

c. Schreib an einen Campingplatz!

Deine Familie zählt sechs Mitglieder.
Ihr hofft, nächsten Sommer die Schweiz zu besuchen.
Du möchtest einen Platz reservieren – 1.8.-8.8.
Ihr habt zwei Zelte.
Was legst du bei?

☐ **Übung 7.** Was passiert hier? Beschreib diese drei Fotos!

a.

b.

c.

☐ Der Regen

Der Regen machte Heimo nichts aus. Er mochte ihn sogar und ging sehr gern unter einem wolkenbezogenen Himmel spazieren. Also, wenn es nach Regen aussah, oder schon länger geregnet hatte, ging er oft mit seiner Hündin spazieren. Er erzählte niemandem, daß er den Regen mochte, da er fürchtete, daß man ihn auslachen würde.

Alles am Regen gefiel ihm. Er sah ihn gern, er hörte ihn gern und freute sich, ihn zu spüren.

Heute ging er zum See hinunter. Als er dort ankam, regnete es in Strömen. Er beobachtete, wie die Regentropfen Tausende von Ringen auf der Wasseroberfläche bildeten und wie der Regen von den Bäumen tropfte. Er sah seine Hündin an und fragte sich, ob sie überhaupt bemerkte, daß es regnete. Spürte sie, daß es regnete? Es sah nicht danach aus.

gefallen (gefällt, gefiel, gefallen)
mögen (mag, mochte, gemocht)

☐

Q

der Gasthof (¨-e)	das Hemd (-en)	abfahren
die Blume (-n)	der Schlafsack (¨-e)	aussteigen
der Wohnblock (¨-e)	die Küche (-n)	finden
der Stadtteil (-e)	das Wohnzimmer (-)	anrufen
das Zelt (-e)	der Keller (-)	öffnen

in + *dative definite article*

8
Die Ankunft

ERSTER TEIL
Am Campingplatz

Diese Familie kam ohne Reservierung am Campingplatz an, und fand, daß der Campingplatz ausgebucht war. Sie mußten dann weiterfahren.

„Haben Sie noch Platz frei?"

„Ist das für ein Zelt oder einen Wohnwagen?"

„Für einen Wohnwagen."

„Nein. Es tut mir leid. Wir sind völlig ausgebucht."

„Ach. Können Sie einen anderen Campingplatz empfehlen?"

„Ja. Es gibt einen auf der anderen Seite des Sees. Dort können Sie es versuchen. Zuerst fahren Sie wieder zur Kreuzung zurück. Dort fahren Sie nach links und dann an den nächsten zwei Kreuzungen immer wieder links. Sie fahren dann den See entlang bis ungefähr vier Kilometer nach der letzten Kreuzung. Dann sehen Sie ein Schild mit ‚Strandbad' darauf. Es ist nur schlecht beschildert. Da müssen Sie aufpassen."

„Danke schön."

„Bitte sehr."

<u>auf</u>passen (*wk*) *to pay attention*
ausgebucht *booked up*
der Strand (¨e) *beach*

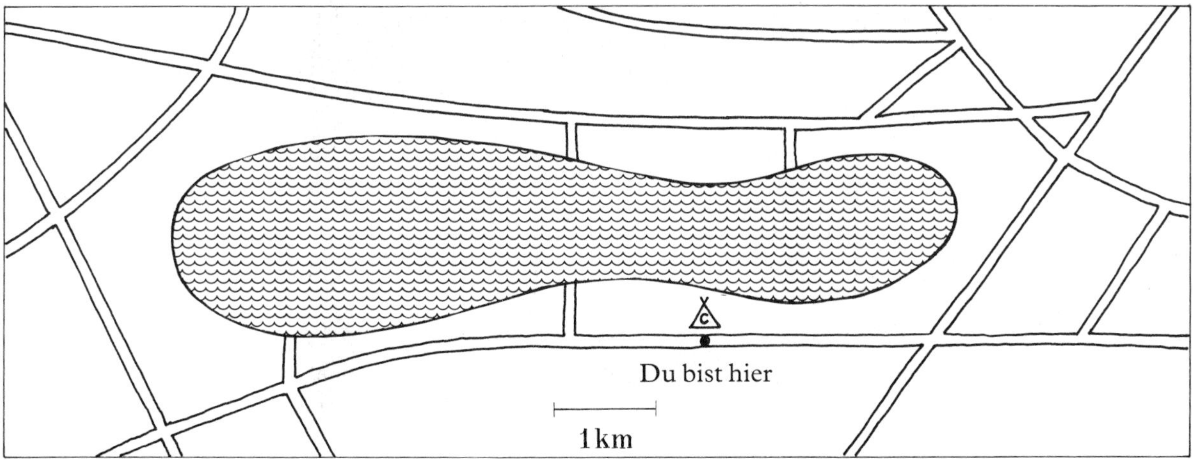

Wo befindet sich der Campingplatz?

■ **Übung 1.** Am nächsten Campingplatz hatte die Familie Glück. Es gab Platz genug.
Lies die folgenden Dialoge durch, und wähle anschließend einen Partner oder eine Partnerin, mit dem oder der du üben kannst!

anschließend *then, next, afterwards*

a. *Ask if there is room.*
You have a caravan.
You want to stay for a week – till next Friday.

„Haben Sie Platz frei, bitte?"
„Ja. Für ein Zelt oder für einen Wohnwagen?"
„Für einen Wohnwagen."
„Und wie lange möchten Sie bleiben?"
„Eine Woche. Bis zum nächsten Freitag."

b. *You do not need electricity.*
Ask if you can park the caravan by the lake.

„Möchten Sie einen Stellplatz mit oder ohne Strom?"
„Wir brauchen keinen Strom, danke."
„Also, gehen Sie bitte zu Fuß und wählen Sie sich einen Stellplatz aus. Die sind vor den Bäumen da."
„Kann ich dort am See parken?"
„Ja, das geht."

c. *You want to know when you have to pay.*
Ask if you can change camping gas bottles here.

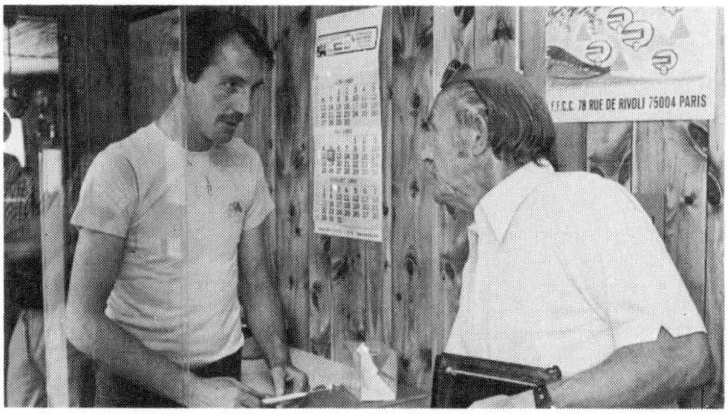

„Also, Sie haben Platz Nummer 27. Würden Sie bitte dieses Anmeldeformular ausfüllen?"
„Wann bezahlen wir?"
„Am Ende Ihres Aufenthalts."
„Kann ich hier Gasflaschen austauschen?"
„Ja. Nebenan im Geschäft."

d. *You want camping gas.*
You want a bottle not a canister.

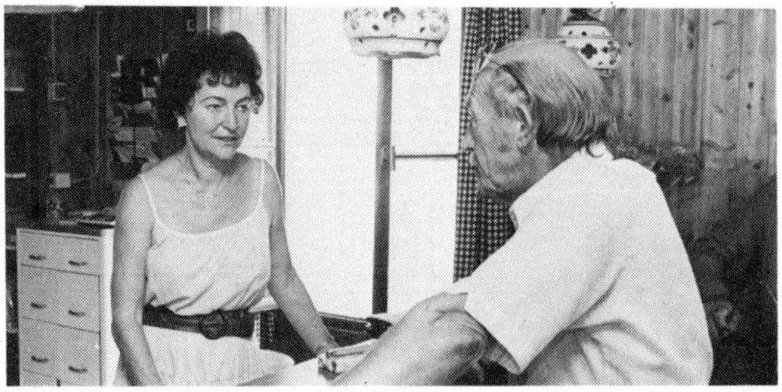

„Ich möchte Campinggas, bitte."
„Ja. Eine Flasche oder eine Dose?"
„Eine Flasche, bitte."

nebenan *next door*
der Stellplatz (¨e) *individual site for tent or caravan*

Übung 2. Wähle einen Partner oder eine Partnerin und ergänze folgende Dialoge!

a. Bei der Anmeldung am Campingplatz.

„. . . . . . ?"

„Ja. Haben Sie ein Zelt oder einen Wohnwagen?"

„."

„Wie lange wollen Sie bleiben?"

„3 x)."

„Wieviele Personen sind das?"

„2."

„Wie alt sind Sie?"

„17."

„Dann sind Sie Erwachsene. Haben Sie einen Wagen dabei?"

„."

b. Bei der Anmeldung am Campingplatz.

„. . . . . . ?"

„Ist das für ein Zelt oder für einen Wohnwagen?"

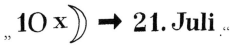

„."

„Wieviele Personen, bitte?"

„7."

„Und wie lange möchten Sie bleiben?"

„10 x) → 21. Juli."

„Und ist das mit oder ohne Strom?"

„."

„Tragen Sie sich bitte ein."

„

? ?"

„Ja. Im Geschäft hier nebenan."

Übung 3. Hör zu!
Einige Touristen erkundigen sich bei anderen. Sie wollen wissen, ob ein Campingplatz in der Nähe liegt, und was es dort gibt.

a. *Listen to the two conversations. For each one, you should note the facilities mentioned by putting a tick against the appropriate symbol shown in the left-hand column of the table.*

		Dialog 1	Dialog 2
1			
2			
3			
4	(W) 		
5	(W) 		
6			
7			
8			
9			
10			

b. *Now listen to the conversations again and answer the following questions:*

Dialog 1.
(i) *What do these campers do about meals?*
(ii) *How do they know what the restaurant is like?*
(iii) *Have the enquirers a tent or a caravan?*
(iv) *How much does it cost for this? Are they quoted an exact price?*
(v) *How will they recognise where the site is?*

Dialog 2.
(i) *How far is the site?*
(ii) *What do the people say about the availability of electricity and gas?*
(iii) *How much does it cost for a tent or a caravan?*
(iv) *What additional charges are mentioned?*

Übung 4. Übe mit einem Partner oder einer Partnerin folgende Dialoge!
You want to find out about some campsites. Your partner replies to your questions by consulting page 174, where the answers are given. In each dialogue, you want to find out:

a. if there is a site nearby; → km?
b. if it has certain facilities, e.g. ?
c. what a tent or a caravan costs, e.g. DM? ?
(See page 124 if you are not sure what some of the symbols mean.)

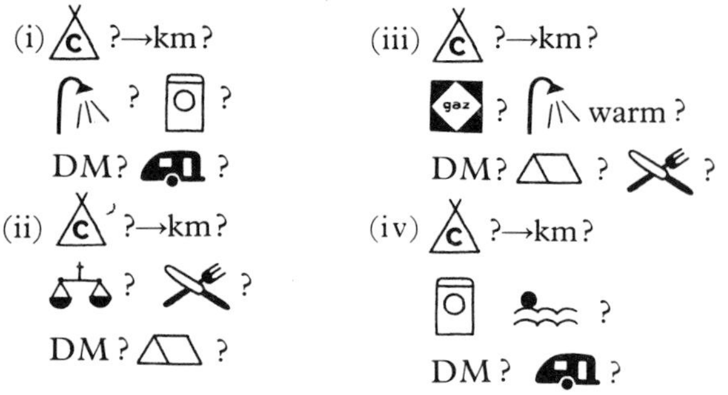

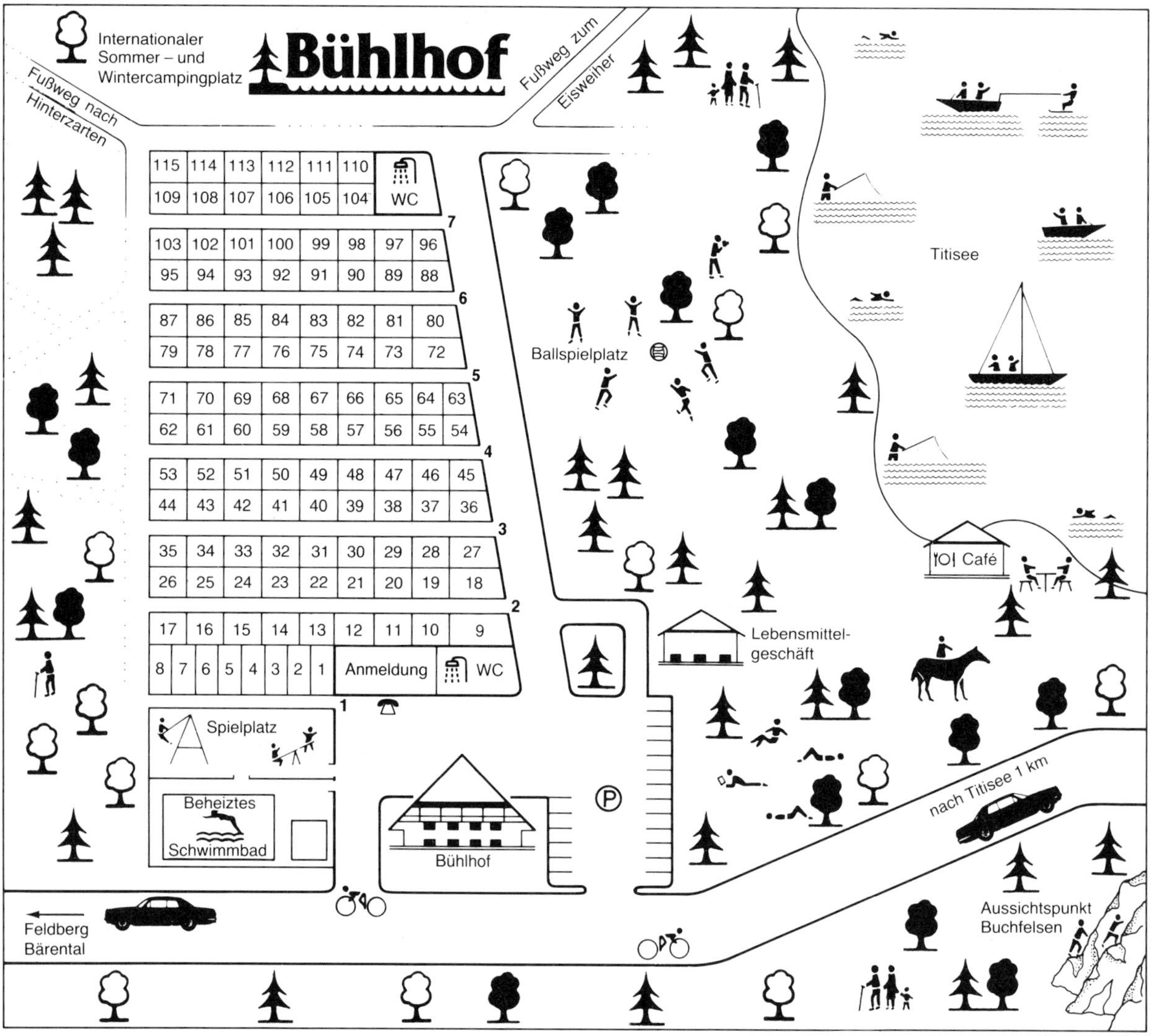

Übung 5. Was machen wir heute?
Sieh dir den Plan oben mit einem Partner oder einer Partnerin an, überlegt was ihr dort machen könnt und macht Vorschläge! Nach dem Plan gibt es mindestens zwölf verschiedene Möglichkeiten, etwas zu unternehmen. Seht euch auch die Fotos auf Seite 133 an!

nach *according to (in this context)*

Zum Beispiel:

A: Was machen wir?

B: Sollen wir schwimmen gehen?
Wir könnten schwimmen gehen.
Hast du Lust, schwimmen zu gehen?
Willst du schwimmen gehen?

\+ –

A: Ja. Das wäre gut.
Dazu hätte ich Lust.
Das würde Spaß machen.
Machen wir.

A: Nein. Ich habe keine Lust.
Dazu habe ich keine Lust.
Bei diesem Wetter nicht.
Es wird bald regnen.
Das macht mir keinen Spaß.

Ich würde lieber . . .

(Für andere Vorschläge, sieh dir den Plan an!)

B: Ja. Das wäre gut.
Dazu hätte ich Lust.
Das würde Spaß machen.
Machen wir.

A: Also. Wohin gehen wir?
B: (Vorschläge).

Übung 6. Stell dir vor, daß du deine Ferien auf dem Campingplatz Bühlhof verbringst. Schreib einen Brief an einen deutschen Freund, bzw. eine deutsche Freundin, worin du:

a. sagst, mit wem du in Urlaub bist;
b. deine Reise beschreibst;
c. den Campingplatz beschreibst;
d. sagst, ob du zeltest oder nicht;
e. beschreibst, was man hier unternehmen kann;
f. sagst, was du gemacht hast;
g. sagst, was du vorhast;
h. das Wetter beschreibst.

Übung 7. Was braucht man, wenn man einen Campingurlaub in einem warmen Land macht? Stell zwei Listen auf!

a. Erstens eine Liste von den Sachen, die man unbedingt braucht.
b. Zweitens eine Liste von den Sachen, die vielleicht nützlich aber nicht unbedingt notwendig sind.

Was meinst du? Sind die Sachen rechts notwendig oder nicht?

die Luftmatratze

die Taschenlampe

die Zahnbürste

die Gaslampe

das Zelt

das Sonnenöl

der Kocher

die Sonnenbrille

c. *Can you give reasons why you have included some items on your lists? Choose three or four.*

Zum Beispiel:

Ich meine, daß . . . unbedingt nötig ist, weil . . . .
um . . .

Übung 8. Beim Packen vergißt man immer etwas. Übt folgende Dialoge! (Zuerst aber seht euch die Liste an, die ihr in Übung 7 aufgestellt habt. Vorsicht! Maskulinum, Femininum oder Neutrum?)

Verwendet die verschiedenen Ausdrücke von Enttäuschung! Zur Auswahl:
O je!
Ach, du liebe Zeit!
Mensch!
Oh, Mann!

Zum Beispiel:

A: Wo ist die Taschenlampe?
B: Ich weiß nicht. Ich habe sie nicht gesehen.
A: O je! Dann haben wir sie zu Hause vergessen!

a. A: Wo ist der Flaschenöffner?
B: Ich weiß nicht. Ich habe ihn nicht gesehen.
A: ......

b. A: Hast du das Geschirrtuch?
B: Nein. Ich habe es nicht gesehen.
A: ......

Jetzt seid ihr dran!

Übung 9. Wo würdest du gern die Ferien verbringen? Warum?
Vorsicht! Wortstellung!

Ich würde gern nach Amerika fahren, weil es ein interessantes Land ist.

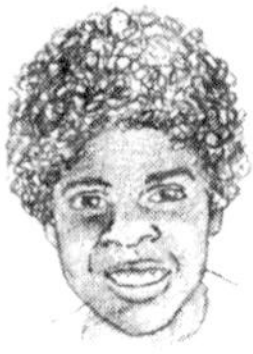

Ich würde gern nach Spanien reisen, weil alles dort so preiswert ist.

Die Gründe. Zur Auswahl:
Das Wetter ist schön.
Man kann skifahren.
Man kann gut essen.
Es gibt viel Interessantes zu sehen.
Das Meer ist warm.
Die Sonne scheint den ganzen Tag.
Es gibt hohe Berge.
Man hat dort Verwandte. (Ich ...)
Man ist nie hingefahren. (Ich ...)
Est ist ein romantisches Land.

Wortstellung bei folgenden Wörtern: ob, wann, wer, wie, wo und was
When one of these words is used at the beginning of a subordinate clause, the verb goes at the end of the clause.

Er will wissen, **ob** es dort ein Kino **gibt**.
Er möchte wissen, **wann** das Schiff in Dover **ankommt**.
Er weiß nicht, **wer** im Sprachlabor **arbeitet**.
Er kann nicht sagen, **wie** man am besten nach Köln **fährt**.
Er hat vergessen, **wo** seine neuen Schuhe **sind**.
Er wollte nicht sagen, **was** der Polizist ihm **gesagt hatte**.

das Tuch (¨-er)	das Auge (-n)	haben
das Regal (-e)	der Apfel (¨)	machen
das Geschirr	das Stück (-e)	besichtigen
der Platz (¨-e)	der Abend (-e)	trinken
der Vorschlag(¨-e)	der Schlips (-e)	fahren

Übung 10. Wo? Wie? Wann? Wer? Was? Ob?
Was wollen diese Menschen wissen?

Zum Beispiel:

Er will wissen, wo sein T-shirt ist.

Sie will wissen, wann . . .

a.

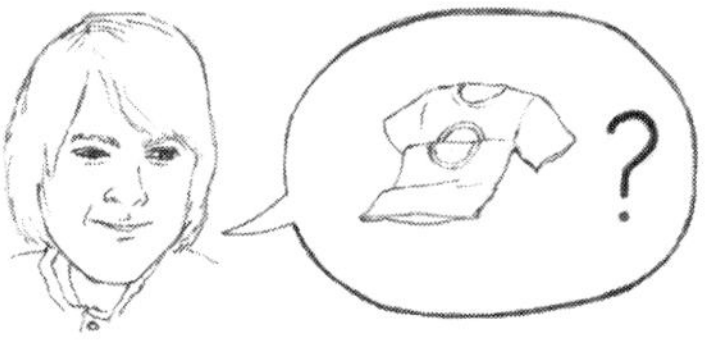

b.

c.

d.

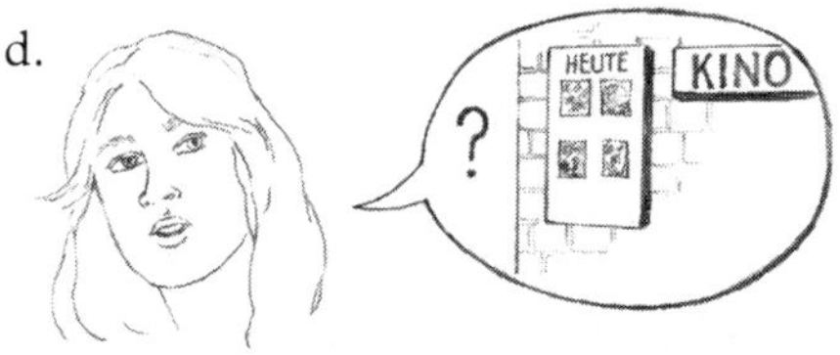

e.

f.

g.

h.

i.

j.

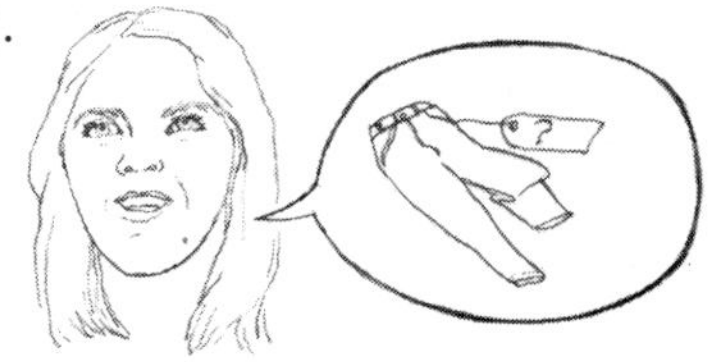

ZWEITER TEIL
Haus- oder Campingplatzordnung. Was ist erlaubt und was ist untersagt?

Willkommen in der Jugi Beinwil

UM DEINEN AUFENTHALT ZU ERLEICHTERN, HIER EINIGE TIPS:

- Benütze nie Deinen eigenen Schlafsack, frischgewaschene Leinenschlafsäcke werden in der Jugi gratis abgegeben.
- Dagegen bitten wir Dich, Hausschuhe mitzubringen.
- Wenn Du kochen möchtest, bitten wir Dich, das bei der Anmeldung zu sagen. Kochtaxe kostet Dich einen Franken.
- Für's Essen stehen Aufenthaltsräume und Küche zur Verfügung. Also bitte nicht im Schlafzimmer essen.
- Schließzeiten sind: Samstags 23.00 Uhr
  Uebrige Tage 22.00 Uhr

  Achtung: Unsere Nachbarn und Deine Zimmerkollegen schlafen eventuell schon, bitte leise nach Hause kommen.
- VERBOT: In den Schlafräumen ist absolutes Rauchverbot:
  Das Rauchen ist in den Aufenthaltsräumen gestattet.
  Bitte die Feuer- und Rauchmelder nicht berühren, Alarmgefahr.
  Ein unnötiger Feuerwehreinsatz kostet ca. 600 Franken.

Unsere Duschen findest Du im Keller.

Ebenfalls im Keller stehen Gästewaschmaschine und Trockner. Sie funktionieren mit 20 Rappen-Stücken.
Waschpulver ist an der Anmeldung erhältlich.
Bitte keine Wäsche im Zimmer Waschen.

- Das Telefon bei der Anmeldung schluckt 5.-Fr./1.-Fr./20+10 Rappenstücke. Die Tel. Nummer für Gäste: 064 71 70 98
- Vor der Abreise bitten wir Dich, das Zimmer zu reinigen, den Schlafsack abzugeben und die Bettdecke ordentlich zu platzieren.

Und nun viel Plausch in der Jugi Beinwil
Jeannette und Kurt Strebel

berühren (*wk*) *to touch*
erleichtern (*wk*) *to make easy*
eventuell *possibly*
Plausch (Spaß) *fun*
zur Verfügung stehen *to be available*

Übung 1. Sieh mal die Hausordnung oben an! Beantworte folgende Fragen!

a. *What instructions are you given about sheet sleeping bags?*
b. *What are you asked to do about footwear?*
c. *What do you have to pay 1 Swiss Franc for?*
d. *Where are you not allowed to eat?*
e. *When does the youth hostel close on Wednesday?*
f. *Whom are you asked to consider when you return to the youth hostel in the evening?*
g. *Where are you allowed to smoke?*
h. *What is in the cellar?*
i. *Where is the telephone?*
j. *What are you asked to do before you leave the youth hostel?*

Übung 2. müssen und **dürfen**
Lies mal folgende Beispiele:

Wenn man in Deutschland radfährt, muß man auf der rechten Seite fahren. Man darf nicht auf der linken Seite fahren.

Wenn man in Deutschland an einer Ampel über die Straße gehen will, muß man auf den grünen Mann warten. Man darf nicht bei Rot die Straße überqueren.

Wenn man in Deutschland einen Wagen fährt, muß man seinen Sicherheitsgurt anschnallen. Man darf nicht ohne Gurt fahren.

Kannst du Beispiele mit folgenden Worten geben?

a. mit dem Bus fahren   eine Fahrkarte
b. ein Auto fahren   in England   auf der linken Seite

Übung 3. Sieh mal die Hausordnung auf Seite 137 an!
muß oder **darf**?

a. Man ... nicht seinen eigenen Schlafsack benutzen.
b. Man ... einen Schlafsack bei der Anmeldung abholen.
c. Man ... nicht mit normalen Schuhen das Haus betreten.
d. Man ... eine Kochtaxe bezahlen, wenn man für sich selber kocht.
e. Man ... in den Aufenthaltsräumen essen.
f. Man ... nicht in den Schlafräumen essen.
g. Man ... leise nach Hause kommen.
h. In den Schlafräumen ... man nicht rauchen.
i. Vor der Abreise ... man das Zimmer reinigen.

Übung 4. Such dir einen Partner oder eine Partnerin aus, zeigt auf die Schilder und übt Dialoge!

Zum Beispiel:

A: Es tut mir leid. Hier dürfen Sie Ihre Wanderschuhe nicht tragen.

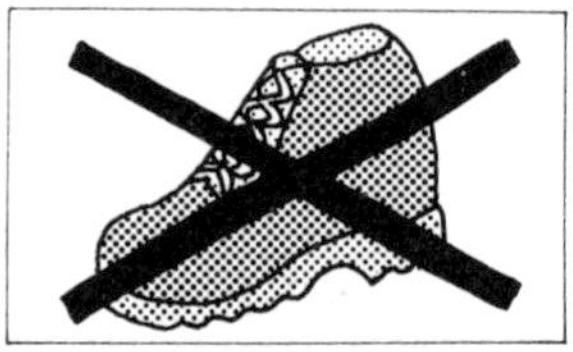

B: Oh! Entschuldigung. Das habe ich nicht gesehen.

a.

b.

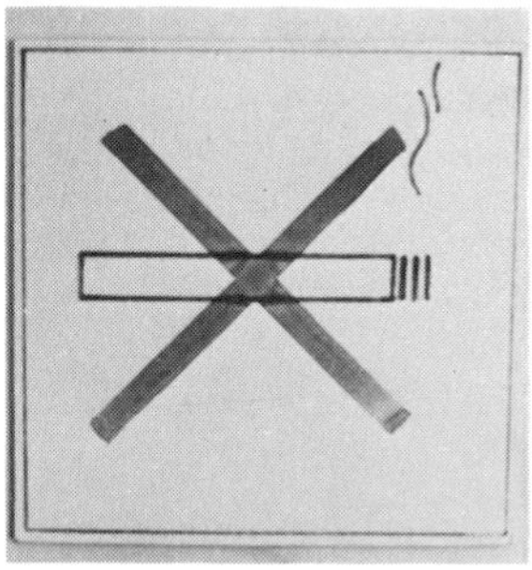
c.

d.

e.

f.

g.

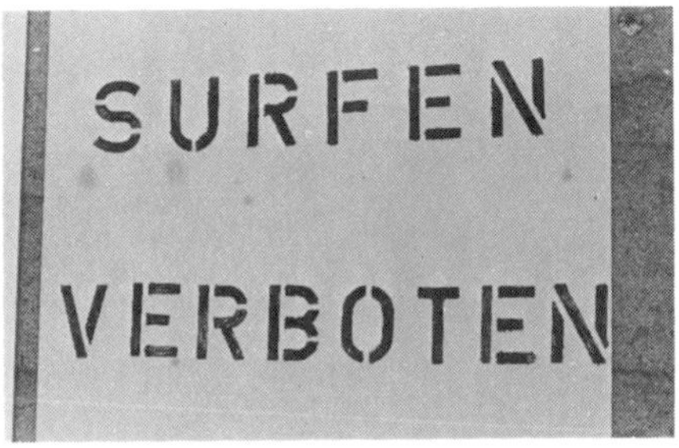

h.

i

dürfen *to be allowed to*
dürfen *is a modal verb like* **können, mögen, müssen, sollen** *and* **wollen;**
the verb it is used with goes at the end of the sentence.

ich darf
du darfst
er darf
sie darf
es darf
wir dürfen
ihr dürft
Sie dürfen
sie dürfen

Imperfekt
er/sie/es durfte

Man darf auf diesem Campingplatz nicht Fußball spielen.

In dieser Jugendherberge darf man in den Aufenthaltsräumen nicht rauchen.

FRÄNZI
Du darfst nicht hinein, Fränzi!
?
Und wieso nicht?
Es steht an der Tür.
Sei nicht so dumm! Ich bin gar kein Hund!

☐ Zum Lesen und zum Schreiben

Lieber Keith,
wie geht's? Ich habe seit langem keine
nicht von Dir bekommen. Hoffentlich geht's
Dir gut.
Was hast Du in den Ferien vor? Wir sind alle
in Norddeutschland. Es ist sehr flach –
schön zum Radfahren, wenn kein Wind
da ist. Sonst kann man kaum vorankom-
men!
Hast Du je sandgesegelt? Es ist ganz dufte.
Ich habe es mit dem Freund meines Vaters
versucht.
Kennst Du den Nordseestrand? Er ist breit
und flach. Die Leute bauen sich fantastische
Sandburgen – so mehr als ein Meter hoch,
und dann verbringen sie den ganzen Tag in
ihren Strandkörben. Wir haben uns auch
eine Burg gebaut.
Was sonst noch? Wir sind geschwommen
haben in der Sonne gelegen, einige Ausflüge
gemacht. Ich habe ein fantastisches Buch
von Kurt Schlegel gelesen. Ist er bei Euch
bekannt?

Deine

Karin

Also, was machte Karin in Urlaub?
Merk dir die Verbformen!

Karin war in Norddeutschland.
Sie fuhr rad.
Sie sandsegelte.
Sie baute eine Sandburg.
Sie schwamm.
Sie lag in der Sonne.
Sie machte Ausflüge.
Sie las ein gutes Buch.
Sie schrieb an Keith.

merken (*wk*) *to notice*

□ **Übung 5.** Jetzt schreib einige kurze Briefe! Schreib die Briefe, die diese Leute schreiben würden, um ihren Urlaub zu beschreiben! Verwende das Perfekt wenn nötig!

a. **Karl**
Er war in Frankreich.
Er fuhr mit einem Freund dahin.
Er wohnte in einem Zelt.
Er hatte schönes Wetter.
Er verbrachte eine Woche im Süden.
Er schwamm, las, faulenzte.
Er fuhr dann in den Südwesten.
Er verbrachte drei Tage dort.
Es regnete.
Er fuhr über die Schweiz nach Hause.

b. **Inge**
Sie war in Deutschland und Österreich.
Sie machte eine Radtour mit ihrem Freund Erich.
Sie übernachtete meistens in Jugendherbergen.
Sie zeltete dann und wann.
Sie hatte teilweise gutes Wetter.
Sie besuchte Verwandte in Graz.

Du kannst noch mehr schreiben, wenn du willst!

□ **Übung 6.** Mach ein Interview! Wähle einen Partner oder eine Partnerin und frag, was er oder sie letzten Sommer gemacht hat! Mach Notizen und dann schreib einen kurzen Bericht über die Ferien deines Partners oder deiner Partnerin! Dabei solltest du das Imperfekt verwenden.

Zum Beispiel:

Johns Ferien.
Letzten Sommer fuhr er mit seiner Familie nach . . . .

□ Fast am Ziel

Er hatte das graue Gebäude nun schon lange beobachtet. Während dieser Zeit war niemand hineingegangen und niemand herausgekommen. Um 6.00 Uhr gingen die ersten Lichter an, andere folgten. Als das Tageslicht hereinbrach, gingen sie allmählich wieder aus. Ihm war kalt, dennoch wartete er beharrlich. Er wußte sicher, daß Klemp vor 10.00 Uhr das Haus verlassen würde, und dann würde er ihm folgen können. Er war sehr ruhig. Er hatte so lang auf diesen einen Tag gewartet. Auf ein paar Minuten mehr oder weniger kam es jetzt nicht mehr an. Der Lärm wuchs stetig an. Von seinem Standort am Toreingang aus, sah er immer mehr Leute an sich vorbeihasten. Noch wartete er. Einige Leute verließen das Haus. Klemp war nicht darunter.

Als es auf 9.45 Uhr zuging, wurde er immer angespannter und nervöser. In den nächsten zehn oder fünfzehn Minuten würde er den Mann sehen, den er so viele Jahre lang gesucht hatte . . . .

. . . Um 10.30 Uhr hielt er es nicht mehr aus und ging zum Haus hinüber.
„Herr Klemp? Den kenne ich nicht."
„Also, ein kleiner, untersetzter Mann mit graumeliertem Haar. Wohnt im zweiten Stock."
„Ach, den Herrn Buschauer meinen Sie! Nein. Der ist verreist. Schon vor zwei Tagen."

anwachsen (wächst, wuchs, gewachsen)
aushalten (hält, hielt, gehalten)
*hereinbrechen (bricht, brach, gebrochen)
verlassen (verläßt, verließ, verlassen)
*werden (wird, wurde, geworden)
wissen (weiß, wußte, gewußt)

Q

die Wand (¨-e)	die Ecke (-n)	kontrollieren
das Fenster (-)	die Decke (-n)	verlieren
die Tür (-en)	der Stuhl (¨-e)	verbinden
der Boden (¨)	das Sofa (-s)	wechseln
der Vorhang (¨-e)	der Teppich (-e)	legen

Mündliche Wiederholung

1. Such dir einen Partner oder eine Partnerin, und fragt euch gegenseitig, wie spät es ist!

a. b. c. d. e. f.

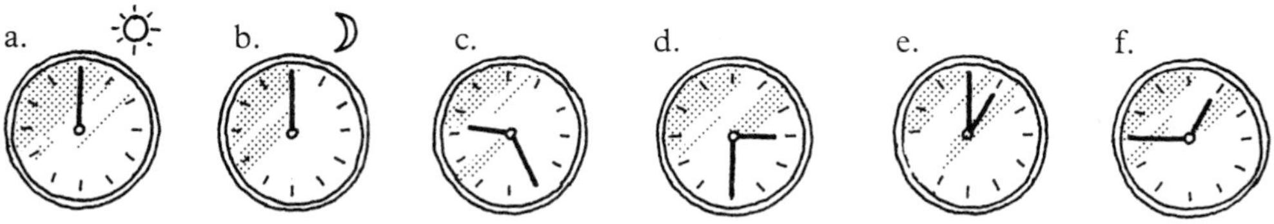

g. h. i. j.

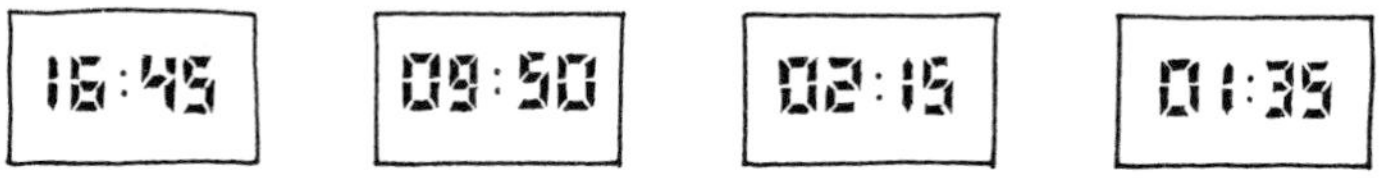

2. Kannst du folgende zwei Sätze ergänzen? Man hört sie dann und wann beim Telefonieren.

a. Kein Anschluß unter . . .
b. Sie sind sicher falsch . . .

3. Frag mal fünf Klassenkameraden/ -kameradinnen, wann sie geboren sind!

4. Übe mit einem Partner oder einer Partnerin Dialoge!
Ihr wollt euch treffen.

A: Wann . . . ?
B: Wie wäre es mit . . . ?
A: Nein. Leider geht . . . ?
B: Wie wäre es . . . ?
A: Ja. Das geht. Sagen wir . . . ?
B: Fein. Wo . . . ?
A: Kennst du . . . ?
B: Nein. Kennst . . . ?
A: Ja.
B: Fein. Dann . . . , um . . . .
A: OK, bis . . . .
B: . . . . . .

5. Übe mit einem Partner oder einer Partnerin Dialoge!
Eine Britin und eine Deutsche nennen Uhrzeiten.

Zum Beispiel:

A: Der Zug fährt um 20.30 Uhr.
B: Das ist acht Uhr dreißig abends, nicht wahr?
A: Ja. Genau.

a. Der Flug geht um 23.00 Uhr.
b. Der nächste fährt um 19.10 Uhr.
c. Meine Fähre fährt um 14.45 Uhr.
d. Deine Maschine fliegt um 02.15 Uhr.
e. Dein Zug fährt um 17.40 Uhr.
f. Unser Zug fährt um 21.19 Uhr.

9
Unterwegs

ERSTER TEIL

An der Tankstelle und in der Werkstatt

Die Tankstellen in Deutschland sind zum größten Teil automatisiert, d.h. man tankt selbst. Es gibt Tankstellen, die noch Bedienung haben, wo der Tankwart Öl und Luftdruck kontrolliert und den Wagen volltankt. Diese Tankstellen befinden sich meistens aber in den kleineren Ortschaften.

Wenn man selbst tankt, bekommt man oft einen Beleg – einen Zettel. Diesen Beleg bekommt man an der Benzinsäule. Er zeigt, wieviel Liter Benzin man getankt hat sowie den Preis. Man nimmt den Beleg von der Benzinsäule und nimmt ihn mit, wenn man zur Kasse geht.

Auf dem Foto siehst du Iris. Sie war an einer Tankstelle, und sie wollte an jenem Tag eine lange Reise auf der Autobahn machen. Sie wollte alles überprüfen lassen. Der Tankwart fragte sie, was sie wünschte.

„Was möchten Sie?"

„Super, bitte."

„Soll ich volltanken?"

„Ja, bitte. Können Sie bitte das Öl kontrollieren? Ich fahre heute nach München."

„Sicher. Und den Luftdruck?"

„Das wäre nett. Wenn Sie die Reifen nachsehen könnten, da wäre ich Ihnen dankbar."

die Benzinsäule (-n) *petrol pump*
der Druck *pressure*
kontrollieren (*wk*) *to check*
die Luft *air*
die Ortschaft (-en) *place*
die Säule (-n) *pillar*
tanken (*wk*) *to get petrol, to put petrol in the tank*
der Tankwart (-e) *attendant*
die Tankstelle (-n) *service station*
volltanken (*wk*) *to fill the tank up*

nachsehen *to check, to look over*
der Reifen (-) *tyre*
überprüfen (*wk*) *to check over*

Morgens bei Herrn Huppert.

Wenn man ein Problem mit dem Wagen hat, wenn etwas nicht funktioniert, muß man eine Werkstatt aufsuchen. Herr Huppert hat eine Werkstatt in Siegen. An einem Tag im Sommer kamen drei Kunden kurz nach 08.00 Uhr in seine Werkstatt.

Der erste war Herr Schnabel. Da er eine Reifenpanne hatte, fuhr er zur Werkstatt, um den Reifen reparieren zu lassen.

„Guten Tag. Könnten Sie bitte diesen Reifen nachsehen? Es ist sicher ein Loch drin – oder vielleicht ist es das Ventil. Er verliert nur langsam Luft."

„Ja. Den kann ich reparieren."

„Wie lange brauchen Sie?"

„So . . . können Sie um vier Uhr wieder vorbeikommen?"

„Ja. Das geht. Danke schön."

das Loch (¨er) *hole*
die Reifenpanne (-n) *puncture*
um den Reifen reparieren zu lassen *to get the tyre repaired*
das Ventil (-e) *valve*

Dann kam Frau Simon. Ihre Bremsen funktionierten schlecht, also fuhr sie langsam zur Werkstatt.

„Guten Morgen. Können Sie mir helfen, bitte?"

„Ja. Was ist los?"

„Es sind die Bremsen. Sie funktionieren schlecht. Könnten Sie sie heute nachsehen?"

„Nein, heute nicht. Erst morgen."

„Erst morgen?"

„Ja. Leider geht's heute nicht."

„OK. Wann soll ich morgen vorbeikommen?"

„Können Sie morgen früh um acht kommen?"

„Ja. Das geht."

die Bremse (-n) *brake*
erst *not until*

Die dritten waren Mr und Mrs Osborne, die in Urlaub waren und die Probleme mit ihrem Wagen hatten. Da ihr Auto auch an diesem Morgen nicht leicht zu starten war, fuhren sie zur Werkstatt.

„Guten Morgen. Können Sie uns helfen, bitte?"

„Was ist denn los?"

„Der Motor. Er startet sehr schlecht."

„Er springt nicht jedesmal an?"

„Genau. Könnten Sie bitte nachschauen, was nicht in Ordnung ist?"

„Das kann ich erst morgen tun."

„Erst morgen?"

„Ja. Heute haben wir alle Hände voll zu tun."

„Also. Sollen wir den Wagen hier lassen?"

„Ja. Am besten machen Sie das. Kommen Sie morgen früh gegen neun Uhr vorbei. Lassen Sie den Schlüssel im Wagen, bitte."

alle Hände voll zu tun haben *to have a lot to do*
*anspringen (springt, sprang, gesprungen) *to start (as in 'The engine started first time.')*
der Motor (-en) *engine*
nachschauen (*wk*) *to check, to look over*
starten (*wk*) *to start (as in 'She started the engine.')*

15 Liter Super, 20 Liter Normal, Volltanken,	bitte.

Der Motor	funktioniert	schlecht. nicht.
Die Bremsen Die Lichter	funktionieren	

Könnten Sie bitte	die Bremsen die Lichter den Motor die Reifen	nachschauen? nachsehen?
	den Luftdruck das Öl	kontrollieren?

Übung 1. Bei Herrn Huppert.
Beantworte folgende Fragen!

a. *What time of day did the customers arrive?*
b. *What did the first customer want?*
c. *Why did the customer think something could have been wrong with the valve?*
d. *Could Herr Huppert do the work on the same day?*
e. *Why did Frau Simon drive slowly?*
f. *Could Herr Huppert repair her car on that day?*
g. *When would her car be ready?*
h. *What was wrong with Mr and Mrs Osborne's car?*
i. *When would the car be ready for them (at what time and on what day)?*
j. *What did they do with the car? And with the key?*

Übung 2. Übt Dialoge!

„Guten Morgen. Bitte schön?"

„25l./20l./Volltanken."

„Normal oder Super?"

„N/S. Können Sie bitte / / ...?"

„Ja, sicher."

Übung 3. Ergänze!

a. Könnten Sie bitte ... ? ... funktionieren schlecht.
b. Könnten Sie bitte  ... ?
c. Könnten Sie bitte ... ? ... funktionieren schlecht.
d. Könnten Sie bitte ... ? ... funktioniert schlecht.
e. Könnten Sie bitte  ... ?

Übung 4. Übt Dialoge!

In der Werkstatt.

„Können Sir [mir / uns] helfen, bitte?"

„Ja. Was ist los?"

„Könnten Sie bitte _ _  _ _ nachsehen? ...

[funktioniert / funktionieren] schlecht."

„Ja. Sicher."

„Wann [soll ich / sollen wir] vorbeikommen?"

„Morgen früh um elf Uhr."

„Erst morgen?"

„Ja. Leider haben wir heute alle Hände voll zu tun."

Jetzt übt ähnliche Dialoge mit folgenden!
Practise other dialogues by using the following alternatives for those parts of this sample dialogue which are underlined with a broken line (_ _ _ _).

heute abend 18.00 Uhr

heute abend 17.00 Uhr

Übung 5. Übt Dialoge!
Two people in the same household are discussing various things that need to be repaired.

a. A: Was machst du?

B: Ich fahre
- zur Werkstatt.
- in die Stadt.
- ins Dorf.

A: Warum?

B: Um  reparieren zu lassen.

A:
- Gut.
- Schön.
- Wunderbar!
- Endlich!

b. A: Was machst du?

B: Ich rufe
- bei Scherer
- den Elektriker

an.

A: Warum?

B: Um 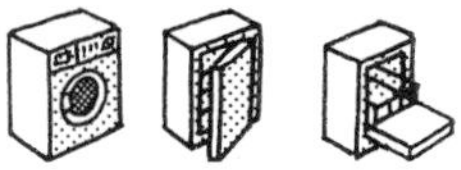 . . . .

A:
- Fein.
- Schön.
- Höchste Zeit!
- Endlich!

c. A: Hast du angerufen?

B: Ja.

A: Und wann holen sie 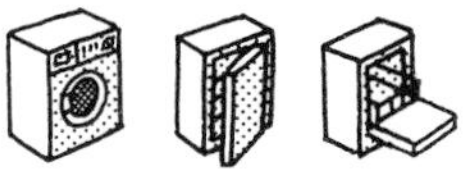 ab?

B: Am
- Montag.
- Mittwoch.
- Freitag.
- Samstag.

A: Erst am . . . ! Müssen wir so lange warten?!

B: Ja, leider. Sie kommen um
- 10.00 Uhr.
- 11.00 Uhr.
- vier Uhr nachmittags.
- fünf Uhr nachmittags.

i

da *as*
Merk dir die Wortstellung!

Da der Motor schlecht starten wollte, fuhren sie zur Werkstatt.
Da er kein Geld bei sich hatte, konnte er nicht anrufen.

i

etwas machen lassen *to have something done*

Zum Beispiel:

den Reifen reparieren lassen *to have the tyre repaired*

Er will seinen Reifen reparieren lassen.
Er fuhr zur Werkstatt, um den Reifen reparieren zu lassen.
Er läßt den Reifen reparieren.
Er hat den Reifen reparieren lassen.
Er ließ den Reifen reparieren.

i

erst *not until*
Ich warte auf ihn. Er kommt aber erst um vier Uhr.

„Können wir am 4. Juli abfahren?"
„Nein. Die Ferien beginnen erst am 8. Juli."

„Ich habe das erst vor drei Tagen gehört. Früher wußte ich gar nichts davon."

Q

die Reise (-n)	die Bahn (-en)	kosten
der Stadtteil (-e)	der Tisch (-e)	kaufen
der Schuh (-e)	das Zimmer (-)	vorschlagen
das Schiff (-e)	das Telefon (-e)	finden
der Bahnhof (¨-e)	das Glas (¨-er)	üben

ZWEITER TEIL

Eine Panne

Als die Familie Johnson in der Bundesrepublik in Urlaub war, hatten sie eine Panne. Sie wußten, daß sie im Notfall die Telefonnummer 110 anrufen sollten, um die Polizei zu erreichen, die ihnen helfen würde. Herr Johnson konnte kein Wort Deutsch. Seine Frau, die zwar etwas in der Schule gelernt hatte, konnte trotzdem kaum Deutsch sprechen, da sie in der Schule wenig Deutsch gesprochen hatte. Jedoch versuchte sie, mit dem Telefonieren zurechtzukommen.

Anrufen ist einfach – erklären ist schwerer. Der Polizist, mit dem sie sprach, konnte fast kein Wort Englisch sprechen.

„Polizeiwache Werden."

„Umm – mein Name ist Johnson. Wir haben ein Problem ... mit ... Wagen."

„Eine Panne oder ein Unfall?"

„*Er* ... Panne."

„Gut. Können Sie Ihren Standort angeben, Frau Johnson?"

„Was? Bitte? Ich ...."

„Wo sind Sie? *Where ... is ... you?*"

„Wir sind ... *oh dear ....*"

„Hallo. Sind Sie noch da? Können Sie sagen, wo Sie sind?"

Frau Johnson konnte ihren Standort nicht beschreiben. Der Polizist, mit dem sie gesprochen hatte, gab allen Streifenwagen durch, daß eine englische Familie Schwierigkeiten hatte. Sie fanden die Johnsons aber nicht, und bis heute weiß der Polizist nicht, was der Familie passiert ist.

Diese Geschichte, die vor einigen Jahren passierte, wurde von einem Polizisten in Essen erzählt.

„Die meisten Touristen, mit denen wir zu tun haben, können schon etwas Deutsch .... Diese aber ... was konnte ich machen?"

erzählen (*wk*) *to relate, to tell*
kaum *hardly*
*passieren (*wk*) + *dat.* *to happen to (someone)*
es ist mir passiert *it happened to me*
die Panne (-n) *breakdown*
der Standort (-e) *position*
trotzdem *nevertheless, all the same*

Was sollte man machen, wenn man eine Panne hat?

Wenn man in der Bundesrepublik eine Panne auf der Autobahn hat, ruft man von einer Notsäule die Nummer 110 an. Das Gleiche gilt auch für Unfälle. Die Polizei kommt sofort. Wenn man nicht auf der Autobahn ist, sondern auf einer Bundesstraße oder einer Landstraße, kann man eine Werkstatt, den Touringklub, den ADAC, usw. oder auch die Polizei anrufen und um Rat bitten.

ADAC Allgemeiner Deutscher Automobil Club
gelten (gilt, galt, gegolten) für + *acc.* *to apply equally to, to hold true for*
die Notrufsäule (-n) *emergency telephone pillar*

Wenn man anruft, muß man folgendes durchgeben:

a. Name.
b. Was los ist.
c. Marke des PKWs oder LKWs.

der LKW (Lastkraftwagen) *lorry*

Und was könnte schief gehen? Man könnte eine Panne haben,

a.  ... weil der Motor nicht startet.

b.  . . . weil die Bremsen nicht richtig funktionieren.

c.  . . . weil die Lichter nicht funktionieren.

d. 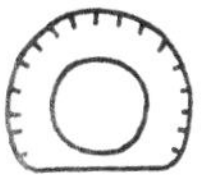 . . . weil man einen Platten hat.

e. 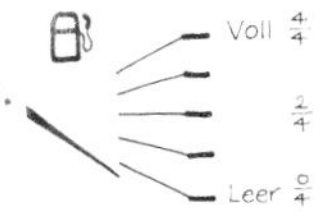

. . . weil man kein Benzin mehr hat.

Wie beschreibt man seinen Standort?

Ich bin	auf der Autobahn Nummer (7).
	kurz vor der Ausfahrt nach (Wackenrode).
	kurz nach der Ausfahrt nach (Wackenrode).
	in Fahrtrichtung (Koblenz).
	an der Raststätte zwischen (Bonn) und (Köln).
	auf der Landstraße Nummer (213).
	auf der Bundesstraße Nummer (B472).
	drei Kilometer nördlich von (Heuweiler).
	an der Kreuzung südlich von (Duisburg).
	in der Nähe einer Brücke (eines Gasthauses,eines Sees,einer Kirche, usw.).
	am Parkplatz.
	in der (Tal)straße.
	gegenüber einer Kirche (einem Gasthaus, usw.).

Hilfe über Notrufsäulen

Wenn Ihr Auto defekt ist, können Sie Hilfe über eine der Notrufsäulen anfordern, die im Abstand von 2 Kilometern an den Autobahnen und auch schon einigen anderen Straßen stehen. Den kürzesten Weg zur nächsten Säule weisen die kleinen schwarzen Pfeile auf den weißen Begrenzungspfählen.

die Raststätte (-n) *stopping place, service area*

der Abstand (¨-e) *distance*
anfordern (*wk*) *to request*
der Pfahl (¨-e) *post, stake*
der Pfeil (-e) *arrow*
weisen (*wk*) *to indicate*

Übung 1. Hör zu!

a. Es ist spät in der Nacht. Folgende Leute rufen die Polizei an.
Beantworte folgende Fragen!

Dialog 1.
(i) Was ist los?
(ii) Wie heißt er?
(iii) Was hat er für einen Wagen?
(iv) Wo ist der Wagen? Sieh dir die Landkarte auf Seite 150 an und wähle den betreffenden Buchstaben (A, B, C, D oder E)!

Dialog 2.
(i) Wie heißt er?
(ii) Was für einen Wagen hat er?
(iii) Was ist damit los?
(iv) Wo ist er? Sieh dir die Landkarte auf Seite 150 an und wähle den betreffenden Buchstaben (A, B, C, D oder E)!

Dialog 3.
(i) Wie ist ihr Name?
(ii) Was hat sie für einen Wagen?
(iii) Was ist damit los?
(iv) Wo ist der Wagen? Sieh dir die Landkarte auf Seite 150 an und wähle den betreffenden Buchstaben (A, B, C, D oder E)!
(v) Von wo ruft sie an?

b. Jetzt schreib, ganz kurz, einen Zettel über die drei Pannen mit Information für den Nothilfedienst! Notiere folgendes:
(i) Namen.
(ii) Marke des Wagens.
(iii) Einzelheiten über die Panne.
(iv) Standort des Wagens.

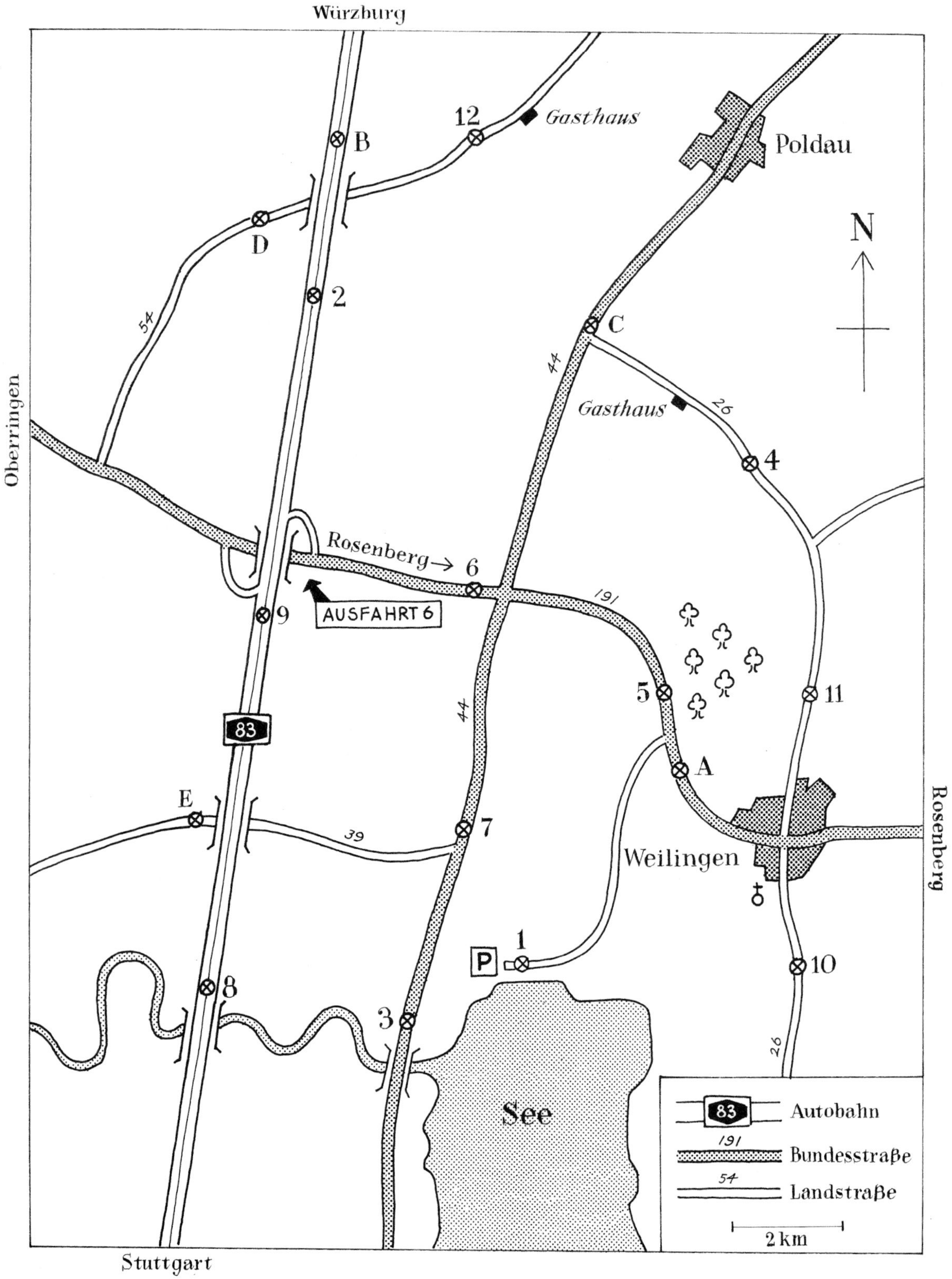
Würzburg
Stuttgart
Oberringen
Rosenberg
Gasthaus
Poldau
N
12
B
D
2
C
54
44
Gasthaus
26
4
Rosenberg→
6
191
9
AUSFAHRT 6
5
11
83
44
A
E
7
39
Weilingen
1
P
10
8
3
26
See
Autobahn
191
Bundesstraße
54
Landstraße
2 km

Übung 2. Übe mit einem Partner oder einer Partnerin folgenden Dialog!

Der/die Fahrer/in	**Der/die Polizist/in**
1.	1. „Polizeirevier Werden."
2. Begrüße den Polizisten/die Polizistin und bitte um Hilfe.	2.
3.	3. „Wie heißen Sie, bitte?"
4. Gib deinen Namen.	4.
5.	5. „Was ist los mit dem Auto?"
6. 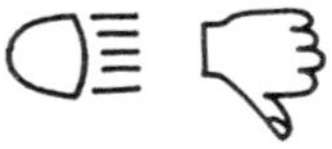	6.
7.	7. „Wo ist das Auto?"
8. Standort: Nummer 1 auf der Landkarte auf Seite 150.	8.
9.	9. „Was für einen Wagen haben Sie?"
10. Ford Escort.	10.
11.	11. „Gut. Bleiben Sie bitte am Wagen."

das Polizeirevier (-e) *police station*

Übung 3. Übt Dialoge!

Nachdem du den Standort beschrieben hast, muß dein Partner oder deine Partnerin dir zeigen, wo dein Wagen auf der Landkarte auf Seite 150 ist.

Einer/eine spielt die Rolle des Polizisten/der Polizistin. (Seht euch Übung 2 oben an!)

Polizist/in:				
Fahrer/in:	Begrüßung. Bitte um Hilfe.	Begrüßung. Bitte um Hilfe.	Begrüßung. Bitte um Hilfe.	Begrüßung. Bitte um Hilfe.
Polizist/in:				
Fahrer/in:	Name.	Name.	Name.	Name.
Polizist/in:				
Fahrer/in:				
Polizist/in:				
Fahrer/in:	Standort? Sieh Landkarte! 2–12?	Standort? Sieh Landkarte! 2–12?	Standort? Sieh Landkarte! 2–12?	Standort? Sieh Landkarte! 2–12?
Polizist/in:				
Fahrer/in:	Renault 18.	Ambassador.	Datsun Cherry.	LKW Volvo.
Polizist/in:				

i

Das Relativpronomen *The relative pronoun*

	Maskulinum	Femininum	Neutrum	Plural
Nominativ	der	die	das	die
Akkusativ	den	die	das	die
Dativ	**dem**	**der**	**dem**	**denen**

Zum Beispiel:

Der Polizist, mit dem sie telefonierte, wußte nicht, wo sie war.
Das Mädchen, mit dem ich befreundet bin, ist siebzehn Jahre alt.
Die drei Polizisten, mit denen er sprach, wollten ihm helfen.

☐ Zum Lesen

Auf den Straßen

a.

*

np. Washington. Mit einem lebendigen Hummer, den er in einen Sack gesteckt hatte, fuhr Mark Labbe im amerikanischen Bundesstaat Maine nach Hause. Der Hummer beschloß jedoch, sein Leben so teuer wie möglich zu verkaufen. Er kroch aus dem Sack und biß Mark ins Bein. Woraufhin dieser vor Schreck und Schmerz ein anderes Auto rammte. Glücklicherweise wurde niemand verletzt. Auch der Hummer nicht.

*

beißen (beißt, biß, gebissen) *to bite*
der Hummer (-) *lobster*
*kriechen (kriecht, kroch, gekrochen) *to creep*
der Schmerz (-en) *pain*
verletzt *injured*
woraufhin *whereupon*

b.

Leicht verletzt

Breitnau (r). Zwei Personen wurden leicht verletzt bei einem Verkehrsunfall, der sich am 9. Juli auf der Bundesstraße 31 im Höllental ereignete. Zwei Kraftradfahrer aus Mainz kamen mit ihren Krafträdern auf eine Ölspur, gerieten ins Schleudern und stürzten mit den Maschinen auf die Fahrbahn. Es entstand ein Sachschaden von 3000 Mark.

ereignen (*wk*) *to happen, to occur*
*geraten (gerät, geriet, geraten) *to get into (e.g., to get into a skid)*
das Kraftrad (¨er) *motorcycle*
das Schleudern *slide, skid*
*stürzen (*wk*) *to crash, to plunge*

c.

Trauriger Weltrekord

Alle vier Stunden verunglückt in der Bundesrepublik Deutschland ein Kind tödlich. Nach Statistiken der Aktion „Das sichere Haus" hält die Bundesrepublik damit den traurigen Weltrekord. Allein im Straßenverkehr verletzen sich jährlich 60 000 Kinder bis zu 15 Jahren. Besonders gefährdet sind Kinder zwischen zwei und sechs Jahren. dpa

die Aktion *campaign, group*
gefährdet *endangered, at risk*
traurig *sad*
der Verkehr *traffic*
*verunglücken (*wk*) *to have an accident*

d.

Ein heißes Wochenende

Das wird in jeder Beziehung ein heißes Wochenende. Die Meteorologen sagen Temperaturen bis zu 30 Grad voraus. Vor allem im Norden soll die Sonne von einem wolkenlosen Himmel scheinen. In vier Bundesländern gehen die Ferien zu Ende, in Bayern beginnen sie erst. Verkehrs-Fachleute erwarten daher wieder ein Chaos und lange Staus auf den Straßen. (Blick in die Welt, Seite 16).

die Beziehung (-en) *respect, way*
erwarten (*wk*) *to expect*
die Fachleute *experts*
voraussagen (*wk*) *to forecast*

a. (*i*) *What was Mark Labbe doing when the incident occurred?*
(*ii*) *What actually caused the accident?*
(*iii*) *Was anyone hurt as a result of the accident?*

b. (*i*) *On what sort of road did the accident happen?*
(*ii*) *How many people were involved in the accident?*
(*iii*) *How many vehicles were involved in the accident?*
(*iv*) *What caused the accident?*
(*v*) *How serious were the injuries of the people involved?*

c. (*i*) *How frequently is a child killed on the roads in the Federal Republic?*
(*ii*) *Which children are in the greatest danger?*

d. (*i*) *What weather is forecast for the weekend?*
(*ii*) *Which area will have the finest weather for the weekend?*
(*iii*) *Give two reasons why there are likely to be traffic-jams on the roads.*

Q

der Koffer (-)	die Fabrik (-en)	übernachten
das Dorf (¨er)	die Apotheke (-n)	tanzen
die Stadt (¨e)	das Auto (-s)	ankommen
das Museum (Museen)	das Café (-s)	schwimmen
das Rathaus (¨er)	der Wagen (-)	besuchen

in + *dative of* welch-

DRITTER TEIL

Man bereitet die Reise vor – eine Reservierung

Als Karl in Norddeutschland in Urlaub war, beschloß er, für die Rückreise eine Reservierung zu machen. Er tat das, weil er auf der Hinreise nach Hamburg Schwierigkeiten hatte, einen Fensterplatz zu finden. Er ging zum Bahnhof und ein Beamte stellte ihm eine Platzkarte aus. Dafür mußte Karl einen Zuschlag bezahlen.

die Platzkarte (-n) *seat reservation card*
eine Platzkarte ausstellen (*wk*) *to fill in a reservation card*
der Zuschlag (¨e) *supplement*

Der Beamte mußte folgendes wissen:

- wohin er reisen wollte;
- wann er reisen wollte;
- mit welchem Zug er reisen wollte;
- welche Klasse er bevorzugte;
- ob er in einem Raucher- oder Nichtraucherabteil reisen wollte;
- was für einen Sitz er haben wollte – Fensterplatz, Seitengangplatz oder Mittelplatz.

das Abteil (-e) *compartment*
bevorzugen (*wk*) *to prefer*
das Raucherabteil (-e) *smoking compartment*
der Seitengangplatz (¨e) *gangway seat*

„Guten Tag. Ich möchte einen Platz reservieren."

„Für welche Strecke, bitte?"

„Hamburg – Würzburg."

„An welchem Tag fahren Sie?"

„Am 8. August, um 9.45 Uhr."

„Das ist der Inter-City 177. Erster oder zweiter Klasse?"

„Zweiter, bitte."

„Rauchen Sie, oder möchten Sie ein Nichtraucherabteil?"

„Ich bin Nichtraucher."

„Nun, möchten Sie einen Fensterplatz, einen Seitengangplatz, oder möchten Sie in der Mitte sitzen?"

„Einen Fensterplatz, bitte."

„Als Ersatzzug trage ich den Inter-City 183 ein. Der kommt um genau die gleiche Zeit wie der 177 in Würzburg an. Er fährt aber etwas früher ab. Ist das in Ordnung?"

„Ja. Danke."

„Alles klar. Wenn Sie einen Augenblick warten möchten."

der Ersatzzug (¨-e) *alternative train*

(*Note the expression,* 'erster oder zweiter Klasse' – *this is the genitive case.*)

Übung 1. Beantworte folgende Fragen!

a. Where was Karl going?
b. Which train did he want to reserve a seat on?
c. Which class did he choose?
d. Did he choose a seat in a smoking compartment?
e. Where was his seat?
f. Why did the official mention the Inter-City 183?

Züge der Bundesbahn

In der Bundesrepublik gibt es verschiedene Züge:

1. Der Nahverkehrszug oder Personenzug – dieser Zug verkehrt zwischen Städten und hält an jedem Bahnhof.

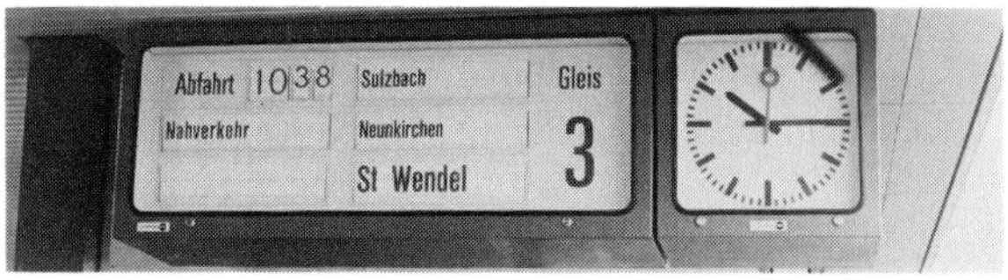

2. Die S-Bahn oder Stadtbahn – dieser Zug verkehrt in einigen größeren Städten.

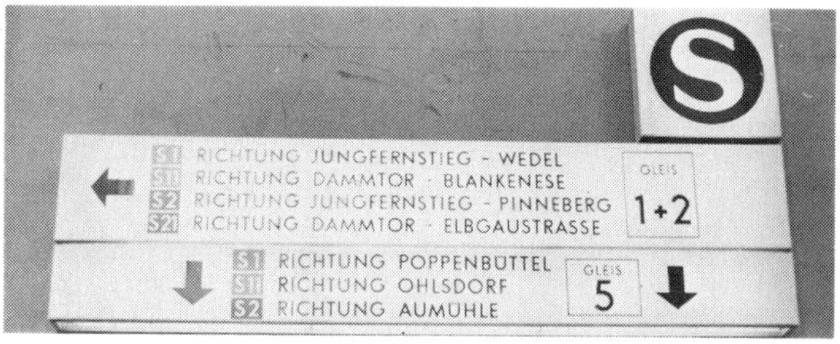

3. Der Eilzug – dieser Zug hält in den größeren Städten. Er wird mit einem E auf dem Fahrplan gekennzeichnet.

4. Der Schnellzug oder D-Zug – dieser Zug hält nur in den wichtigeren Orten und hält seltener als der E-Zug. Er wird mit einem D auf den Fahrplänen gekennzeichnet.

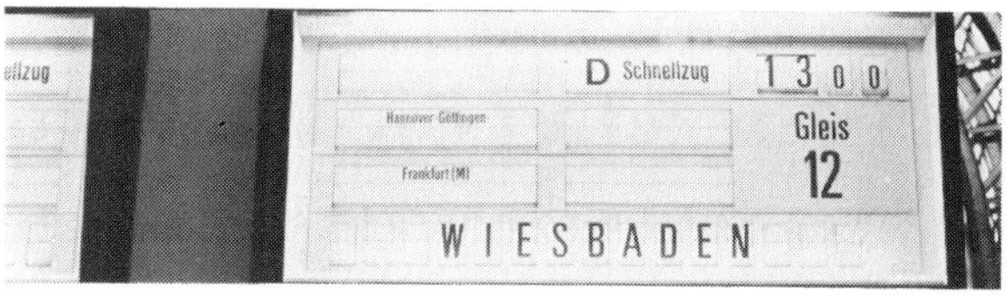

5. Der Inter-City Zug – dieser Zug verbindet Großstädte und verkehrt über die Grenzen hinweg. Sein Kennzeichen ist IC. Ein Zuschlag ist erforderlich, wenn man mit diesem Zug reist.

erforderlich *required*
er wird gekennzeichnet *it is denoted*
das Kennzeichen *sign, symbol*
kennzeichnen (*wk*) *to denote, to indicate*
selten *seldom*
verkehren (*wk*) *to travel (as in 'The train travels slowly.')*
(der Verkehr *traffic*)

von Hamburg nach Würzburg

543 km

Fahrpreise (Tarifstand 1. Mai 1981)
1. Klasse einfache Fahrt 122,— DM, Rückfahrkarte 244,— DM
2. Klasse einfache Fahrt 81,— DM, Rückfahrkarte 162,— DM
Zuschlag für IC 10,— DM (1. Klasse) und 5,— DM (2. Klasse)

Zug	Hamburg-Altona ab	Gleis	Hamburg Hbf ab	Gleis	Hamburg-Harburg ab	Gleis	Würzburg Hbf an	Bemerkungen
IC 581	{5.26	9	{5.40	14	{5.52	4	{10.48	Riemenschneider [✕]; verk ① bis ⑥, nicht 8. VI.
D 371	—	—	6.00	11	6.13	4	11.48	[✕]; Ⓤ Hannover IC ✕
D 781	6.14	10	6.30	14	6.44	4	12.04	✕
IC 599	{6.29	9	{6.45	13	—	—	{11.48	Ludwig Uhland ✕; verk ① bis ⑥, nicht 8. VI.; Ⓤ Hannover IC
D 783	6.39	11	6.55	13	7.11	4	13.17	🍷
IC 173	{7.29	10	{7.45	13	—	—	{12.48	Tiziano ✕; verk ① bis ⑥, nicht 8. VI.; Ⓤ Hannover IC
IC 173	7.29	10	7.45	13	—	—	13.17	Tiziano ✕; Ⓤ Fulda
D 785	7.34	9	7.50	14	8.06	4	14.18	🍷
IC 585	8.16	8	8.30	14	8.44	4	13.48	Ernst Barlach ✕
IC 175	8.29	9	8.45	13	—	—	13.48	Otto Hahn [✕]; Ⓤ Hannover IC
D 793	8.34	8	8.50	14	9.06	4	15.04	🍷 ab Hannover
IC 183	9.16	9	9.30	13	9.45	4	14.48	Prinz Eugen ✕
IC 177	9.31	11	9.45	14	—	—	14.48	Hispania ✕; Ⓤ Hannover IC
IC 587	10.29	11	10.45	14	—	—	15.48	Albrecht Dürer [✕]
IC 577	{11.31	8	{11.45	14	—	—	{16.48	Schauinsland ✕; verk ① bis ⑤, nicht 8. VI.; Ⓤ Hannover IC
IC 179	12.31	8	12.45	13	—	—	17.48	Helvetia ✕; Ⓤ Hannover IC
IC 691	{13.31	9	{13.45	13	—	—	{18.48	Hohenstaufen ✕; verk täglich außer ⑥, nicht 7. VI.; Ⓤ Hannover IC

■ **Übung 2.** Sieh dir den Fahrplan Hamburg Hbf – Würzburg an! Beantworte folgende Fragen!

a. *Which train leaves at 7.50?*
b. *Which platform does the 10.45 leave from?*
c. *If you were going to Würzburg on the Inter-City 599, would you have to change?*
d. *What are* Riemenschneider, Ludwig Uhland, Tiziano, Ernst Barlach, Otto Hahn, Prinz Eugen, *etc?*
e. *What is the cost of a second class return fare?*
f. *What is the cost of the Inter-City second class supplement?*

Übung 3. Hör zu!
Drei verschiedene Personen reservieren einen Platz. Trag die Tabelle in dein Heft ein und fülle sie aus!

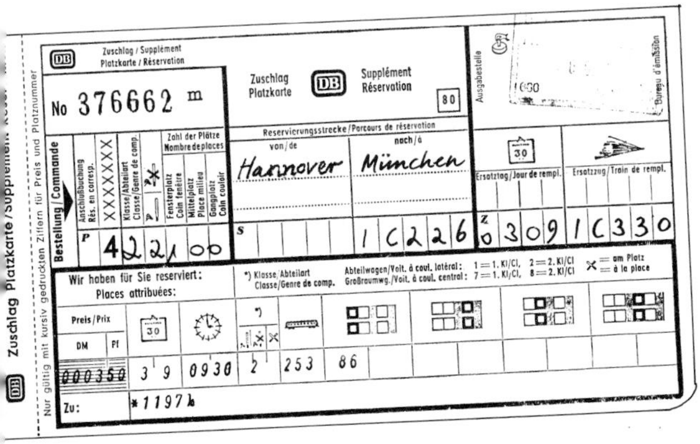
DB Zuschlag / Supplément Platzkarte / Réservation
No 376662 m
Zuschlag Platzkarte DB Supplément Réservation 80
Reservierungsstrecke / Parcours de réservation von/de Hannover nach/à München
Bestellung / Commande P 42 2 1 00
S 1 C 2 2 6 Z 0 3 0 9 1 C 3 3 0
Wir haben für Sie reserviert: Places attribuées:
Preis / Prix DM Pf
000350 3 9 0930 2 253 86
Zu: *1197 h
Zuschlag Platzkarte / Supplément Réservation — Nur gültig mit kursiv gedruckten Ziffern für Preis und Platznummer

	1	2	3
Strecke			
Tag/Datum			
Zugnummer			
Klasse			
Raucher			
Nichtraucher			
Fensterplatz			
Mittelplatz			
Seitengangplatz			
Ersatzzugnummer			

Für welche dieser drei Personen wurde diese Platzkarte ausgestellt?

Übung 4. Wähl einen Partner oder eine Partnerin!
Der/die eine ist der Beamte/die Beamtin und der/die andere ist der/die Reisende. Erfindet Dialoge mit Hilfe des Fahrplans für Züge nach Nürnberg! Alles, was nicht auf dem Fahrplan zu finden ist (Datum, usw.), könnt ihr erfinden. Ihr seid am Hamburger Hauptbahnhof (Hbf). Der Beamte/die Beamtin kann eine Platzkarte ausstellen.

erfinden (erfindet, erfand, erfunden) *to make up*

von Hamburg nach Nürnberg

Fahrpreise (Tarifstand 1. Mai 1981)
1. Klasse einfache Fahrt 147,— DM (141,— DM), Rückfahrkarte 294,— DM (28
2. Klasse einfache Fahrt 98,— DM (94,— DM), Rückfahrkarte 196,— DM (188,—
Zuschlag für IC 10,— DM (1. Klasse) und 5,— DM (2. Klasse)
Der in Klammern gesetzte Fahrpreis gilt ab Hamburg-Harburg

Zug	Hamburg-Altona ab	Gleis	Hamburg Hbf ab	Gleis	Hamburg-Harburg ab	Gleis	Nürnberg Hbf an	Bemerkungen
IC 581	{5.26	9	{5.40	14	{5.52	4	{11.56	Riemenschneider ⊠; Ⓤ Würzburg IC; verk ① nicht 8. VI.
D 371	—	—	6.00	11	6.13	4	12.56	⊠; Ⓤ Hannover IC ✕
IC 599	{6.29	9	{6.45	13	—	—	{12.56	Ludwig Uhland ✕; verk ① nicht 8. VI. Ⓤ Hannover IC
IC 173	{7.29	10	{7.45	13	—	—	{13.56	Tiziano ✕; Ⓤ Hannover u Würzburg IC; verk ① bis nicht 8. VI.
D 785	7.34	9	7.50	14	8.06	4	15.29	🍷
IC 585	8.16	8	8.30	14	8.44	4	14.56	Ernst Barlach ✕; Ⓤ Würzburg IC
IC 175	8.29	9	8.45	13	—	—	14.56	Otto Hahn ⊠; Ⓤ Hannover u Würzburg IC ✕
IC 183	9.16	9	9.30	13	9.45	4	16.01	Prinz Eugen ✕
IC 177	9.31	11	9.45	14	—	—	16.01	Hispania ✕; Ⓤ Hannover IC
IC 587	10.29	11	10.45	14	—	—	16.56	Albrecht Dürer ⊠
IC 577	{11.31	8	{11.45	14	—	—	{17.56	Schauinsland ✕; verk ① bis nicht 8. VI.; Ⓤ Hannover und Würzburg IC
IC 179	12.31	8	12.45	13	—	—	18.56	Helvetia ✕; Ⓤ Hannover IC

A: Ich möchte einen Platz reservieren.
B: Für welche Strecke?
A: . . . .
B: An welchem Tag fahren Sie?
A: . . . .
B: Welcher Zug wäre Ihnen am liebsten?
A: . . . .
B: Danke. Erster oder zweiter Klasse?
A: . . . .
B: Möchten Sie ein Raucherabteil oder nicht?
A: . . . .
B: Wo möchten Sie im Abteil sitzen? Am Fenster, in der Mitte oder am Seitengang?
A: . . . .
B: Welcher Zug wäre Ihnen am liebsten als Ersatzzug?
A: . . . .
B: Danke. Wenn Sie einen Augenblick warten möchten.

Übung 5. Hör zu!
Auf dem Bahnsteig. Kannst du folgende Durchsagen verstehen?
Beantworte folgende Fragen!

die Durchsage (-n) *station announcement*

a. (i) Was für ein Zug ist das?
(ii) Wann fährt er ab?
(iii) Von welchem Gleis fährt er ab?

b. (i) Was für ein Zug ist der Rheinexpreß?
(ii) Wo fährt er?
(iii) Fährt er planmäßig ab?
(iv) Warum oder warum nicht?

c. (i) Wohin fährt die S-Bahn?
(ii) Was sollten die Passagiere tun?
(iii) Wann muß man vorsichtig sein?

d. (i) Wohin sollte Frau Weddell gehen?

e. (i) Was für ein Zug ist das?
(ii) Woher kommt er?
(iii) Was ist los?

planmäßig *according to plan, to timetable*

Übung 6. Übe mit einem Partner oder einer Partnerin Dialoge!
Ihr seid am Bahnhof. Ihr möchtet Auskunft über einige Züge haben. Der/die eine stellt Fragen und der/die andere gibt Antworten. Die Antworten findet man auf dem Fahrplan auf Seite 174.

Schüler/in A möchte folgendes wissen:
a. (i) Wann der nächste Zug nach Frankfurt fährt.
(ii) Von welchem Gleis er abfährt.
(iii) Ob er/sie umsteigen muß.
(iv) Wann er/sie ankommt.
(v) Ob er/sie unterwegs essen kann.
(vi) Ob er/sie einen Zuschlag bezahlen muß.

b. (i) Wann der nächste Zug nach Koblenz fährt.
(ii) Wann er ankommt.
(iii) Ob er/sie umsteigen muß. Wo? Wann?
(iv) Welche Nummer der Zug hat.

Schüler/in B muß folgendes herausfinden:
a. (i) Wann der nächste Zug nach Paris fährt.
(ii) Von welchem Gleis er abfährt.
(iii) Ob er/sie unterwegs essen kann.
(iv) Welche Nummer der Zug hat.
(v) Ob ein Zuschlag erforderlich ist.

b. (i) Wann ein Zug nach Stuttgart fährt.
(ii) Von welchem Gleis er abfährt.
(iii) Wann er/sie ankommt.
(iv) Ob er/sie umsteigen muß. Wo? Wann?
(v) Ob er/sie unterwegs essen kann.

☐ Zum Lesen

● Wie ein Wunder

Eine 16jährige Schülerin ist zwischen Celle und Lüneburg von einem Zug überrollt und wie durch ein Wunder nur leicht verletzt worden. Sie war aus einem fahrenden D-Zug gestürzt und offenbar so glücklich auf das Nachbargleis gefallen, daß die Räder des entgegenkommenden Zuges sie nicht erfassen konnten.

erfassen (*wk*) *to catch, to drag along*
das Nachbargleis (-e) *neighbouring track*
offenbar *clearly, obviously*
das Rad (¨-er) *wheel*
überrollen (*wk*) *to run over*

a. Where did the accident occur?
b. What did she fall from?
c. What did she fall onto?
d. What was the extent of her injuries?

☐ Ein Wiedersehen

Anja betrat die Empfangshalle. Sie war viel zu früh daran. Die Maschine sollte erst um 21.30 Uhr ankommen, aber da sie sich sehr auf das Wiedersehen mit Falko freute und sich allerlei Schwierigkeiten auf der Reise vorstellte, hatte sie das Haus sehr früh verlassen. Es waren nun schon sieben Jahre her, daß sie ihn nicht mehr gesehen hatte. Sie erinnerte sich an ihren früheren Spielkameraden – einen schlanken Jungen mit kräuseligem Haar und tiefblauen Augen. Wie würde er aussehen, jetzt wo er 22 Jahre alt war? Sie trank eine Cola und versuchte ein paar Seiten in ihrer Zeitschrift zu lesen. Das gelang ihr aber nicht, da sie zu aufgeregt war, so daß sie nervös hin und her wanderte.

Dann ertönte die Durchsage: „Flug Nummer LH 531 aus Jakarta über Bombay und Athen hat eine Stunde Verspätung.“

Sie trank noch eine Cola, während sie dem endlosen Hin und Her der Flugzeuge zuschaute.

Endlich landete sein Flugzeug. Nach einer halben Stunde kam er dann durch die Sperre. Sie winkte ihm mit der Hand zu, aber er schien sie nicht zu bemerken. Sie ging auf ihm zu; er schien sie jedoch immer noch nicht zu erkennen. Erst als sie ihn ansprach, erkannte er sie.

„Du bist es also! Du siehst so verändert aus! Ich hatte mir ein junges Mädchen vorgestellt."

In den sieben Jahren hatte sie sich auch verändert – daran hatte sie nicht gedacht.

betreten	(betritt, betrat, betreten)
denken	(denkt, dachte, gedacht)
*gelingen	(gelingt, gelang, gelungen)
scheinen	(scheint, schien, geschienen)

i

Das Passiv *The Passive*

The following sentences are examples of the passive voice:

The table was cleared by the hostellers.
The holiday was planned by Julie.
The car is driven by Frau Simon.

In German, the passive is formed by using **werden** *with the past participle.*

Zum Beispiel:

Präsens
Der Reifen wird von dem Mechaniker repariert.
The tyre is repaired by the mechanic.

Die Fenster werden von den Kindern geputzt.
The windows are cleaned by the children.

Der Zug wird mit einem E gekennzeichnet.
The train is denoted by an E.

Gäste werden gebeten, die Tische abzuräumen.
Guests are asked to clear the tables.

Imperfekt
Die Platzkarte wurde von dem Beamten ausgestellt.
The reservation card was filled in by the official.

Das Rote Kreuz wurde von Dunant gegründet.
The Red Cross was founded by Dunant.

Die Bremsen wurden vom Mechaniker repariert.
The brakes were repaired by the mechanic.

Note that when the action is performed by a person (e.g., 'The washing up was done by Andreas.') **von** *is used to mean 'by':*
Das Geschirr wurde **von** Andreas gespült.

☐ Q

die Zwiebel (-n)	die Kleidung	wechseln
das Gleis (-e)	die Diskothek (-en)	regnen
das Geschäft (-e)	der Tag (-e)	übernachten
die Wohnung (-en)	das Jahr (-e)	arbeiten
die Jeans (-)	die Maus (¨-e)	bezahlen

VIERTER TEIL

Man bereitet die Reise vor – ein Brief

Im Sommer hoffte Rachel nach Deutschland zu fahren. Anna, ihre Mutter, schrieb an ihre Verwandte, Gretel, um einige Vorschläge zu machen. Anna schlug Termine und Reisemöglichkeiten vor. Als Anna schrieb, war Gretel und ihr Mann, Georg, in Süddeutschland. Als sie zurückkamen, wartete Annas Brief auf sie und am 5. Mai tippte Gretel eine Antwort.

St. Peter, den 5. Mai

Liebe Anna,

heute sind wir von der Klassenfahrt zurückgekommen. Alles ist gut verlaufen. Georg war in bester Form. Nun sind wir schlapp. Deinen Brief haben wir aber gerade gelesen.. Darum schnell Antwort: Rachel kann gerne am Sonntag, dem 4. Juli zu uns kommen und bis zum Sonntag, dem 25. Juli bleiben. Züge von Hamburg nach St. Peter wird Tante Lene am besten für sie aussuchen können. Sie kennt die Entfernungen in Hamburg vom Flughafen zum Bahnhof. Wenn du dann Rachels Ankunftszeit hier weißt, kannst du schreiben oder Lene bitten, sie uns am Telefon zu sagen. Wir können Rachel in Husum abholen und mit ihr im Zug hierherfahren, oder sie könnte alleine fahren.Rachel kann wählen, was ihr lieber ist. Wir freuen uns, daß sie kommt! Nathan kann gerne im nächsten Jahr zu uns kommen. Vielleicht aber geht es dann mit Ingo in Hamburg. Das wäre doch bestimmt besser für ihn mit einem gleichaltrigen Jungen. Zu unserer großen Freude konnten wir uns im Bayerischen Wald mit Hans-Hermann treffen und uns viel erzählen. Er erinnerte sich an die Ferien hier mit Euch allen. Er erzählte von seinem Besuch bei Euch und erzählte auch von Deiner Handarbeit.

Ein anderes Mal mehr. Grüße alle herzlich von uns mit guten Wünschen für alle Ferienvorhaben.

Deine Gretel

die Entfernung (-en) *distance*
schlapp *worn out*
tippen (*wk*) *to type*

Übung 1. Beantworte folgende Fragen!

a. *Where have Gretel and Georg been?*
b. *How do they feel now?*
c. *What will Aunt Lene do?*
d. *Why is she the best person to do that?*
e. *What should Anna do once she knows Rachel's travel times?*
f. *What suggestions does Gretel make about meeting Rachel?*
g. *What does Gretel say Nathan can do?*
h. *Which of the two possible plans that she mentions seems best, and why?*
i. *Whom had Gretel and Georg met in Bavaria?*
j. *Where had he been?*

Rachel flog nach Hamburg und wurde, wie vereinbart, von ihrer Tante Lene, die sie schon in England kennengelernt hatte, abgeholt. Tante Lene holte sie schon am Flughafen ab, da Rachel zum ersten Mal allein reiste und sich in der U-Bahn nicht sicher fühlte. Tante Lene begleitete sie bis zum Bahnhof, wo sie in den Zug nach Husum einstieg. Dort traf sie Georg und Gretel, bei denen sie wohnen würde. Dann fuhren sie alle mit dem Zug weiter.

Sie verbrachte drei schöne Wochen bei ihnen, in denen sie viel Deutsch lernte.

Auf der Rückreise übernachtete sie bei Tante Lene und nahm am nächsten Morgen einen frühen Flug nach England.

begleiten (*wk*) *to accompany*
wie vereinbart *as agreed*

Übung 2. Schreib eine Antwort auf Gretels Brief! Du mußt ihr folgendes mitteilen:

a. Rachels Ankunftszeit am Hamburger Flughafen.
b. Einen Treffpunkt für Rachel – Husum oder St. Peter.
c. Wann Nathan kommt – vielleicht nächstes Jahr. Du wirst später noch einmal schreiben.
d. Grüße an Georg.
e. Dieses Jahr fährst du erst im späten August weg. Wohin?

Q

der Wald (¨-er)	die Blume (-n)	einsteigen
das Abendessen (-)	der Vorort (-e)	bringen
der Regenmantel (¨)	der Anfang (¨-e)	gehen
die Spülmaschine (-n)	der Wohnblock (¨-e)	verlassen
die Grenze (-n)	die Bibliothek (-en)	essen

Mündliche Wiederholung

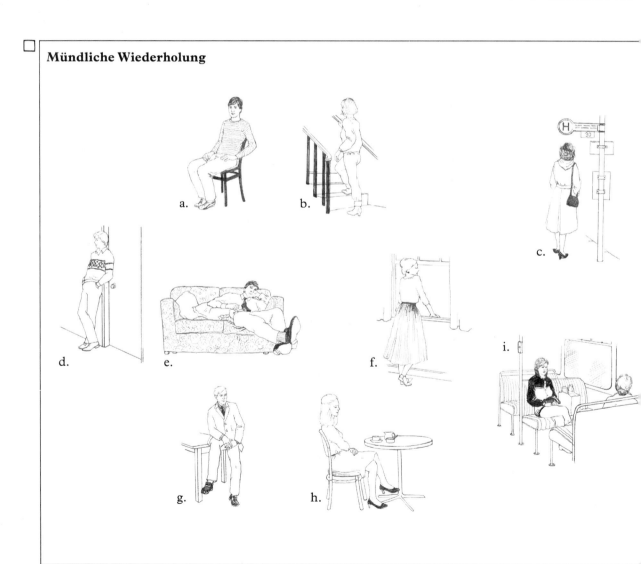

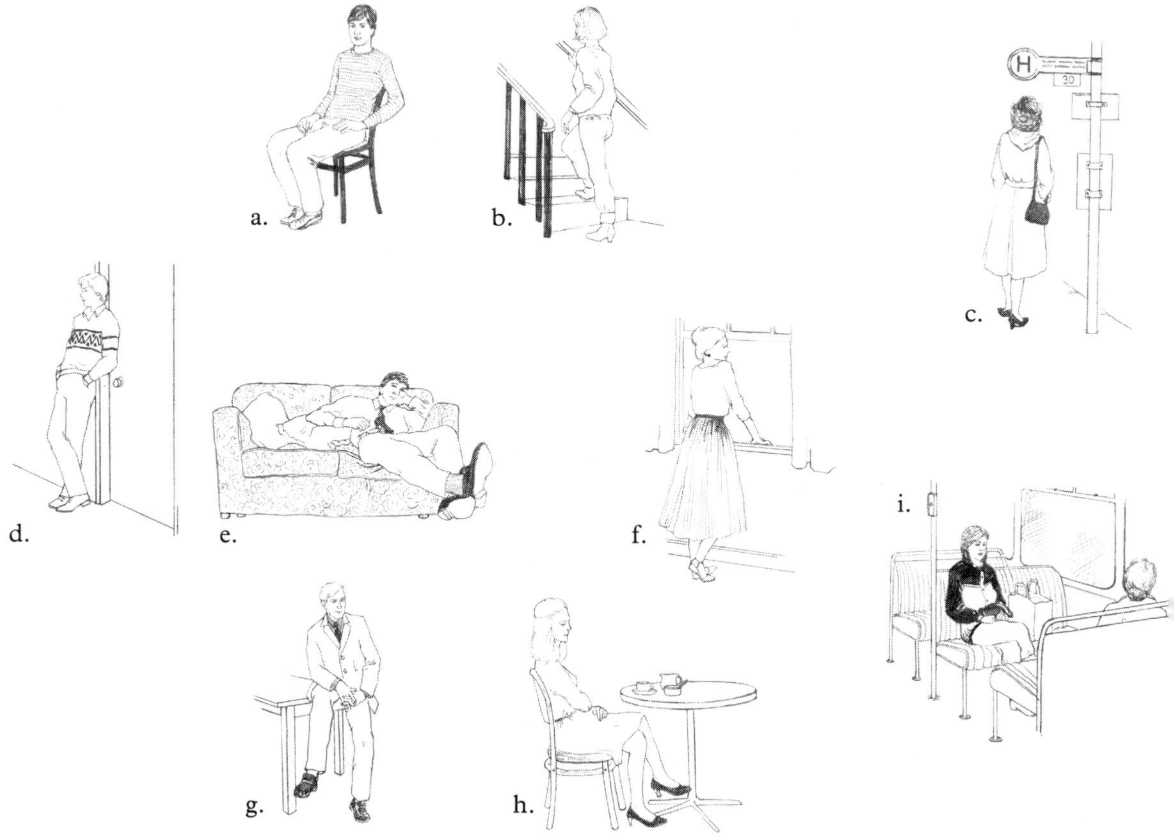

1. Übe mit einem Partner oder einer Partnerin folgende Dialoge!

a. Take turns to ask who the person is in each of the pictures shown on page 160. You must identify the picture by saying where the person is and not by pointing at him/her. Your partner gives a name to the person you ask about, and expresses surprise that you do not know him/her. Make a note of these names, so you can check back on them later.

Zum Beispiel:

A: Wer ist das, der / die ... steht? / ... sitzt?

B: Das ist .... Kennst du ihn / sie nicht?

b. To make sure you have got all the names right, check the information with your partner.

Zum Beispiel:

A: Also, das ist ..., der / die ... steht. / ... sitzt.

B: Ja. Genau. / Richtig.

2. Wo wohnen folgende Leute? Stellt einander Fragen!

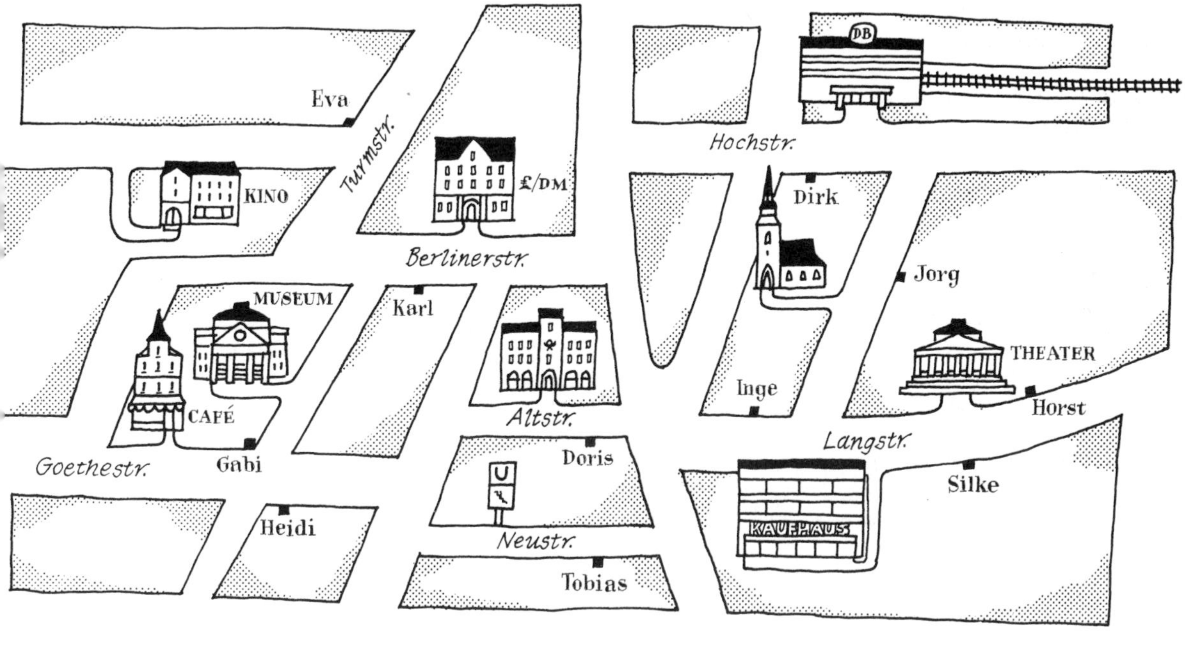

3. Übe mit einem Partner oder einer Partnerin Dialoge! Die Antworten befinden sich auf Seite 175.

Ihr mußt beide folgendes über die andere Person herausfinden und notieren:

a. Woher sie kommt.
b. Wo sie wohnt.
c. Seit wann sie dort wohnt.
d. Wieviele Geschwister sie hat.
e. Was ihre Eltern von Beruf sind.
f. Was ihre Pläne nach der Schulzeit sind.

10
Probleme

ERSTER TEIL

Die medizinische Behandlung

■ Alle Mitglieder der EG, die die Bundesrepublik besuchen und die während ihres Besuches krank werden, haben das Recht auf eine kostenlose Behandlung beim Arzt, bzw. beim Zahnarzt.

Um diese Behandlung zu bekommen, holt man ein Formular bei der AOK (Allgemeine Ortskrankenkasse), das man mit zum Arzt nimmt. Man gibt diesen Krankenschein in der Praxis ab, und dann wird man kostenlos vom Arzt oder Zahnarzt behandelt.

Allgemeine Ortskrankenkasse *general health insurance*
behandeln (*wk*) *to treat*
die Behandlung (-en) *treatment*
die EG (Europäische Gemeinschaft) *European Community*
der Krankenschein (-e) *voucher for medical treatment*
die Praxis (Praxen) *medical practice*

Da die Schweiz und Österreich nicht in der EG sind, muß man dort die medizinische Behandlung bezahlen. Am besten fährt man nicht ohne private Versicherung dahin, da diese Behandlung oft sehr kostspielig sein kann.

kostspielig *expensive*
die Versicherung *insurance*

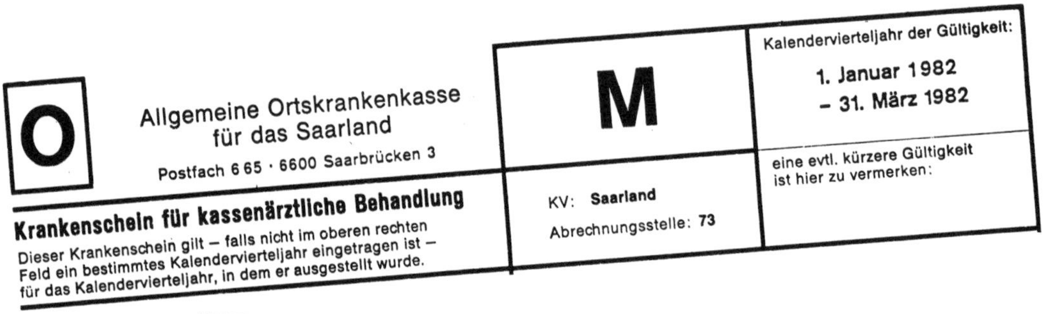

O

Allgemeine Ortskrankenkasse für das Saarland
Postfach 6 65 · 6600 Saarbrücken 3

M

Kalendervierteljahr der Gültigkeit:
1. Januar 1982
– 31. März 1982

eine evtl. kürzere Gültigkeit ist hier zu vermerken:

Krankenschein für kassenärztliche Behandlung
Dieser Krankenschein gilt – falls nicht im oberen rechten Feld ein bestimmtes Kalendervierteljahr eingetragen ist – für das Kalendervierteljahr, in dem er ausgestellt wurde.

KV: Saarland
Abrechnungsstelle: 73

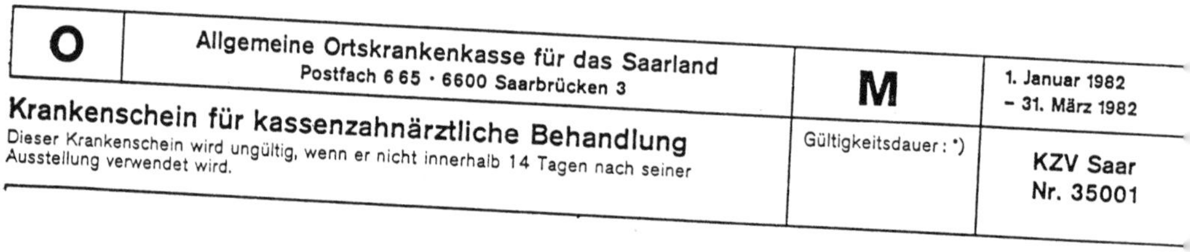

O

Allgemeine Ortskrankenkasse für das Saarland
Postfach 6 65 · 6600 Saarbrücken 3

M

1. Januar 1982
– 31. März 1982

Krankenschein für kassenzahnärztliche Behandlung
Dieser Krankenschein wird ungültig, wenn er nicht innerhalb 14 Tagen nach seiner Ausstellung verwendet wird.

Gültigkeitsdauer: *)

KZV Saar
Nr. 35001

Was ist der Unterschied zwischen diesen zwei Formularen?

Hier siehst du Anna Bradley. Während sie in Saarbrücken war, fühlte sie sich krank. Sie ging zur AOK und besorgte sich einen Krankenschein, bevor sie zum Arzt ging.

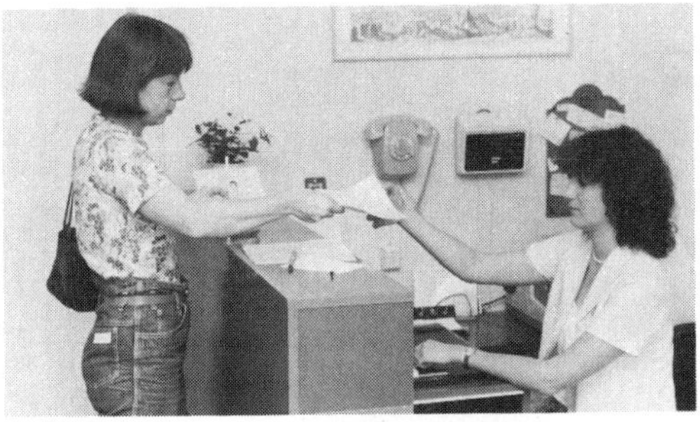

In der Praxis zeigte sie der Arzthelferin den Krankenschein und ging dann ins Wartezimmer. Sie wartete eine Viertelstunde und dann wurde sie ins Sprechzimmer gerufen.

„Guten Tag. Was fehlt Ihnen?"

„Ich fühle mich nicht sehr wohl."

„Ja? Seit wann?"

„Seit ungefähr einem Tag."

„Und was haben Sie?"

„Ich habe Kopfschmerzen und Magenbeschwerden und habe mich zweimal in der Nacht erbrochen."

„Haben Sie Fieber?"

„Ich weiß nicht. Mir war sehr warm in der Nacht."

„Dann messen wir Ihre Temperatur .... Mmm, das ist in Ordnung. Sie haben kein Fieber. Haben Sie etwas Ungewöhnliches gegessen?

„Eigentlich nicht."

„So, machen Sie sich bitte frei .... Tut das weh, wenn ich hier drücke?"

„Nein."

„Fein. Ziehen Sie sich wieder an. Sie haben recht. Ich glaube, daß Sie eine schwere Magenverstimmung haben. Ich verschreibe Ihnen einige Tabletten. Bleiben Sie heute zu Hause und trinken Sie nur Tee."

„Danke schön."

„Auf Wiedersehen."

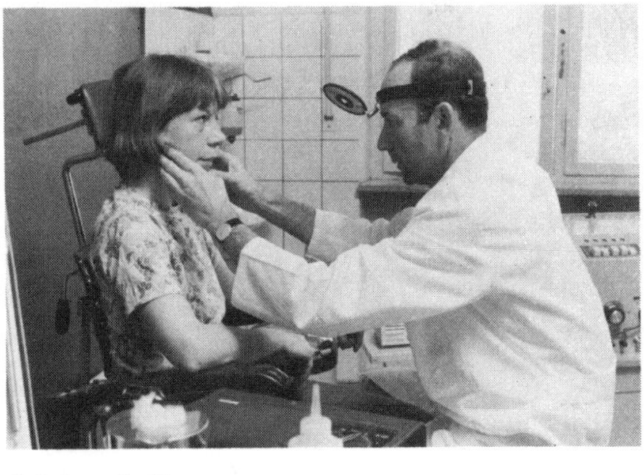

drücken (*wk*) *to press*
sich erbrechen (erbricht, erbrach, erbrochen) *to be sick*
Fieber haben *to have a temperature*
sich (nicht) wohl fühlen *to feel (un)well*
die Magenverstimmung (-en) *stomach upset*
messen (mißt, maß, gemessen) *to measure*
verschreiben (verschreibt, verschrieb, verschrieben) *to prescribe*

Übung 1. Ergänze diesen Text!
Anna war beim .... Sie fühlte sich nicht sehr .... Sie hatte seit ...... Kopfschmerzen und ..., und hatte sich ... in der Nacht .... Sie wußte nicht, ob sie ... hatte. Der Arzt glaubte, daß sie eine schwere ... hätte. Er verschrieb ihr ...... und sagte ..., daß sie ...... bleiben sollte. Sie sollte auch nur Tee ....

Übung 2. Mach eine Kopie des Bildes! Kannst du die Namen der Körperteile oder die betreffenden Nummern richtig auf das Bild schreiben?

1. der Arm (-e)
2. das Auge (-n)
3. das Bein (-e)
4. die Brust (¨-e)
5. der Ellbogen (-)
6. der Finger (-)
7. das Fußgelenk (-e)
8. der Hals (¨-e)
9. die Hand (¨-e)
10. das Handgelenk (-e)
11. das Knie (-)
12. der Kopf (¨-e)
13. der Magen (-)
14. der Mund (¨-er)
15. die Nase (-n)
16. das Ohr (-en)
17. der Rücken (-)

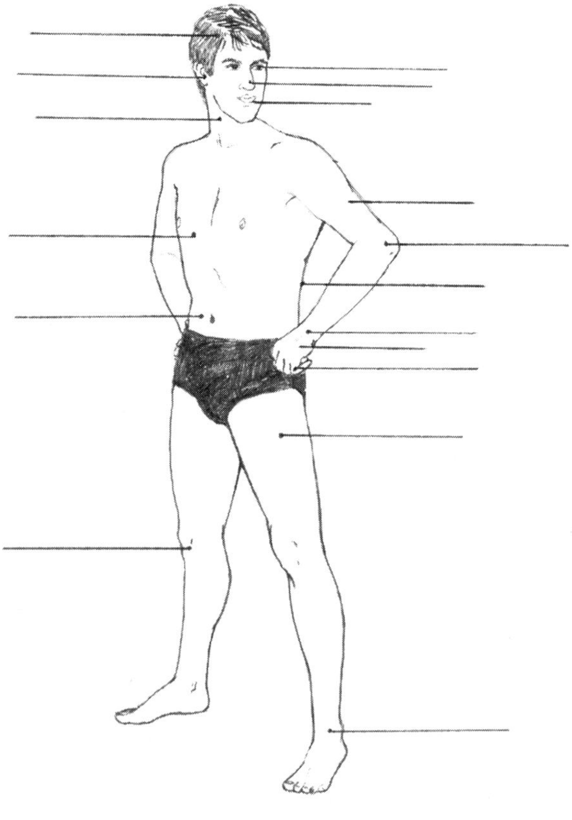

Übung 3. Welche Beschwerden haben diese Menschen?

die Beschwerde (-n) *complaint*

a. Such dir einen Partner oder eine Partnerin aus! Stellt einander Fragen, und wählt die richtigen Antworten! (Die Antworten stehen unten.)

Zum Beispiel:

A: Was hat Karl, meinst du?
B: Er hat sich den Fuß verrenkt.

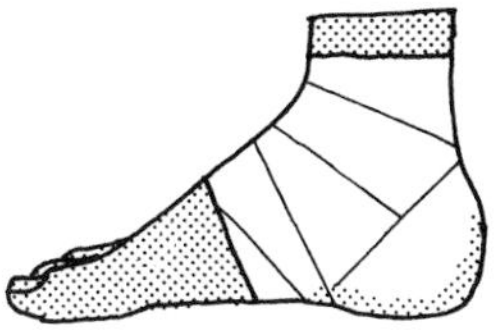
Karl

Tobias

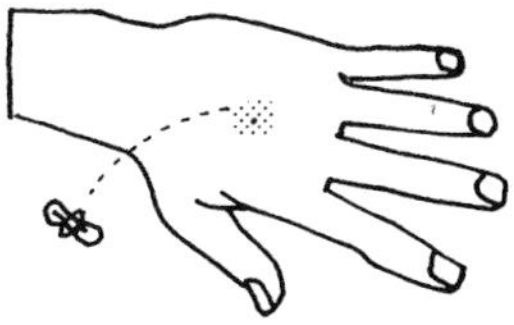
Claudia

Frank

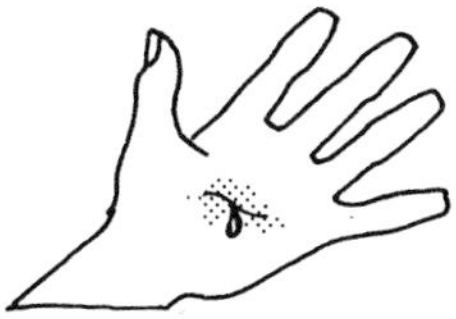
Ulrike

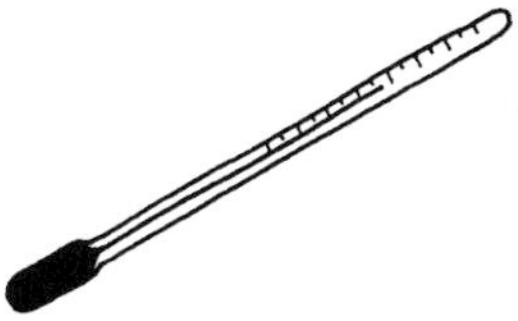
Inge

Heidi

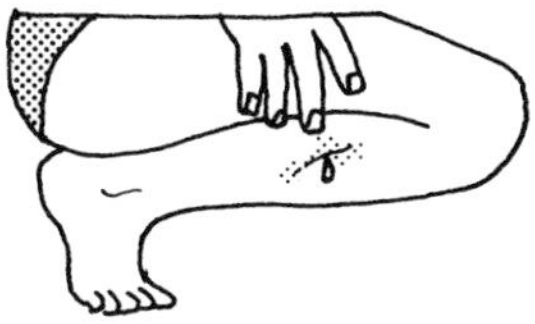
Hermann

Gudrun

Helmut

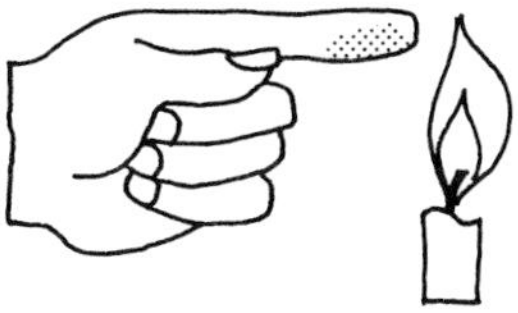
Doris

Dieter

a. Er/sie hat sich den Fuß verrenkt.
b. Er/sie hat eine Magenverstimmung.
c. Er/sie hat einen Sonnenbrand bekommen.
d. Er/sie hat einen Bienenstich bekommen.
e. Er/sie hat sich in die Hand geschnitten.
f. Er/sie hat Fieber.
g. Er/sie hat sich den Finger verbrannt.
h. Er/sie hat Ohrenschmerzen.
i. Er/sie hat Zahnweh.
j. Er/sie hat sich in das Bein geschnitten.
k. Er/sie hat sich erbrochen.
l. Er/sie hat sich am Kopf verletzt.

b. Jetzt schreib die Antworten auf!

Zum Beispiel:

Karl ist der Junge, der sich . . . hat.
Inge ist das Mädchen, das . . . hat.

schneiden (schneidet, schnitt, geschnitten) *to cut*
verbrennen (verbrennt, verbrannte, verbrannt) *to burn*

Übung 4. Hör zu!

Diese Leute gingen zum Arzt. Was für Beschwerden hatten sie, und was tat der Arzt für sie?

a. Zuerst schreib die Namen ab und dann schreib neben jeden Namen den betreffenden Buchstaben und die betreffende Nummer!

Name	Beschwerde	Behandlung
Karla	a. Ohrenschmerzen	1. ihm/ihr das Fußgelenk verbinden
Jürgen	b. eine Magenverstimmung	2. ihm/ihr Tropfen verschreiben
Florian	c. einen Bienenstich	3. ihm/ihr Tee verschreiben
Inge	d. sich in die Hand schneiden	4. ihm/ihr Tabletten verschreiben
Beate	e. sich den Fuß verrenken	5. ihn/sie ins Krankenhaus schicken
Karl-Heinz	f. Fieber haben	6. ihm/ihr Antibiotika verschreiben
Heidi	g. einen Sonnenbrand bekommen	7. ihm/ihr die Hand verbinden
Jochem	h. sich den Finger verbrennen	8. ihm/ihr Salbe verschreiben

die Salbe *ointment*
verbinden (verbindet, verband, verbunden) *to bind, to tie up*

b. Prüfe mit einem Partner oder einer Partnerin, ob eure Antworten stimmen!

Zum Beispiel:

A: Was hatte Karla?
B: Sie hatte . . ., und der Arzt hat ihr . . . .
A: Ja. Das habe ich mir auch gedacht.

c. Jetzt schreib die Antworten in ganzen Sätzen!

Übung 5. Übt Dialoge!

A: Ich habe mir .

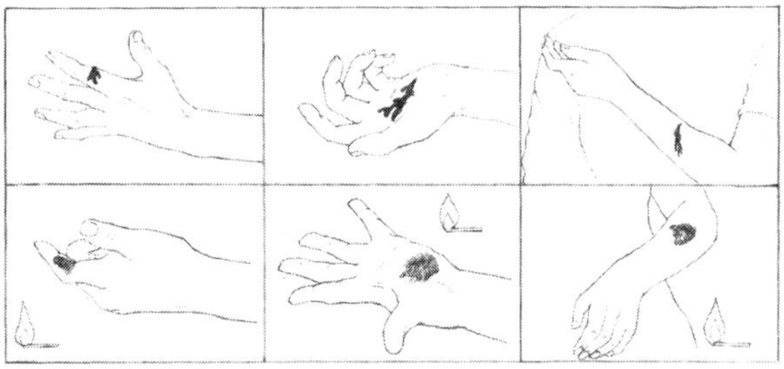

B: Setz dich mal. Ich hole den Verband.

B: Doch. Das solltest du verbinden.

B: Wie hast du das gemacht?

A:
Mit meinem Taschenmesser.
Mit dem Küchenmesser.
An einer Dose.
Am Herd.
Am Ofen.
Am Kocher.

B: Soll ich dir das verbinden?

A:

Das wäre vielleicht das beste.	Nein. Das ist gar nicht so schlimm.

Übung 6. Was würden folgende Menschen sagen, um ihre Beschwerden zu beschreiben?

a.

b.

c.

d.

e.

f.

g.

h.

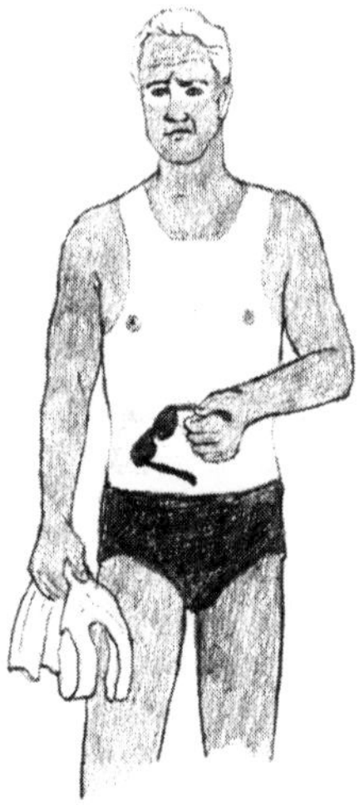

Zum Lesen

1.

Langlebige Holländer

Nach einer in Paris veröffentlichten Statistik leben die Niederländer in der Europäischen Gemeinschaft am längsten. Frauen werden dort im Durchshnitt 78,5, Männer 75 Jahre alt. Frankreich kommt in der EG auf Platz zwei mit einem Durchschnittsalter der Frauen von 78 und der Männer von 70 Jahren. Nach den Angaben des Dokumentations- und Informationszentrums des Versicherungswesens folgen dann Dänen, Briten, Italiener, die Deutschen der Bundesrepublik, die Belgier, die Luxemburger, die Griechen und die Iren. AP

die Angabe (-n) *information*
der Durchschnitt (-e) *average*
veröffentlicht *published*
das Versicherungswesen (-) *insurance business, insurance world*

1. *a. Who published the figures mentioned in the article?*
b. Where were they published?
c. Which group of countries do the figures cover?
d. In which of these countries do people live the longest?
e. Make a list of these countries in order of the life expectancy of their citizens.

2. *a. Can you find the misprint in this text?*
b. If you needed a doctor late on Wednesday evening, which number could you ring?
c. Which dentists are on duty today and at what times?
d. If your cat were injured today where could you take it?

2.

Notdienste

Die Zahnärzte Dr. H.Rüde,
Holsterhausen, Gemar-
kenstr.76, Tel. 77 83 22 und H.-
J. Buschmann, Borbeck, Bo-
cholder Str. 183, Tel. 68 12 62
haben heute von 16 bis 18 Uhr
Notfallbereitschaft.

Der Tierarzt Dr. Hens, Alten-
dorfer Str. 390, Tel. 62 62 32 ist
heute dienstbereit.

Der Notdienst der Ärzte ist
in dringenden Fällen von heute
14 Uhr bis Donerstag 7 Uhr wie
folgt zu erfragen: Beim Haus-
arzt, Polizei 110, Feuerwehr
112, Fernsprechauftragsdienst
114. Außerhalb der genannten
Zeit den behandelnden Arzt
anrufen.

3.

1,3 Kilo Eisen im Magen

Ein Ärzteteam hat in einem Krankenhaus der irakischen Stadt Bagdad aus
dem Magen eines jungen Mannes Metall-
gegenstände mit einem Gewicht von
rund 1,3 Kilo zu Tage gefördert. Zu dem
seltsamen Metallager im Magen gehörten
Löffel, Nägel, Rasierklingen und Glas.
Der 17 Jahre alte Ibrahim Han wurde mit
Bauchschmerzen in ein Krankenhaus
gebracht. Durch eine Röntgenuntersu-
chung wurde festgestellt, daß der Jugend-
liche über einen langen Zeitraum Metall-
gegenstände geschluckt haben muß. AP

der Gegenstand (¨-e) *object*
das Lager (-) *store*
zu Tage fördern (*wk*) *to bring up into daylight (an expression used in coal mining)*
die Rasierklinge (-n) *razor-blade*

3. *a. Why did the young man go to hospital?*
b. What was the first thing done to him on his arrival in hospital?
c. What was found in his stomach?

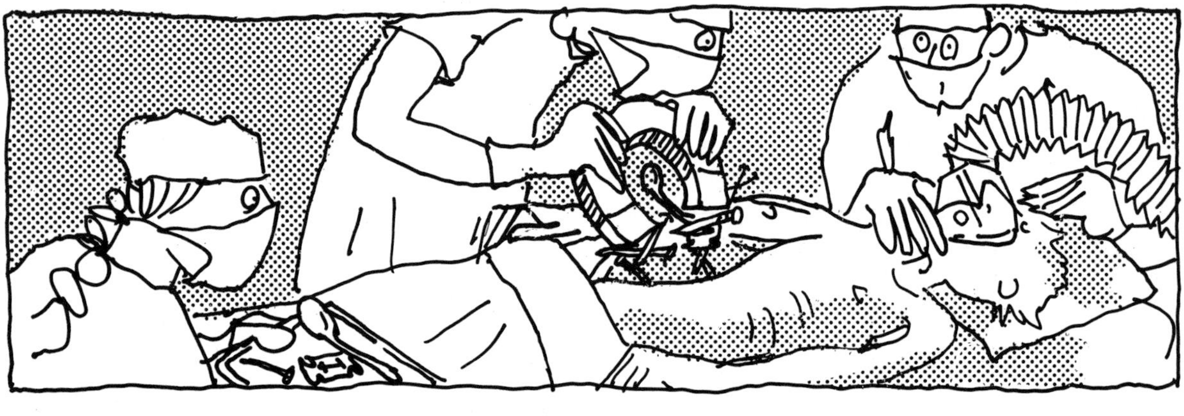

Q

die Sonne (-n)	der Standort (-e)	abwaschen
die Brille (-n)	das Raucherabteil (-e)	decken
das Sonnenöl (-e)	der Pullover (-)	helfen
die Panne (-n)	der Urlaub (-e)	sehen
das Licht (-er)	der Junge (-n)	lesen

ZWEITER TEIL

Das Fundbüro

Wenn man etwas Wertvolles in Deutschland verliert und den Verlust melden möchte, geht man zum Rathaus. Jedes Rathaus hat ein Fundbüro, wo gefundene Gegenstände abgegeben werden. Es gibt auch Fundbüros an Bahnhöfen, da viele Gegenstände im Zug verloren gehen. Natürlich muß man ziemlich genau sein Eigentum beschreiben können. Es nützt nichts zum Beispiel zu sagen, daß man einen schwarzen Regenschirm verloren hat! Davon gibt es zuviele in jedem Fundbüro.

Wenn man etwas sehr Wichtiges, wie einen Paß, verliert, oder wenn etwas gestohlen wird, sollte man zur Polizei gehen und den Verlust dort melden. In normalen Fällen aber geht man zum Fundbüro.

Was verlieren die Leute? Alles – von ihren Kindern bis zu ihren Koffern.

Leider werden viele Gegenstände auch gestohlen.

das Eigentum (*no pl.*) *possession*
der Gegenstand (¨-e) *object*
nützen (*wk*) *to be of use*
der Regenschirm (-e) *umbrella*
stehlen (stiehlt, stahl, gestohlen) *to steal*
verlieren (verliert, verlor, verloren) *to lose*
der Verlust (-e) *loss*
wertvoll *valuable*

FRÄNZI
Der sieht ein bißchen traurig aus!
Vielleicht hat er eine Schlacht verloren.
Gab es denn keine Fundbüros im achtzehnten Jahrhundert?

„Was haben Sie verloren?"

Hier ist eine Liste von alltäglichen Gegenständen, die oft verloren gehen.

alltäglich *everyday*

das Armband (¨er)

das Buch (¨er)

der Pullover (-)

die Jacke (-n)

der Rucksack (¨e

die Armbanduhr (-en)

der Füller (-)

das Radio (-s)

der Koffer (-)

der Schal (-s)

(die Digitaluhr)

der Fotoapparat (-e)

der Regenmantel (¨)

die Windjacke (-n)

das Scheckheft (

der Ring (-e)

die Brieftasche (-n)

der Regenschirm (-e)

der Ohrring (-e)

der Schlüsselbun

die Halskette (-n)

der Paß (¨e)

die Brille (-n)

die Handschuhe (*pl*)

der Reisescheck (-s)

das Portemonnaie (-s)

das Taschenmess

„Können Sie den Gegenstand beschreiben? Woraus besteht er?"

aus Baumwolle? *cotton*
aus Glas? *glass*
aus Gummi? *rubber*
aus Holz? *wood*
aus Kunstfaser? *artificial fibre*
aus Kunststoff? *plastic*
aus Leder? *leather*
aus Metall? *metal*
aus Nylon? *nylon*
aus Stoff? *cloth*
aus Trevira? *terylene*
aus Wolle? *wool*

bestehen aus *to consist of, to be made of*

„Und wie sieht er aus?"

Er ist rot (blau, hat grüne Pünktchen, usw.).
Er ist rund.
Er ist viereckig.
Er ist alt (neu).
Er ist aus Gold (aus Silber).
Meine Armbanduhr ist japanisch.
Meine Jacke hat braune Knöpfe. Sie ist kariert.
Meine Brille hat ein schwarzes Gestell.

das Gestell (-e) *frame (of spectacles)*
eine karierte Jacke *a check jacket*
der Knopf (¨e) *button*
das Pünktchen (-) *dot, spot*

Übung 1. Such dir einen Partner oder eine Partnerin aus! Stellt einander Fragen! Wählt Gegenstände aus der Liste auf Seite 170, und fragt einander, woraus sie bestehen!

Zum Beispiel:

A: Woraus besteht eine Jacke?
B: Sie besteht aus Baumwolle, oder Wolle oder Leder oder Kunstfaser.

Übung 2. Hör zu!
Welche Gegenstände werden hier beschrieben?

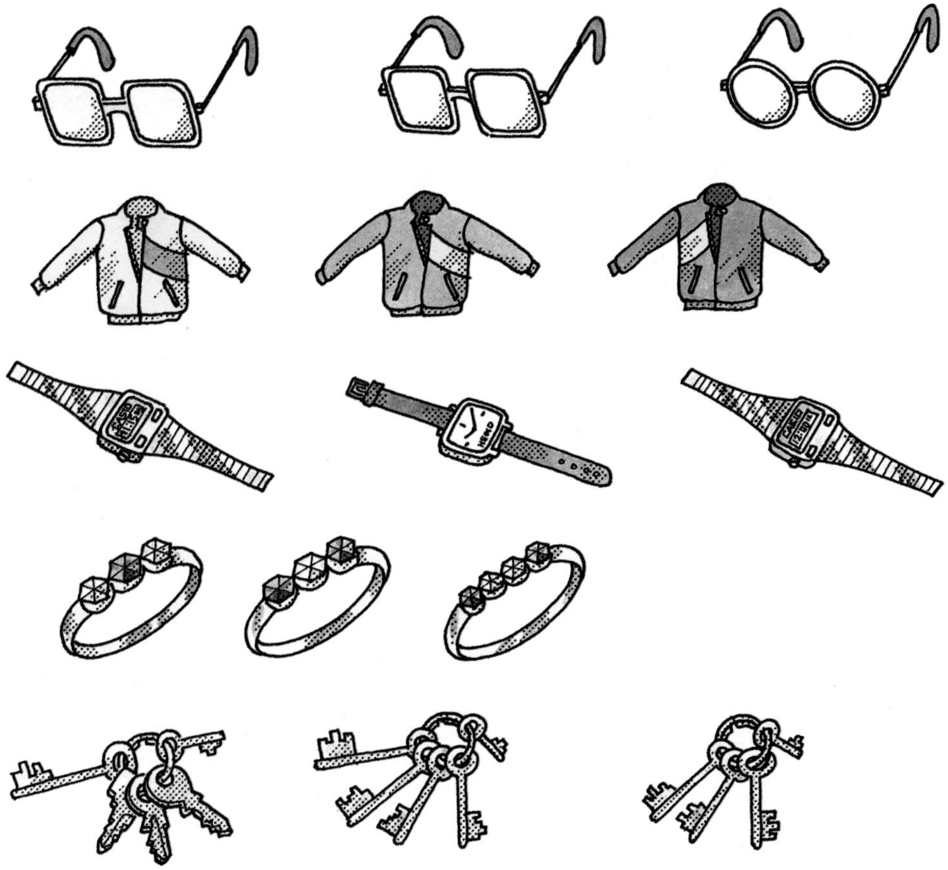

Übung 3. Hör zu!
Trag das Formular in dein Heft ein und füll es aus! Drei Leute beschreiben die Gegenstände, die sie verloren haben. Kannst du das alles notieren?

Verlustanzeige			
	1	2	3
Was?			
Wo?			
Wann?			
Beschreibung des Gegenstandes			

■ **Übung 4.** Folgende Gegenstände sind gefunden worden. Kannst du sie beschreiben? Wenn du nicht sicher bist, woraus sie bestehen, dann sagst du, zum Beispiel: „Entweder aus Leder oder aus Kunststoff" oder „Er könnte aus Leder sein", usw.

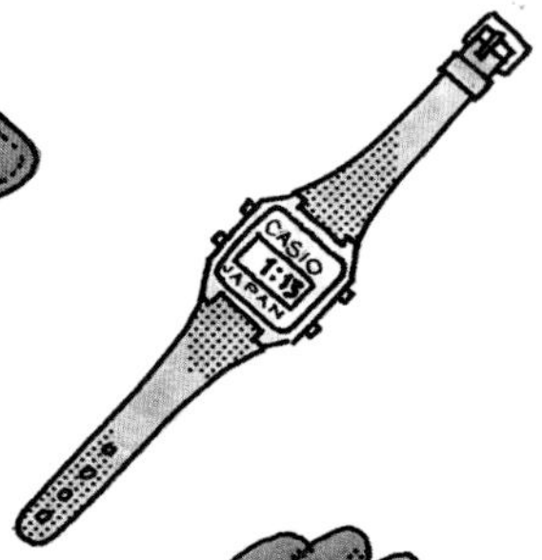

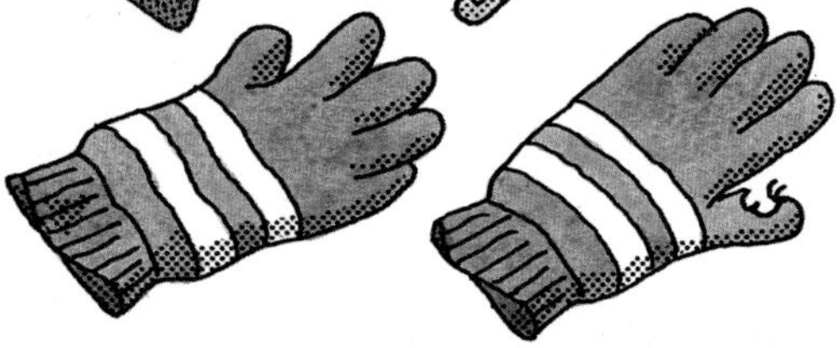

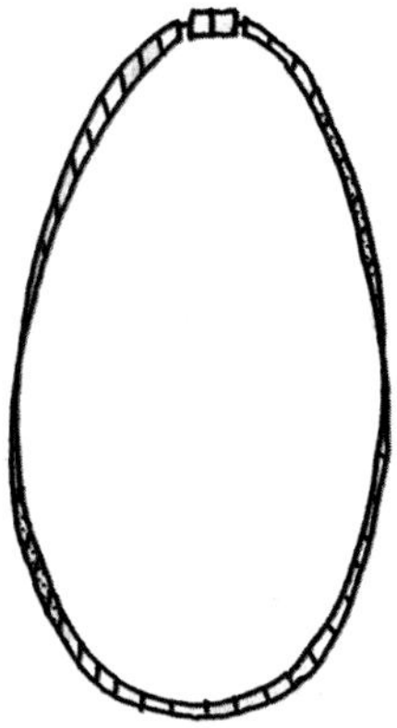

◪ **Übung 5.** Mit einem Partner oder einer Partnerin.

Schüler/in A: Du bist auf der Polizeiwache, weil du einen Verlust zu melden hast. Du glaubst, daß dir etwas gestohlen wurde. Kannst du beschreiben, was du verloren hast, wo du warst, und wen du in der Nähe gesehen hast?
Schüler/in B: Du bist der Polizist oder die Polizistin und sollst Fragen stellen.

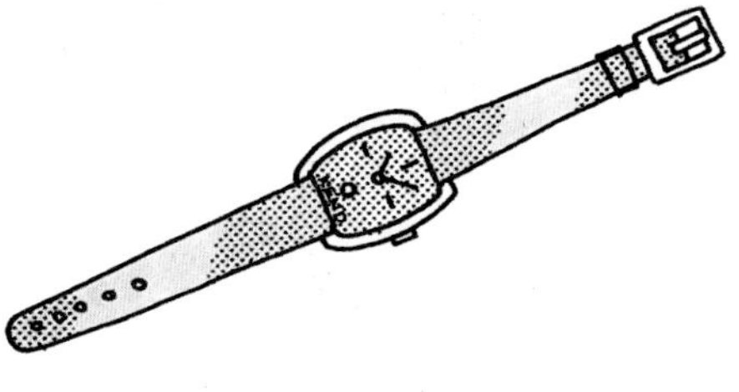

Übung 6. Wähle einen Partner oder eine Partnerin! Der/die eine spielt die Rolle eines Beamten/einer Beamtin auf dem Fundbüro. Der/die andere möchte einen Verlust melden. Stellt einander Fragen! Die Gegenstände, die verloren wurden, stehen auf Seite 175.
Der Beamte/die Beamtin sollte folgendes herausfinden:

a. Was verloren wurde.
b. Wo und wann es verloren wurde.

Dann sollte er/sie alles notieren.

Übung 7. Welche Fragen würdest du als Beamter oder Beamtin stellen, um das Formular rechts auszufüllen?

Zum Lesen

Stadt Bexbach

DER ORTSVEREIN des Roten Kreuzes verweist noch einmal auf den Blutspendetermin (Samstag, den 21. Februar), von 14 bis 18 Uhr im Goetheschulhaus, an dem sich alle Bürgerinnen und Bürger im Alter von 18 bis 65 Jahren beteiligen können.

AUF DEM FUNDBÜRO der Stadtverwaltung im Rathaus I wurden folgende Gegenstände abgegeben: vier Herren-Armbanduhren, zwei Damen-Armbanduhren, zwei Nerzpelzchen (alle gefunden im Hallenbad) sowie ein goldener Ohr-Clips.

das Nerzpelzchen (-) *mink stole*

1. *What objects have been handed into the lost-property office, and where were most of them found?*

VON EINEM UNBEKANNT gebliebenen Täter wurde ein auf dem Parkplatz der Höcherberg-Hallen abgestelltes Kleinmotorrad gestohlen. – Von einem in der Johannes-Bossung-Straße parkenden Personenkraftwagen wurden vier Zusatzscheinwerfer abmontiert.

abmontieren (*wk*) *to dismantle*
der Zusatzscheinwerfer (-) *extra headlight*

2. a. *What was stolen from the car park?*
   b. *What is a* Personenkraftwagen*?*

Schweizerische Transportunternehmungen
Entreprises suisses de transport
Imprese svizzere di trasporto

Verlustanzeige Avis de perte Avviso di perdita 8165

Stationsstempel
Timbre à date de la gare
Bollo a data della stazione

Fundbüro SBB
Bahnhof, Luzern

Ausführliche Beschreibung der Gegenstände
Description détaillée des objets
Descrizione esatta degli oggetti

Verloren Perdu Perduto
am le il

Zug Train Treno
No

Klasse Classe

Bemerkungen
Observations
Osservazioni

Auf der Strecke Sur le parcours Sul percorso
von de da
nach à a

Im Bahnhof En gare Alla stazione di

Im Zug Dans le train Nel treno

☐ Spitze En tête In testa
☐ Mitte Au milieu In mezzo
☐ Schluss En queue In coda
☐ Raucher Fumeurs Fumatori
☐ Nichtraucher Non fumeurs Non fumatori
☐ Abort Toilettes Gabinetto
☐ Gepäckträger Sur le porte-bagages Sul portabagagli
☐ Auf der Bank Sur la banquette Sul sedile
☐ Unter der Bank Sous la banquette Sotto il sedile
☐ Am Haken Au crochet Al gancio

Zug Train Treno ______
nicht gefunden non trouvé non trovato
Unterschrift des Kontrollpersonals
Signature de l'agent
Firma dell'agente

Nachforschungsgebühr Taxe de recherches Tassa di ricerca **Fr. 1.–**

Quittungsmarke hier aufkleben
Coller ici les timbres-quittance
Incollare qui le marche di ricevuta

Nicht erhoben, Grund
Non perçue, motif
Non riscossa, motivo

Name und Adresse des Berechtigten Nom et adresse de l'ayant droit Nome e indirizzo dell'avente diritto

Postleitzahl No postal No postale
Ort Localité Località
Bahnhof Gare Stazione

SBB 7141 IV 80 300000

Die Polizei meldet:

Ihre wertvolle Halskette hat eine Schülerin im Waschraum eines Schulhauses abgelegt. Als das Mädchen das goldene Kettchen mit dem kleeblattförmigen Anhänger und einem Diamanten in der Mitte — Wert: 500 Mark — wieder abholen wollte, war es verschwunden.

der Anhänger (-) *pendant*
das Kleeblatt (¨er) *clover leaf*
*verschwinden (verschwindet, verschwand, verschwunden) *to disappear*

3. a. *What did the schoolgirl lose?*
   b. *Where did she lose it?*
   c. *Can you describe it?*
   d. *What was it worth?*

Ehrlicher Finder gab 1700 DM bei der Polizei ab

Glück im Unglück hatte eine 58jährige Frau, die in der Drususstraße in Biebrich ihre Handtasche mit Papieren und 1700 DM Bargeld verloren hatte. Zwei Stunden, nachdem sie ihren Verlust beim 5. Polizeirevier gemeldet hatte, erschien dort der ehrliche Finder, der der Frau die Handtasche mit dem gesamten Inhalt übergab.

ehrlich *honest*
gesamt *total*

4. a. *What did the woman lose?*
   b. *When did the finder go to the police station?*

□

Q			
	der Zuschlag (¨-e)	der Gegenstand (¨-e)	abfahren
	das Fieber (-)	die Uhr (-en)	nachsehen
	die Hand (¨-e)	die Pflanze (-n)	starten
	der Arm (-e)	der Baum (¨-e)	erbrechen
	das Knie (-)	die Apfelsine (-n)	stellen

Sieh dir Seite 131, Übung 4 an!

Die Antworten:

(i)
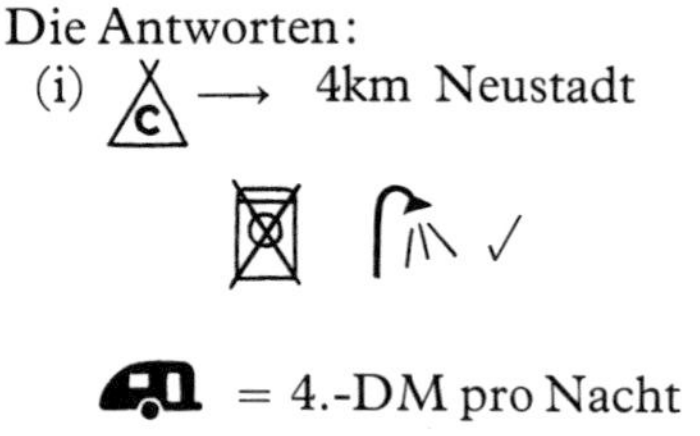
→ 4km Neustadt
✓
= 4.-DM pro Nacht

(iii)
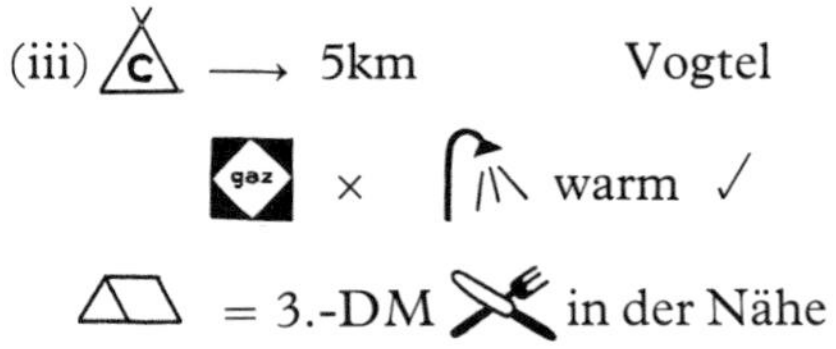
→ 5km Vogtel
gaz ×
warm ✓
= 3.-DM in der Nähe

(ii)
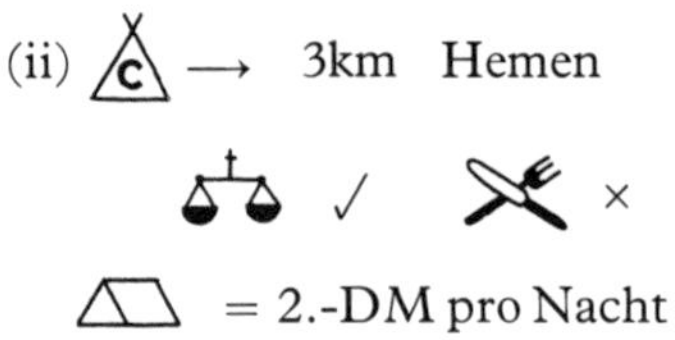
→ 3km Hemen
✓ ×
= 2.-DM pro Nacht

(iv)
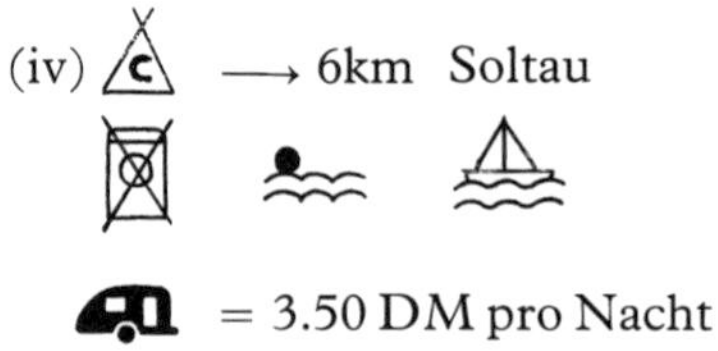
→ 6km Soltau
= 3.50 DM pro Nacht

Sieh dir Seite 157, Übung 6 an!

Fahrplan

Zug	Abfahrt	Reiseziel	Gleis	Bemerkungen
D 450	10.11	Paris Est 14.05 (Zuschlag erforderlich)	12	✕ [U] Metz 11.06
4033	10.31	Hanweiler 10.53	6	
IC 336	10.34	Frankfurt (M) 14.07 (Zuschlag erforderlich)	22	✕
4840	10.44	Trier 12.14	5	
E 2057	11.08	Koblenz 13.43	19	[U] Trier 12.18
IC 681	11.10	Hannover 18.00	6	✕
E 3107	11.20	Mannheim 13.05	8	[U] Kaiserslautern 12.05
E 1095	12.04	Straßburg 13.50	6	✕
IC 915	12.05	Metz 13.35	4	
E 2657	12.12	Würzburg 16.49	12	✕ [U] Heidelberg 14.21
D 804	13.01	Köln 16.42	19	✕
E 2753	13.37	Stuttgart 17.35	5	[U] Landau 15.15

[U] = umsteigen
✕ = Zugrestaurant

Sieh dir Seite 161, Übung 3 an!

Die Antworten:

A
a. Italien
b. Süddeutschland – München
c. Acht Jahre
d. 2 ×  1 × 
e. Vater = Kaufmann
   Mutter = Konditorin
f. Zwei Jahre – BBZ

B
a. Schweiz
b. Österreich – Wien
c. Zwei Jahre
d. 1 ×  2 × 
e. Vater = Ingenieur
   Mutter = Uni
f. Nach der Schulzeit ?!!!

Sieh dir Seite 114, Übung 3 an!

Zur Auswahl:

a. 
+ warm
2 T
Arzt ✓

b. 
+ kalt
3 T
→ Apotheke ✓

c. 
1 W
Zahnarzt ×

d. 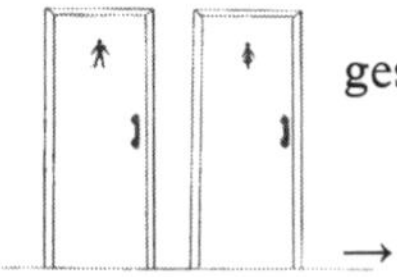
gestern
Arzt ✓
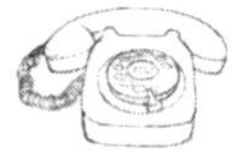
→ Apotheke ✓

Sieh dir Seite 173, Übung 6 an!

a. Gold
Park
circa 22.00 Uhr

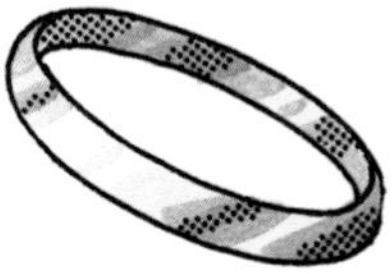

b. Metall
schweizerisch
Café Hubert oder Museum
14.00 – 16.00 Uhr

c. Wolle
blau
alt
am See
gestern
18.00 Uhr

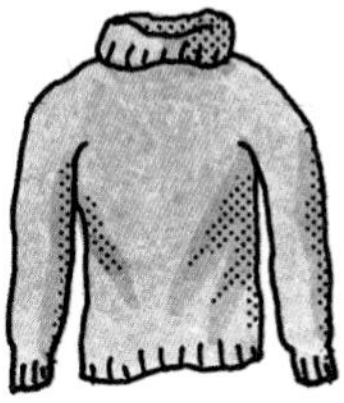

d. schwarz
Leder
zwischen Bank und Post
gestern
14.00 – 14.30 Uhr

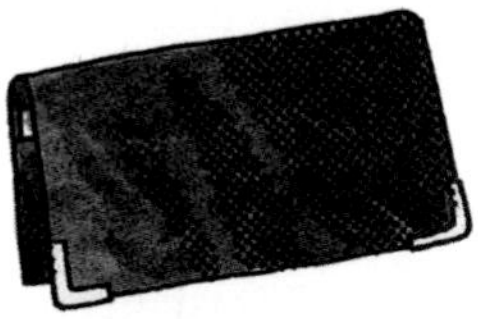

e. braun
Kunststoff
Zug 14.32 Uhr
Lausanne – Bern
gestern

f. blau
Trevira
blau
Bus
Riemen – Waldholzbach
circa 10.15 Uhr

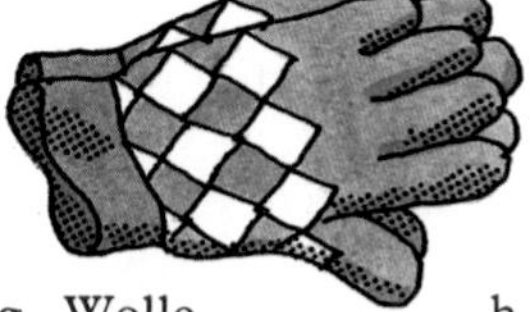

g. Wolle
blau, weiß
U-Bahnstation
11.00 Uhr
heute

h. neu
japanisch
Café in Fußgängerzone
circa 15.00 Uhr

Schriftliche Übungen

Kapitel 1

ERSTER TEIL (Seite 5)

1. Sieh dir Seite 5 an! Beantworte folgende Fragen zum Text!

a. Wo wohnt Ditmar?
b. Hat er immer dort gewohnt?
c. Was weißt du über seine Schwester?
d. Was macht er gern im Winter?
e. Was ist der Lieblingssport seines Vaters?
f. Wie verdient er sein Geld?

2. Setz die richtige Form des Possessivpronomens ein!
Zum Beispiel:
Das ist ein Foto . . . Mutter. (mein)
Das ist ein Foto **meiner** Mutter.

a. Das ist ein Foto . . . Bruders. (mein)
b. Das ist die Adresse . . . Freundin. (mein)
c. Das ist die Telefonnummer . . . Freunds. (mein)
d. Das ist die Vorwahl . . . Stadt. (unser)
e. Kennst du die Postleitzahl . . . Dorfes? (unser)
f. Das ist die Lieblingsgruppe . . . Schwester. (unser)
g. Kennst du die Telefonnummer . . . Vaters? (dein)
h. Hast du die Adresse . . . Brieffreundin? (dein)

3. Setz die fehlenden Wörter ein! Präsens? Perfekt? Infinitiv?
Tag! Ich . . . Thomas – Thomas Abel. Ich bin neunzehn Jahre alt und . . . hier in Essen. Früher . . . wir (d.h. mein Vater, meine Mutter, mein Bruder und ich) im Sauerland . . . und zwar in Meschede, das . . . etwa hundert Kilometer östlich von hier. Ich . . . sogar dort . . . . Seit ungefähr fünf Jahren . . . wir hier in der Großstadt. Wir . . . viele Freunde. Man . . . hier ohne große Schwierigkeiten einen Arbeitsplatz . . . . Seitdem wir hier . . . , . . . ich das Autofahren . . . . Ich habe vor kurzem meinen Führerschein gemacht. Ich . . . seit zwei Jahren bei Baldo – das . . . ein Supermarkt hier in der Nähe, und mit dem Geld, das ich dort . . . . . . , . . . ich mir ein kleines Auto . . . . Nun kann ich, wenn ich Zeit und Lust . . . , nach Meschede . . . , um meine alten Bekannten zu . . . .

4. Bilde Fragen und Antworten!

Zum Beispiel:

„Hast du  gesehen?" √
„Ja, ich habe ihn hier."

„Hast du  gesehen?" ×
„Nein, ich kann ihn nicht finden."

a. Hast du  gesehen? √

b. Hast du  gesehen? √

c. Hast du  gesehen? √

d. Hast du  gesehen? ×

e. Hast du  gesehen? √

f. Hast du 

gesehen? ×

g. Hast du 

gesehen? ×

h. Hast du 

gesehen? √

i. Hast du 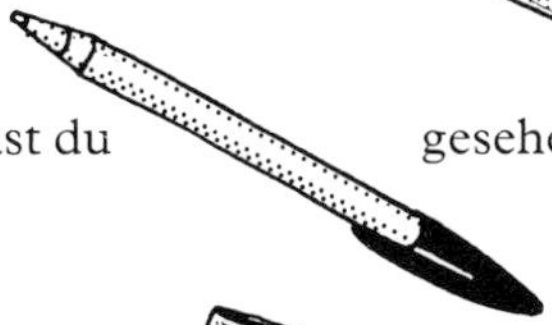 gesehen? ×

j. Hast du 

gesehen? √

5. Was ist das Gegenteil von den folgenden Wörtern?

a. lang
b. klein
c. schlank
d. spät
e. alt
f. schlecht
g. regnerisch
h. zusammen
i. warm
j. unfreundlich
k. fantastisch
l. nie
m. intelligent
n. richtig
o. glatt
p. weiß

6. Mich oder **mir?**

a. Kannst du . . . das Buch geben?
b. Er hat . . . gefragt.
c. Das hat er . . . gesagt.
d. Ich habe . . . etwas gekauft.
e. Er hat . . . am Bahnhof abgeholt.
f. Sie hat . . . am Bahnhof getroffen.
g. Sie haben . . . ein Fahrrad zum Geburtstag geschenkt.

7. Ihn oder **ihm?**

a. Kennst du Harald? Ich gehe mit . . . schwimmen.
b. Weißt du, wann der Onkel Franz Geburtstag hat? Ich möchte . . . eine Karte schicken.
c. Hast du die Adresse von Martin? Ich will zu . . . fahren.
d. Das Buch ist für Klaus. Das habe ich für . . . gekauft.
e. Den Schal hast du bestimmt bei Thomas liegen lassen. Den habe ich bei . . . gesehen.

8. Sie oder **ihr?**

a. Kennst du die Martina? Ich gehe mit . . . in die Tanzstunde.
b. Die Tante Maria wohnt in München. Wenn ich dort hinziehe, werde ich anfangs bei . . . wohnen.
c. Das ist meine Freundin Barbara. Ich verstehe mich sehr gut mit . . . .
d. Das ist nicht für Mutter. Für . . . habe ich eine schöne Kette gekauft.
e. Hast du die Telefonnummer von Frau Behrens? Ich möchte . . . anrufen.

sich verstehen mit *to get on with (somebody)*

9. Erzähl, was Frau Emmerich gestern gemacht hat!

7.00 aufstehen sich waschen frühstücken Zeitung lesen
8.00 Haus verlassen in die Stadt fahren
8.30 an der Fabrik ankommen mit der Arbeit anfangen
10.00 Kaffeepause machen
12.00 in die Kantine gehen zu Mittag essen
13.00 wieder anfangen
16.30 nach Hause fahren

10. Bilde die richtige Form des Reflexivverbs im Präsens!

a. Ich (sich waschen).
b. Wir (sich treffen).
c. Ihr (sich kennen).
d. Sie (sich verstehen).
e. Du (sich anziehen).
f. Sie (sich erkundigen).

ZWEITER TEIL (Seite 13)

1. Setz die richtige Präposition ein!

a. Ich freue mich . . . deinen Besuch.
b. Wir haben . . . die Ferien gesprochen.
c. Sie gehen zum Informationsbüro und bitten . . . eine Auskunft.

d. Sie schreiben . . . den Jugendherbergsvater.
e. Der Zug kommt um vier Uhr . . . Salzburg an.
f. Wir müssen bald anfangen . . . die Ferien zu sparen.

2. Der Komparativ
Ergänze folgende Sätze!

a. Ein Kilometer ist lang, aber eine Meile ist . . . .
b. Die Osterferien sind lang, aber die Sommerferien sind . . . .
c. Düsseldorf ist groß, aber München ist . . . .
d. Ich habe zwei kleine Brüder: Jonas und Tobias. Tobias ist fünf Jahre alt, und Jonas ist acht Jahre alt. Jonas ist jung, aber Tobias ist . . . .
e. Meine Großmutter ist 55 Jahre alt und mein Großvater ist 60. Meine Großmutter ist alt, aber mein Großvater ist . . . .
f. Der neue Polo ist schön, aber der neue BMW ist . . . .
g. Der Snowdon ist hoch, aber der Ben Nevis ist . . . .
h. Seine Haare sind kurz, aber meine sind . . . .
i. Der Film ist gut, aber das Buch ist noch . . . .
j. Ich fahre gern Fahrrad, aber ich fahre . . . ski.
k. Ein VW ist teuer, aber ein Mercedes ist . . . .
l. Jetzt is es um 18.00 Uhr schon dunkel, aber um 21.00 Uhr ist es . . . .

3. Beantworte folgende Fragen!

a. Wann fährt der Zug?

(i) (ii) (iii)

b. Wann hat er ihr geschrieben?

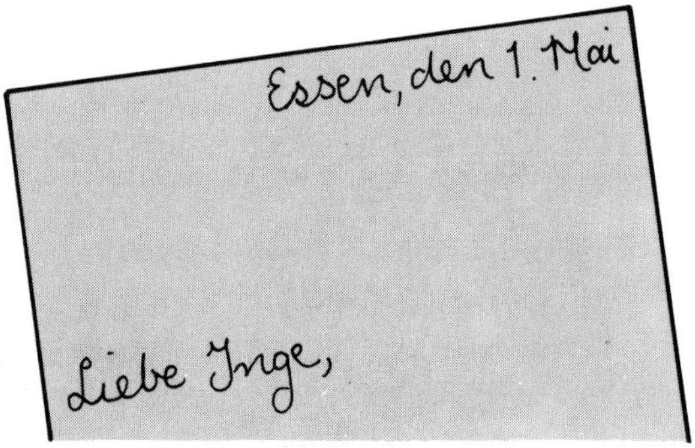

c. (i) In welchem Monat ist er in Urlaub gefahren?
(ii) Nenn die genauen Termine seines Urlaubs!

JULI 1984

So	1	
Mo	2	
Di	3	
Mi	4	
Do	5	↑ URLAUB
Fr	6	
Sa	7	
So	8	
Mo	9	
Di	10	
Mi	11	
Do	12	
Fr	13	
Sa	14	
So	15	
Mo	16	
Di	17	
Mi	18	↓
Do	19	
Fr	20	
Sa	21	
So	22	
Mo	23	

d. Vox Populi treten am 28. Mai in München auf.
(i) Sie treten . . . . (Köln)
(ii) . . . . (Düsseldorf)
(iii) . . . . (Hamburg)

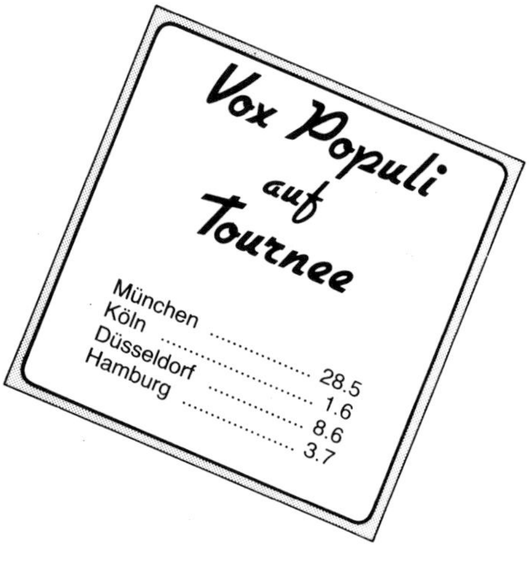

4. Frau Gerbrachts Reisen.
Wie gut kennst du die Landkarte von Europa?

Zum Beispiel:

Frau Gerbracht war . . . . . . in . . . .
Frau Gerbracht war im Mai in Italien und in Belgien.
Im Januar war sie . . .

JAN.	FEB.	MÄRZ	APRIL	MAI
Paris Kopenhagen Bern	Stockholm Amsterdam	Oslo Madrid	Hull Belfast	Rom Brüssel

DRITTER TEIL (Seite 15)

1 Der Wennsatz
Bei den ersten vier Sätzen (a-d) soll der Wennsatz im ersten Satzteil vorkommen und bei den letzten vier Sätzen (e-h) soll er im zweiten Satzteil vorkommen.

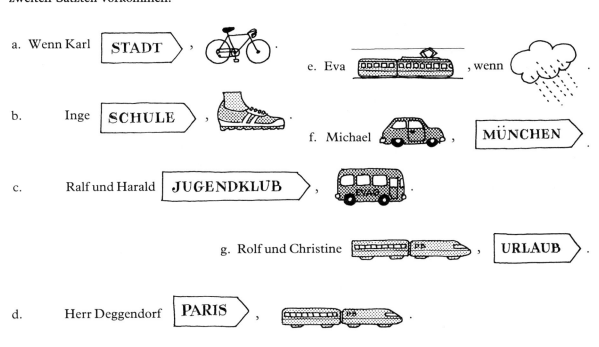

a. Wenn Karl **STADT**,  .

b. Inge **SCHULE**,  .

c. Ralf und Harald **JUGENDKLUB**,  .

d. Herr Deggendorf **PARIS**,  .

e. Eva  , wenn  .

f. Michael  , **MÜNCHEN** .

g. Rolf und Christine  , **URLAUB** .

h. Frau Schmidt  , **STADT** .

2. Wie hat Bernd die Ferien verbracht?

Zum Beispiel:

Die Frage: Bernd, was hast du am Mittwoch gemacht?
Die Antwort: Ich . . . .

3. Setz die richtige Form des Präsens ein!

a. . . . ihr mich mit? (nehmen)
b. . . . du gern Kartoffelsalat? (essen)
c. Er . . . jeden Abend . . . (fernsehen)
d. Sie . . . ihm eine Auskunft. (geben)
e. Er . . . schneller als ich. (laufen)
f. Am Samstagmorgen . . . er bis zehn Uhr. (schlafen)
g. . . . ihr fertig? (sein)
h. Wenn sie langsam . . . , kann ich sie gut verstehen. (sprechen)
i. . . . ihr Telefon? (haben)
j. . . . ihr euch um sieben Uhr oder um sieben Uhr dreißig? (treffen)
k. Jeden Morgen . . . er um acht Uhr das Haus. (verlassen)

4. Wo sind folgende Sachen und Leute?

Zum Beispiel:

Der Kuli liegt auf dem Stuhl.

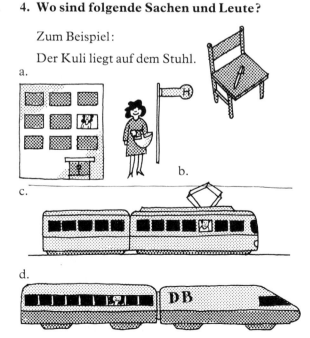

a.

b.

c.

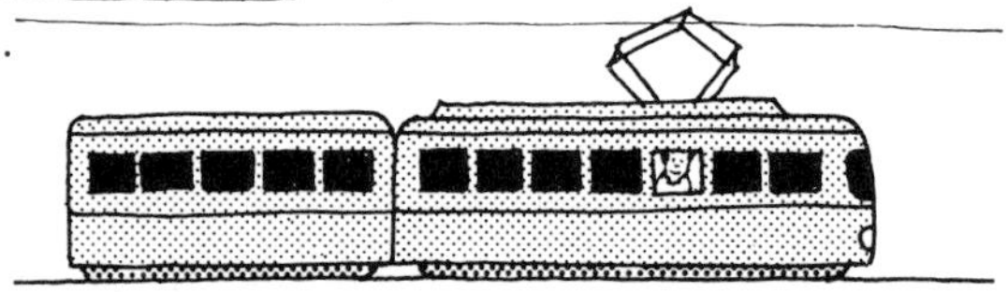

d.

e.

f.

g.

h.

i.

j.

VIERTER TEIL (Seite 19)

1. Setz das passende Partizip ein!

a. Ich bin um 18.00 Uhr in Köln . . . .
b. Er hat die Butterbrote für den Ausflug . . . .
c. Sie ist zu Hause geblieben und hat den ganzen Abend . . . .
d. Sie haben die Weihnachtsferien in den Bergen verbracht, und sind jeden Tag . . . .
e. Nach einer kurzen Fahrt ist er aus dem Bus . . . .
f. Heike ist früher als Silke nach Hamburg . . . .
g. Wir haben den ganzen Tag in der Stadt verbracht und haben groß . . . .
h. Gerade nach ihrer Ankunft hat sie eine Telefonzelle ausgesucht und ihren Freund . . . .
i. Sie hat heute ihre neue rote Hose . . . .
j. Ich habe für morgen einen Termin beim Arzt . . . .
k. Am Tag nach der Party ist er etwas später als gewöhnlich . . . .
l. „Hat der Film schon . . .?" fragte er enttäuscht.
m. Papa hat uns mit dem Wagen am Bahnhof . . . .
n. „Ich habe meine Reiseschecks schon . . . ," sagte sie dem Bankangestellten.
o. Wo seid ihr unterwegs . . . ?

abfahren	abholen	anfangen	ankommen
anrufen	anziehen	aufstehen	
ausmachen	aussteigen	einkaufen	
fernsehen	skifahren	umsteigen	
unterschreiben	vorbereiten		

2. Konjugiere im Präsens!

a. anziehen
b. anfangen

3. Setz die richtige Form des bestimmten Artikels (der, die, das) ein!

a. Er ist mit . . . Rad gefahren.
b. Er steht vor . . . Rathaus.
c. Hast du . . . Kuli?
d. Ich fahre mit . . . Wagen zur Arbeit.
e. Ich habe . . . Karten für . . . Konzert schon gekauft.
f. Für . . . Reise habe ich . . . Fahrkarten gekauft.
g. Hast du das Geld für . . . Herbergsvater?
h. Er hat sehr lange auf . . . Bus gewartet.
i. Er bittet um . . . Uhrzeit.
j. An . . . Kreuzung müssen sie nach links fahren.
k. Ich brauche das Geld für . . . Jugendklub.
l. Er ist zum Einkaufen in . . . Stadt gefahren.

FÜNFTER TEIL (Seite 22)

1. Ergänze mit -en, -e, oder -es!

a. Sie hat blau. . . Augen und ein schmal. . . Gesicht.
b. Hast du meine neu. . . Brille gesehen? Sie hat ein schwarz. . . Gestell.
c. Ein klein. . . Mädchen sagte, daß es ein schön. . . blau. . . Kleid haben wollte.
d. Sie hat ein schön. . . Haus.
e. Karl hat ein breit. . . Gesicht, einen voll. . . Mund und eine lang. . . Nase.
f. Das ist ein gut. . . Buch.
g. Das ist eine alt. . . Stadt und sie hat ein schön. . . Rathaus.
h. Hast du mein neu. . . T-Shirt gesehen?
i. Sie hat sich ein rot. . . Hemd gekauft.
j. Wir konnten euer groß. . . grün. . . Zelt schon von der Straße sehen.

2. Setz die richtige Form von ‚tun' ein!

a. Kannst du das für mich . . . ?
b. Er . . . das jedes Mal.
c. . . . du das für mich, bitte?
d. Mir . . . das weh.
e. Das . . . mir leid.
f. Ich . . . das nicht sehr oft.

3. Sein oder **haben?**
Setz die richtige Form des Imperfekts ein!

a. Er . . . braune Augen und . . . schlank.
b. Letzten Sommer . . . wir in den Bergen.
c. Letzte Woche . . . ich krank und . . . drei Tage im Bett.
d. Wo . . . ihr gestern Abend?
e. Sie . . . also in Südtirol und Sie . . . gutes Wetter.

4. Setz die richtige Form des Possessivadjektivs ein!

a. . . . Deutschstunde geht von 9.00 Uhr bis 10.00 Uhr. (mein)
b. Er hat . . . Wagen verkauft. (sein)
c. Ich bin mit . . . Wagen gefahren. (mein)
d. Wir haben bei . . . Onkel übernachtet. (unser)
e. Vor . . . Haus steht eine Telefonzelle. (unser)

f. Hast du . . . Kuli mit? (dein) Ich will . . . Hausaufgaben schreiben. (mein)
g. Der Lieblingssport . . . Vaters ist Skifahren und der von . . . Mutter auch. (mein, mein)
h. Kannst du mir die Adresse . . . Freundin geben? (dein)
i. Wann macht ihr . . . Klassenfahrt? (euer)
j. . . . Mofa ist kaputt. (mein) Kannst du mir . . . Fahrrad leihen? (dein)

5. Akkusativ oder **Dativ?**

In, auf oder **an?**

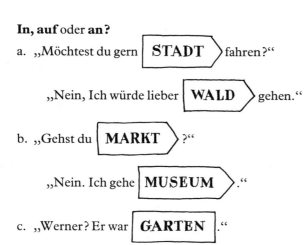

a. „Möchtest du gern STADT fahren?"

„Nein, Ich würde lieber WALD gehen."

b. „Gehst du MARKT ?"

„Nein. Ich gehe MUSEUM ."

c. „Werner? Er war GARTEN ."

d. Er steht HALTESTELLE RATHAUS .

e. Sie sind FREIBAD . Aber da das Wetter so kalt ist, gehen sie nicht WASSER .

f. Sie fahren in diesem Sommer BERGE und wohnen HOTEL Seeblick.

g. Ich bin POST gegangen und habe POST Briefmarken gekauft.

h. „Kommst du mit KINO ?"

„Nein. Heute abend gibt es eine Disco JUGENDKLUB ."

i. Hast du Lust, SPORTZENTRUM zu gehen?

j. „Wo steigen wir aus?"

„ BRÜCKE "

„Gut. Dann können wir direkt SCHLOß gehen."

6. Lies dir den Text auf Seite 25 durch, und verbessere folgenden Dialog!
Auf der Polizeiwache.
Herr Lehnert bespricht einen Bericht mit seiner Frau. Sie sind im Garten.
„Marcel Braun war mit einem jungen Mann zusammen. Die Kunden konnten ihn aber nicht beschreiben."
„Was hat er gestohlen?"
„Die Handtasche eines Mannes. Dann ist er davongelaufen."
„In welche Richtung?"
„Richtung Bahnhof."

Kapitel 2

ERSTER TEIL (Seite 28)

1. Lies dir den Text auf Seite 30 durch, und verbessere folgende Sätze!

a. Dagmar wohnt in einer Großstadt.
b. Ihr Haus liegt in der Nähe des Sees.
c. Es gibt keinen Bahnhof in der Stadt.
d. Früher wohnte sie in Köln in einem kleinen Haus.
e. Sie wohnte lieber in Köln als in Neustadt.

2. In, auf, an + Dativ
Wo wohnen die folgenden Leute? Schreib Sätze!

a.

Heidi

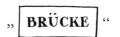

Susanne

b.

Heinz

c.

d. Wolfgang

e. Hannelore

f. Frau Meyer

g. Martina

h. Walter

i. Klaus

j. Ute

Die Wohnung liegt am Stadtrand in der Nähe des Krankenhauses und des Waldes.

a. | Wohnhaus. Nähe Autobahnkreuz. 50 km nördlich Stadt.

b. | Bungalow. Nähe Fußgängerzone und Bahnhof.

c. | Wohnhaus. 2 km außerhalb Dorf. An See + Waldrand.

d. | Bauernhaus. Berge + Fluß Westlich Autobahn Köln-Bonn.

e. | Wohnung. Vorort 2 km Zentrum. Nähe Autobahn.

f. | Bungalow. Nordseeküste. Nähe Ortsmitte.

g. | Wohnung. Stadtmitte. 500m Bahnhof. 2 km Autobahn.

h. | Wohnhaus. 2 Gehminuten Einkaufszentrum. Nähe Grenze zu Frankreich.

3. In, an, auf + Dativ. Sieh dir Seite 31 an! Welche Präposition? Schreib aus!

Zum Beispiel:

| Wohnung. Stadtrand. Nähe Krankenhaus und Wald. |

4. Ergänze!

a. Karl wohnt . . . Bergen. Er hat eine Wohnung . . . Tal . . . Waldrand.

b. Der Freund meines Vaters wohnt . . . Stadtmitte. Vom Haus sind es nur fünf Gehminuten . . . Bahnhof und zehn Fahrminuten . . . Autobahn.
c. Meine Tante wohnt . . . Lande . . . Nähe eines Dorfes. Das Dorf liegt . . . Grenze . . . Schweiz.
d. Wolfgang Schneider hat eine Wohnung gerade . . . Fußgängerzone. Er wohnt lieber . . . Stadtmitte als . . . Stradtrand, da die Fahrt . . . Arbeit ihm zu lang ist.

Zur Auswahl:

in der	im
in den	am
an der	zum
auf dem	zur
auf der	

(*You may use each set of prepositions more than once.*)

5. Ergänze mit ‚unser'!

a. Der See liegt nördlich . . .Stadt.
b. Die Kirche ist in der Mitte . . . Dorfes.
c. Kennst du den Direktor . . . Schule?
d. In der Nähe . . . Wohnung ist ein Park, wo man schön spazieren kann.
e. Die Tür . . . Hauses ist grün. Du kannst es nicht verfehlen.

6. Ergänze!

Ich . . . seit zwei Jahren in Heidelberg. Früher habe ich in Mannheim . . . , wo ich das Gymnasium für Jungen . . . habe. Mein Vater hat hier eine neue Stelle . . . , also mußten wir . . . . Seitdem ich hier . . . , . . . ich Mathe auf der Universität. Meine Schwester, die älter als ich . . . , hat eine Stelle in Bochum . . . , worüber sie sich sehr . . . hat. Unsere Wohnung . . . auf einer Höhe und vom Fenster aus . . . man die ganze Stadt.

Zur Auswahl:

bekommen	sehen
besuchen	sein
finden	studieren
freuen	umziehen
liegen	wohnen

NB **sein** *and* **wohnen** *both need to be used twice in the text: each of the other verbs is to be used once only.*

ZWEITER TEIL (Seite 34)

1. Lies dir die Texte auf Seiten 34–35 durch, und beantworte folgende Fragen!

a. **Frau Weber**
 (i) Wohnt Frau Weber in einer alten Stadt?
 (ii) Seit wann wohnt sie dort?
 (iii) Wo steht ihr Wohnblock?
 (iv) Wo wohnte sie früher?

b. **Herr Gerber**
 (i) Wohnt er in einer neuen Stadt?
 (ii) Hat er seine Stadt gern?

c. **Barbara Ilse**
 (i) Wohnt sie auf dem Lande?
 (ii) Welches Problem hat ihre Stadt?

d. **Gottfried Zimmer**
 (i) Wohnt er in einer Stadt?
 (ii) Wohnt er gern dort?
 (iii) Gibt es gute Verkehrsverbindungen?
 (iv) Wann sind sie besonders schlecht?

2. Schreib über folgende Leute ein paar Sätze! Benutze das Imperfekt!

Zum Beispiel:

Frau Blümel wohnte in Südwestdeutschland. Vor drei Jahren zog sie um, weil . . . .

a. **Frau Blümel**
- wohnen Südwestdeutschland
- umziehen vor 3 J
- ihr Mann – neue Stelle bekommen

b. **Die Familie Denker**
- kleine Wohnung haben
- größere Wohnung finden
- außerhalb der Stadt
- umziehen vor 2 J

c. **Barbara und Gerd**
- in einer kleinen Wohnung wohnen
- bessere Wohnung finden wollen
- nichts finden können
- enttäuscht sein
- endlich eine Wohnung finden

d. **Verena Möhring**
- gestern Wetter gut sein
- in die Stadt fahren
- den ganzen Nachmittag beim Einkaufen verbringen
- sehr zufrieden sein
- nach Hause gehen

3. Wo wohnen folgende Leute?

Zum Beispiel:

Dieter? Emmastr. Haus 43

Wo wohnt Dieter?
Er wohnt in der Emmastraße.
Sein Haus ist Nummer 43.

a. Herr und Frau Brandenburg?
Fasanenweg
Haus
18

b. Eva?
Blindstr.
Wohnung
10

c. Klaus?
Severinstr.
Haus
47

d. Frau Nautach?
Boetgerstr.
Wohnung
103

e. Herr und Frau Schweitzer?
Donaustr.
Haus
4

f. Doris und Bernd?
Krayerstr.
Haus
369

4. Setz passende Adjektive ein, so daß der Text sinnvoll ist!

sinnvoll sein *to make sense*

Polizeibericht.
Der Täter war ein Mann mit einem Bart und einer Brille. Er trug eine Hose, einen Pullover und einen Anorak. Er hatte keinen Hut. Er hatte eine Komplizin. Sie hatte Haare und einen Mund und Ohren. Sie trug einen Rock und eine Mütze und Stiefel. Sie haben die Tasche einer Frau gestohlen.

5. Schreib einen Text über diese Stadt!

Zum Beispiel:

1950 hat man den neuen Park angelegt . . . .

UNSERE STADT

1950	das neue Rathaus	bauen
1960	den neuen Park	
1969	das Einkaufszentrum	anlegen
1970	die Sparkasse	
1972	den See	abreißen
1975	das alte Rathaus	
1979	die alten Geschäfte	eröffnen
1981	die U-Bahn	

6. Der Imperativ

a. *These are instructions on how to reach someone's home. How would you give them to a close friend over the phone?*
(i) Zur nächsten Kreuzung fahren.
(ii) Links fahren.
(iii) Geradeaus fahren.
(iv) An der Ampel rechts abbiegen.
(v) Zweite Straße rechts nehmen.
(vi) Haus – Nummer 43 – auf der linken Seite.

b. *These are a teacher's notes. What would he/she have said to the class?*
(i) Das Kapitel durchlesen.
(ii) Die Fragen auf Seite 60 beantworten.
(iii) Notizen machen.
(iv) Einander Fragen stellen.
(v) Vokabeln ins Heft schreiben und gut lernen.

c. Herr Kuhr wollte einen Brief diktieren. Was sagte er seiner Sekretärin, Frau Hoedt?
(i) Er bat Frau Hoedt hereinzukommen.
(ii) Er bat sie, die Tür zuzumachen.
(iii) Er bat sie, sich zu setzen.
(Dann diktierte er. . . .)
(iv) Anschließend bat er sie, Frau Behrens anzurufen.

7. Präpositionen mit Dativ. Ergänze!

Klaus Herforth ist . . . fünf Jahr. . . . . . Essen gezogen. Er arbeitet . . . zwei Jahr. . . in Borbeck. Er ist Lehrer . . . Gymnasium in Borbeck: das ist ein Stadtteil von Essen. Seine Wohnung liegt direkt . . . Straßenbahnlinie . . . Stadtmitte. Jeden Morgen fährt er . . . Linie 8 . . . Essen-Borbeck. Die Bahn fährt . . . neuen Rathaus . . . und hält . . . Sparkasse in Borbeck. Er steigt . . . Bus aus und ist bald . . . Schule.

Zur Auswahl:

in dem	nach
in der	nach dem
auf dem auf der	von
aus dem aus der	mit dem mit der
am . . . vorbei	seit
an dem an der	nach der
an der . . . vorbei	vor
gegenüber dem	zum zur
gegenüber der	

8. Erika Braun ist Kauffrau. Sie reist durch die ganze Welt und verkauft Computer. Jemand fragt sie, was sie letztes Jahr im Sommer gemacht hat.

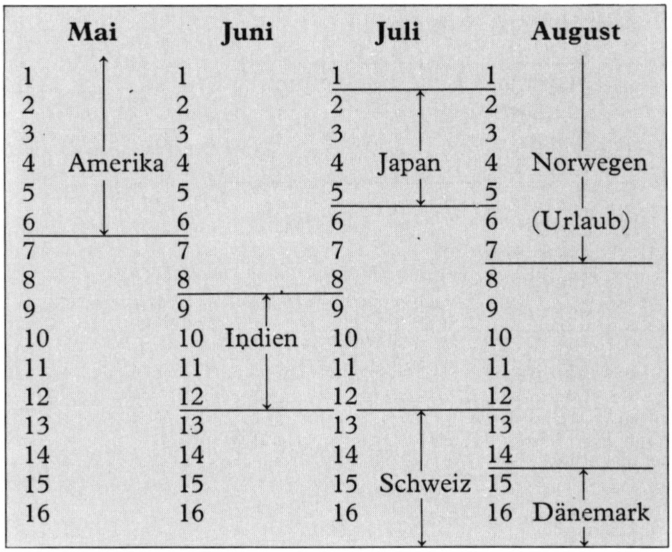

Wie antwortet sie?

a. Letzten Mai . . . .
b. . . . . . .
c. . . . . . .
d. . . . . . .

9. Das Imperfekt

a. Ergänze!

Ilse wohnt in Brokdorf. Vor drei Monaten . . . sie . . . . Vorher . . . sie in Bremen. Dort . . . sie sehr glücklich. Sie . . . viele Freunde und . . . oft mit ihnen aus.

umziehen wohnen sein haben gehen

b. Ergänze!

Zum fünfzehnten Geburtstag . . . Erich einen kleinen Computer. Dies . . . er großartig. Er . . . sich sehr darüber und . . . viel Zeit damit. Fernsehen . . . er nicht mehr und er . . . selten am Abend nach unten.

bekommen finden freuen verbringen wollen kommen

10. *If you were writing a letter in German on the following dates, how would you write the date at the top of your letter?*

a. Tuesday 14 August
b. Wednesday 7 July
c. Thursday 1 September
d. Saturday 13 May
e. Friday 17 March

11. Ergänze mit ‚letzt'!

a. Ich war . . . Woche in Köln.
b. . . . Jahr sind wir nach Mallorca geflogen.
c. . . . Montag hatte ich einen Termin beim Arzt.
d. Was hast du . . . Wochenende gemacht?
e. Wir waren . . . September am Rhein.

12. Lies dir den Text auf Seite 38 durch, und beantworte folgende Fragen!

a. Wohnen Herr und Frau Schoenwaldt in der Stadtmitte?

b. Wo arbeiten sie?
c. Wie kommen sie zur Arbeit?
d. Wo ist die nächste Bushaltestelle?
e. Was gibt es in der Nähe ihrer Wohnung?
f. Wann kaufen sie am liebsten ein?
g. Wann zogen sie um?
h. Wie wohnten sie vorher?
i. Wie fanden sie das?
j. Was haben sie für eine Wohnung?

Kapitel 3

ERSTER TEIL (Seite 43)

1. Lies dir den Text auf Seite 43 durch, und beantworte folgende Fragen!

a. War Herr Drescher immer Stahlarbeiter?
b. Was machte er vor vier Jahren?
c. Wo arbeitet er jetzt?
d. Was für eine Familie hat er?
e. Kaufte er das Haus?
f. Wie lange dauerten die Bauarbeiten?
g. Machte er das alleine?
h. Fährt er mit dem Bus zur Arbeit?

2. *Give the third person singular of the simple past tense of the following verbs:*

a. sein
b. haben

3. Setz die richtige Form des Imperfekts ein!
Herr Drescher . . . früher als Bergmann. Als Bergman . . . er aber wenig Geld. Als Stahlarbeiter . . . er mehr verdienen. Er . . . also, eine neue Stelle als Stahlarbeiter in Völklingen zu suchen. Jetzt wohnt er in Schwalbach. Dort . . . er ein Haus für sich und für seine Familie. Es . . . sehr schwer und . . . sehr lange, aber viele Leute . . . bei den Bauarbeiten.

arbeiten	bauen	beschließen	dauern
helfen	können	sein	verdienen

4. Wem gehören diese Sachen? Ihm, ihr oder **ihnen?**

a.

b.

c.
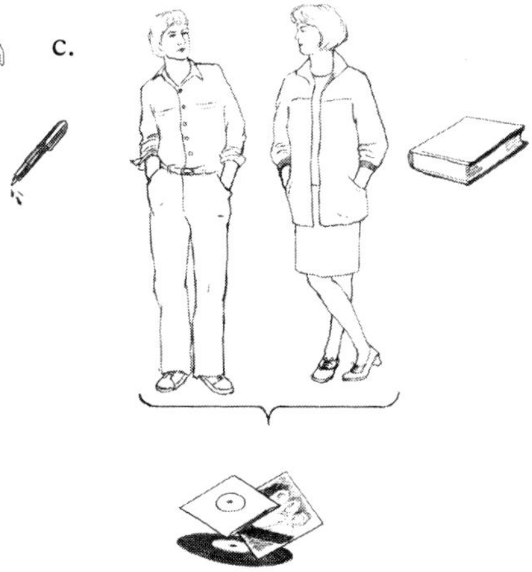

5. Setz die richtige Form des Pronomens ein!

a. Er ist Arzt und sein Beruf macht . . . Spaß.
b. Sie ist Friseuse. Ihr Beruf macht . . . aber keinen Spaß. Sie möchte sich umschulen.
c. Ich arbeite als Automechaniker. Ich wollte schon immer Automechaniker werden und ich bin nicht enttäuscht. Mein Beruf macht . . . Spaß.
d. Unsere Kinder sind jetzt sechzehn und siebzehn Jahre alt. Sie wissen aber nicht, was sie machen werden. Sie möchten natürlich etwas machen, was . . . Spaß macht.
e. Was ist mit . . . los? Warum seid ihr so schlecht gelaunt?
f. Ist . . . zu warm, Mutti? Soll ich ein Fenster aufmachen?
g. Bei . . . gibt's zum Abendbrot immer Pfefferminztee. Abends trinken wir nie Kaffee.
h. Kann ich . . . helfen? Suchen Sie etwas Besonderes?
i. Der Sohn von Herrn Bonsiepen wohnt jetzt nicht mehr zu Hause. Er hat eine eigene Wohnung in Köln. Herr Bonsiepen schreibt . . . jede Woche einen Brief.

6. Relativpronomen
Ergänze folgende Sätze! (Sieh dir auch Seite 45 an!)

a. Ein Mann, der einen Bus fährt, ist ein . . . .
b. Ein Mann, der . . . , ist ein Polizist.
c. Eine Frau, die an einer Schreibmaschine sitzt, ist . . . .
d. Eine Frau, . . . , ist Arzthelferin.
e. Ein Mann, ... , ist Stahlarbeiter.
f. Eine Frau, . . . , ist Krankenschwester.
g. Ein Mann,. . . , ist Sportlehrer.
h. Eine Frau, . . . , ist Lehrerin.
i. Eine Frau, . . . , ist Ärztin.
j. Ein Mann, . . . , ist Friseur.

7. a. Wie lange arbeiten folgende Leute bei der Firma?

(i) Klaus  $1\frac{1}{2}$ J

(ii) Herr Schubert  $3\frac{1}{2}$ J

(iii) Herr Radzuweit  $8\frac{1}{2}$ J

b. Seit wann wohnen folgende Leute hier?

(i) Jens  $10\frac{1}{2}$ J

(ii) Petra  $2\frac{1}{2}$ J

(iii) Frau Seibert  $4\frac{1}{2}$ J

ZWEITER TEIL (Seite 49)

1. Lies dir die Texte auf Seite 49 durch, und beantworte folgende Fragen!

a. Andreas
(i) Was wird er machen?
(ii) Wo würde er gern arbeiten?

b. Michaela
Was wird sie wahrscheinlich machen?

c. Ruth
(i) Was macht sie jetzt?
(ii) Was wird sie machen?

d. Werner
(i) Welchen Beruf möchte er machen?
(ii) Wie lange muß er das BBZ besuchen?

e. Angelika
Weiß sie, was sie später machen wird?

2. *Give the third person singular of the simple past tense of the following verbs:*

a. umziehen
b. wollen

3. Ergänze mit ‚werden'!

a. Was wirst du nach der Schulzeit machen, Sigrun?

Wenn ich ein gutes Abitur kriege, ... ich auf die Uni gehen und Medizin studieren.

b. Und du, Jens? Was ... du machen?

Wenn ich noch Lust habe, ... ich wahrscheinlich ein BBZ besuchen und Elektriker lernen.

c. Monika und Iris, wie ist es mit euch? Was ... ihr machen?

Also wir ... beide, wenn es geht, weiterstudieren. Ich ... Sekretärin lernen, und Monika weiß noch nicht, was sie später machen ....

d. Was ... Ihre Kinder machen, wenn sie mit der Schule fertig sind, Frau Lehmann?

Meine beiden Jungen ... eine Lehre machen, und meine Tochter Martina ... wahrscheinlich auf der Fachoberschule weitermachen.

4. Setz die richtige Zeitform des Verbs ein!
Perfekt, Präsens oder **Imperfekt?**

Letztes Jahr ... wir in den großen Ferien nach Südfrankreich .... Wir ... immer gern dahin, weil das Wetter meistens gut ..., und es dort viel zu tun .... Dieses Jahr ... wir über Paris ..., wo wir zwei Tage .... Wir ... in einem kleinen Hotel in der Nähe von Dijon .... Jeden Tag ... wir irgendwo hin .... Letztes Jahr haben wir den Dom in Dijon ... und haben auch einige interessante Museen .... Dieses Jahr ... wir auch längere Ausflüge ..., und eines Tages ... wir eine Weinprobe .... Im Hotel schmeckte das Essen immer sehr gut und wir ... jeden Abend dort ... Der Aufenthalt ... uns sehr viel Spaß ...

Zur Auswahl:

besichtigen	geben
besuchen	machen
bleiben	sein
essen	übernachten
fahren	wohnen

You may use these verbs more than once.

5. Setz das richtige Partizip ein!

a. Wir sind um drei Uhr in Köln ....
b. Hast du die Butterbrote schon ...?
c. Ich habe meine Freundin um 16.30 Uhr vom Büro ....
d. Wer hat mich gestern um Mitternacht ... ?
e. Habt ihr euch schon ...? Das Schwimmbad macht gleich zu.
f. In der letzten Stunde haben wir ....
g. Hast du ein Foto ..., als du deinem Brieffreund geschrieben hast?
h. Hast du ihm schon ..., daß wir jetzt um 10.00 Uhr fahren?
i. Er hat mir eine Stelle als Büroarbeiter ....
j. Als er jung war, wie hat er ...?

Zur Auswahl:

abholen	beilegen
anbieten	mitteilen
anrufen	umsteigen
anziehen	vorbereiten
aussehen	weitermachen

6. Der Wennsatz
Bilde Sätze!

Zum Beispiel:

schlecht gelaunt, hungrig
Man ist schlecht gelaunt, wenn man hungrig ist.
oder
Wenn man hungrig ist, ist man schlecht gelaunt.

a. unfreundlich, wenig Zeit
b. schlecht gelaunt, Hausaufgaben
c. ungeduldig, zuviel Arbeit
d. launisch, jeden Morgen Schule
e. schlecht gelaunt, zuviel zu tun
f. gut gelaunt, Schule aus
g. freundlich, viel Zeit
h. unfreundlich, enttäuscht
i. lustig, alles gut geht
j. schlecht gelaunt, alles schief geht.

Kapitel 4

ERSTER TEIL (Seite 56)

1. Lies dir den Text auf Seiten 56–57 durch, und beantworte folgende Fragen!

a. Liegt Bärbels Schule in der Stadtmitte?
b. Wann fängt der Schultag an?
c. Um wieviel Uhr geht sie nach Hause?
d. Wie lange dauert eine Unterrichtsstunde?

2. *Give the third person singular of the simple past tense of the following verbs:*

a. finden
b. kommen

3. Sieh dir diesen unvollständigen Stundenplan an! Was fehlt?
Welche Fragen muß Sabine an ihre Klassenkameradin stellen, um das herauszufinden, was fehlt?
What questions would you have to ask to find out the times and subjects that have been left out of this timetable?

		MO
1	8^{15}	*
2	*	Physik
	9^{50}–10^{05}	Große Pause
3	10^{05}	*
4	10^{55}	Sport
	*	Große Pause
5	11^{55}	Kunst
6	12^{40}	*

4. Was sind seine Pläne?
Klaus hat vor, eine Englandfahrt zu machen. Einiges steht schon fest.
Give a full account of what Klaus plans to do on his trip to England. (His timetable is at the top of the next column.)

Zum Beispiel:

Am Donnerstag, den 4. Mai geht er vormittags . . . .

Mai	V	N	A
Do 4	Schule	Volleyballverein	Kino
Fr 5	nach der 4. Stunde schulfrei	→ Stadt (Einkaufen)	packen
Sa 6	Hbf 7^{00} Ankunft (Dover) 19^{00}		
So 7	ENGLAND		
Mo 8	← Stratford →		
Di 9			
Mi 10	← London →		
Do 11	← John in Faversham besuchen →		
Fr 12	Abfahrt/Dover 9^{00}		
Sa 13			

5. Ergänze mit einer Form von ‚jede-' oder ‚letzt-'!

a. „Im Februar war ich auf einer Klassenfahrt in Italien. Wir sind skigefahren."
„War das . . . Jahr?"
b. „In der ersten Stunde montags habe ich Kunst."
„Ist das . . . Montag?"
c. Wir haben . . . zweiten Samstag schulfrei.
d. Während der Woche muß ich . . . Vormittag zur Schule.
e. . . . Woche habe ich dreimal Training.
f. Wo warst du . . . Woche Dienstag? Du warst nicht auf dem Fußballplatz.

6. Reflexivverben

a. Bilde die Präsensformen!
sich freuen
ich . . .
du . . .
er/sie/es . . .
wir . . .
ihr . . .
Sie . . .
sie . . .

b. Setz die richtige Zeitform des Reflexivverbs ein!
Ich . . . . . . sehr über Eure Einladung. Ich habe beschlossen, im Juli nach Deutschland zu fahren, und werde Euch dann besuchen. Letzten Samstag bin ich sogar zum

Reisebüro gegangen und . . . . . . nach den billigen Flügen . . . . Ich . . . . . . für einen Lufthansaflug . . . : Flugnummer 720 nach Heathrow. Von dort aus kann ich mit der U-Bahn fahren, nicht wahr? Wo sollen wir . . . . . . ? Bei Euch? An der U-Bahnstation? Mein Bruder, Stefan, fährt mit. Er ist jetzt ein Stück älter geworden. Hoffentlich . . . wir . . . diesmal besser!
Bald . . . wir . . . wieder.

Zur Auswahl:
sich entscheiden
sich erkundigen
sich freuen
sich sehen
sich treffen
sich verstehen

7. Sieh dir dieses Bild an!

a. Vater Brille
b. Mutter Rollkragen- pullover
c. Bruder gestreiften Pullover
d. Schwester Kleid
e. Onkel Vollbart
f. Großmutter rote Hose

Schreib Sätze!

Zum Beispiel:

a. Der Mann, der eine Brille trägt, ist mein Vater.
b.
c.
d.
e.
f.

8. Ergänze mit einem passenden Personalpronomen!

a. „Hat er dich angerufen?"
„Noch nicht. Vielleicht ruft er . . . heute abend an."
b. „Hat Bernd sein neues Auto schon abgeholt?"
„Nein. Er holt . . . morgen abend ab."
c. „Hast du die Sabine schon gesprochen?"
„Noch nicht. Ich kann . . . morgen sprechen."
d. „Hast du den Peter gefragt, ob er Lust hat, ins Kino zu gehen?"
„Nein. Noch nicht. Ich kann . . . aber fragen."
e. „Ich spielte gestern in der Mannschaft. Hast du mich gesehen?"
„Nein. Ich war nur kurz da. Ich habe . . . nicht gesehen."
f. „Wann hast du Werner und Brigitte zum letzten Mal gesehen?"
„Ich habe . . . letzte Woche gesehen."
g. „Hat der Stefan die neue Vox Populi Platte gekauft?"
„Ja. Er spielt . . . jetzt zehnmal am Tag vor."

h. Es läuft ein guter Film in Kino. Möchtest du . . . sehen?

i „Hast du deinen Personalausweis gefunden?“
„Ja. Ich habe . . . gestern gefunden. Er war in meiner Jeanstasche.“

j. „Wo ist der schwarze Tee, den wir gekauft haben?“
„Ich habe . . . hier in der Einkaufstasche.“

ZWEITER TEIL (Seite 60)

1. *Give the third person singular of the simple past tense of the following verbs:*

a. bekommen
b. können

2. Dativ und Akkusativ

a. Wo befinden sich folgende Leute in der dritten Stunde montags?

Frau Kaiser (Deutsch) Klassenzimmer 2
Herr Möhring (Englisch) Sprachlabor
Frau Spreckelsen Physiklabor
Herr Möbius Chemielabor
Frau Becker (Politik) Klassenzimmer 4
Frau Schulze Bibliothek
Frau Johanning } Turnhalle
Herr Küppers }

Frau Kaiser ist . . . .
Herr Möhring ist . . . .

b. Wo müssen folgende Schüler hin?

Peter hat Englisch.
Ralf hat Physik.
Andreas hat Chemie.
Susanne hat Sport.
Maria hat eine Freistunde.
Tobias hat Politik.
Stefan hat Deutsch.

Zum Beispiel:

Peter muß ins . . . .

3. Sieh dir den Stundenplan rechts oben an! Wer oder **wen? Ergänze und beantworte!**

a. Markus ist in der 8a. . . . gibt da Sportunterricht?
b. Heike ist in der 7b. . . . hat sie in Geschichte?
c. Dorit ist in der 9b. . . . hat sie in Erdkunde?
d. Martin ist in der 5b. . . . hat er in Musik?
e. Gabi ist in der 10a. . . . unterrichtet in dieser Klasse Deutsch?

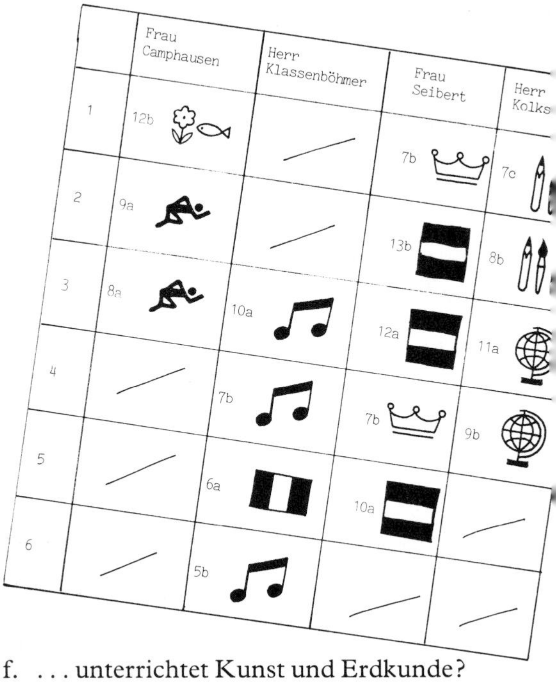

f. . . . unterrichtet Kunst und Erdkunde?
g. . . . gibt Musik und Französisch?
h. . . . unterrichtet in der 9a und in der 8a Sport?
i. . . . hat nach der vierten Stunde frei?
j. Jochen ist in der 7b. . . . hat er zweimal am Tag?

4. Setz die richtige Form des Pronomens ein!

a. „Hast du unseren Hund gesehen?“
„Ja. Ich habe . . . vor zwei Minuten gesehen.“

b. „Hat der Urlaub Spaß gemacht?“
„Ja. . . . hat sehr viel Spaß gemacht.“

c. „Hat er seine Schwester angerufen?“
„Nein. Er hat . . . noch nicht angerufen.“

d. „Haben Sie Ihr Geld bekommen?“
„Ja. Ich habe . . . jetzt.“

e. „Hat Günther die Musik gehört?“
„Nein. Er hat . . . noch nicht gehört.“

f. „Ich habe unsere Fahrkarten noch nicht gekauft.“
„Das macht nichts. Ich kann . . . morgen holen, wenn . . . fertig sind.“

g. „Hast du deinen Bruder gefragt, ob er Lust hat, mit nach Holland zu fahren?“
„Nein. Ich habe . . . noch nicht gefragt.“

h. „Und sein Freund, der Klaus-Peter? Hätte er vielleicht Lust dazu?“
„Ja. . . . fährt mit.“

5. Stell zwei passende Satzteile zusammen!

a. Sie fährt . . . .
b. Er geht . . . und bittet . . . .

c. Die Frau wartet . . . .
d. Frau Schulze unterrichtet . . . .
e. Sie geht . . . .
f. Sie kauft . . . ein.
g. Ich spare mein Geld . . . .
h. Er sprach . . . .
i. Er steigt . . . aus.
j. Sie steigt . . . ein.

(i) in die Stadt
(ii) in der Stadt
(iii) ins Klassenzimmer
(iv) im Klassenzimmer
(v) in den Bus
(vi) aus dem Bus
(vii) auf den Bus
(viii) für die Ferien
(ix) ins Informationsbüro
(x) über sein Leben
(xi) um einen Prospekt

DRITTER TEIL (Seite 64)

1. Bilde sinnvolle Sätze mit ‚weil'!

Use the phrases (i)–(x) to explain the statements a.–j.

Zum Beispiel:

Paul möchte Tierarzt werden, weil er . . . .

a. Paul möchte Tierarzt werden.
b. Markus haßt Mathe.
c. Martina möchte später als Journalistin arbeiten.
d. Hannelore möchte Krankenschwester werden.
e. Bernd ist in Englisch und Französisch besonders fleißig.
f. Edelgard möchte Zahntechnikerin werden.
g. Norbert möchte Konditor werden.
h. Hanno möchte Bibliothekar werden.
i. Martin möchte Testfahrer werden.
j. Petra möchte Medizin studieren.

(i) Er fährt gern Auto.
(ii) Sie arbeitet gern mit Menschen.
(iii) Er bekommt keine gute Noten.
(iv) Er backt gern Kuchen.
(v) Er will später als Dolmetscher arbeiten.
(vi) Sie möchte Ärztin werden.
(vii) Er hat Tiere gern.
(viii) Sie hat Biologie gern.
(ix) Sie schreibt gern.
(x) Er liest gern und Deutsch ist sein Lieblingsfach.

2. Bilde Wennsätze!

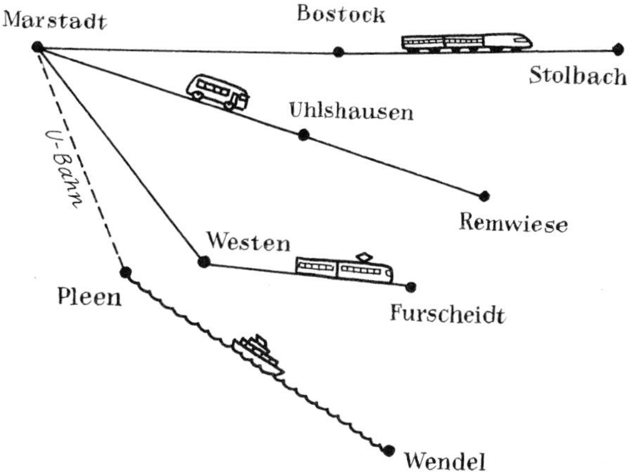

Zum Beispiel:

Wenn man nach Stolbach fährt, muß man über Bostock fahren.
Wenn man nach Pleen fährt, muß man mit der U-Bahn fahren.

3. Dieser, diese, dieses
Ergänze folgende Sätze!

a. Nominativ

. . . Mädchen hat . . . Haare.

. . . Junge hat . . . .

. . . Frau hat . . . .

. . . Frau hat . . . .

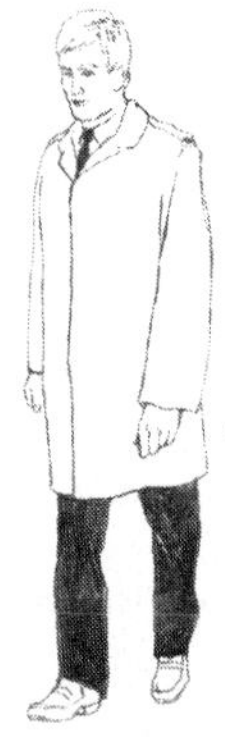

. . . Mann trägt . . . .

b. Akkusativ

Hast du . . . 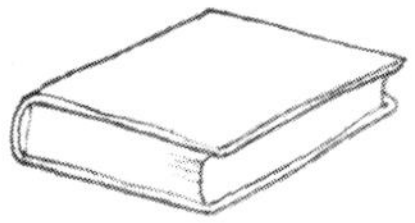 gelesen?

Hast du . . .  gelesen?

Hast du . . .  schon probiert?

Hast du . . .  schon probiert?

c. Dativ

Soll ich an . . . Haltestelle warten?
Soll ich mit . . . Bus fahren?
Soll ich mit . . . Straßenbahn fahren?
Soll ich in . . . Café auf dich warten?

4. Wie heißt es auf Deutsch?

Can you give the German for these phrases?

a. long hair	*f. long legs*
b. grey eyes	*g. last month*
c. last Tuesday	*h. when the weather's good*
d. next summer	*i. when the weather's bad.*
e. last year	

5. Wie heißt es auf Deutsch?

a. *every day*
b. *every week*
c. *every year*
d. *every Monday*
e. *every month*

6. Schreib vollständige Fragen aus!

Zum Beispiel:

hoch   Berg   der Snowdon   die Zugspitze?
Welcher Berg ist höher? Der Snowdon oder die Zugspitze?

a. alt   Dom   der Kölner Dom   der Dom zu Coventry?
b. kurz   Monat   August   September?
c. lang   Fluß   der Rhein   die Donau?
d. klein   Stadt   Frankfurt   Bonn?
e. gut   Weg   über Prien   über München?

7. Herr Finkenauer ist auf der Polizeiwache in München. Man fragt ihn, was er in der letzten Woche gemacht hat. Wie antwortet er? Beachte die Wortstellung!
Pay attention to the word order!

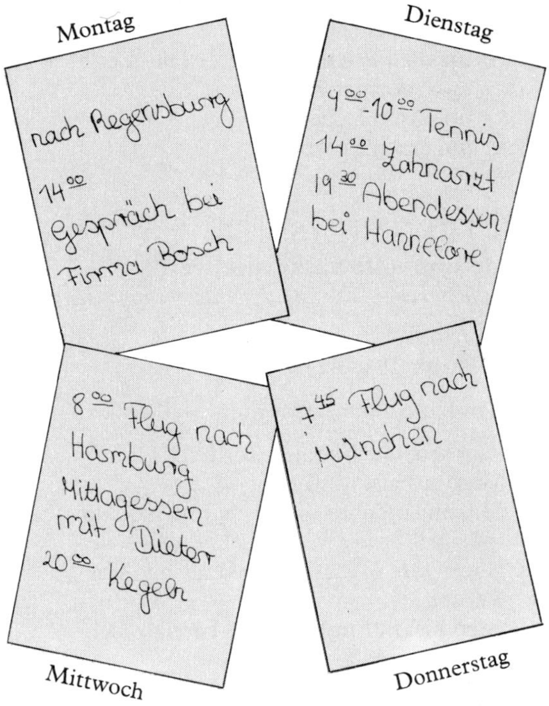
Montag
nach Regensburg
14⁰⁰ Gespräch bei Firma Bosch
Dienstag
9⁰⁰-10⁰⁰ Tennis
14⁰⁰ Zahnarzt
19³⁰ Abendessen bei Hannelore
Mittwoch
8⁰⁰ Flug nach Hamburg
Mittagessen mit Dieter
20⁰⁰ Kegeln
Donnerstag
7⁴⁵ Flug nach München

Zum Beispiel:

Am Montag bin ich nach Regensburg gefahren. . . .

8. Lies dir folgende Texte durch, und setz dann Adjektive ein, so daß die Texte interessanter und sinnvoller werden!
Die Adjektive, die zur Auswahl sind, stehen unter den Texten. Verwende auch andere Adjektive!

a. Markus wohnt in einem Dorf, das an einem See liegt. Er hat einen Hund. Er besitzt einen Mercedes, hat aber auch ein Rad, und manchmal am Wochenende macht er eine Fahrradtour mit einer Freundin.

Zur Auswahl:
klein groß schön modern
alt gut herrlich

b. Ulrike wohnt in einer Stadt in der Nähe eines Parks. Sie hat eine Wohnung in einem Wohnblock und wohnt im achten Stock. Sie hat eine Stelle bei der Firma Gründig. An Werktagen trägt sie eine Jacke und ein Kleid, aber am Wochenende trägt sie lieber einen Pullover und eine Jeans.

Zur Auswahl:
hoch schön blau rosa grau
alt interessant gemütlich groß

9. Lies dir die Texte auf Seiten 66–67 durch, und beantworte folgende Fragen!

a. Bernd
Mit wem würde er am liebsten arbeiten?
b. Ulrike
Warum arbeitet sie gut mit anderen Leuten zusammen?
c. Richard
Warum spart er?
d. Sabine
Was hat sie vor?
e. Martina
Was sind ihre Hobbies?
f. Jutta
Was sind ihre Lieblingsfächer?
g. Christoph
Warum kocht er nur zu Hause?

10. *Give the third person singular of the simple past tense of the following verbs:*

a. gehen
b. kennen

Kapitel 5

ERSTER TEIL (Seite 76)

1. *Give the third person singular of the simple past tense of the following verbs:*

a. helfen
b. beschließen

2. Such das jeweils passende Wort aus, und ergänze folgende Sätze!

a. Er hat eine Wohnung mit fünf . . . .
Seine Wohnung hat fünf . . . .
b. Er hat ein Buch mit 100 . . . .
Sein Buch hat 100 . . . .
c. Sie hat einen Wagen mit zwei . . . .
Ihr Wagen hat zwei . . . .
d. Er hat ein Zimmer mit zwei . . . .
Sein Zimmer hat zwei . . . .
e. Sie hat eine Jacke mit vier . . . .
Ihre Jacke hat vier . . . .

Zur Auswahl:
das Zimmer
der Knopf
die Tür
das Fenster
die Seite

3. Such das jeweils passende Wort aus, und ergänze folgende Sätze!

a. Der Name mein. . . . . . Schule war ‚Gymnasium am Schloß'.
b. Die Zentralheizung unser. . . . . . Hauses funktioniert nicht mehr.
c. Die Miete mein. . . . . . Wohnung war viel zu hoch. Deswegen bin ich umgezogen.
d. Der Benzinverbrauch mein. . . . . . Wagens ist ganz minimal.
e. Die Qualität ihr. . . . . . Stereoanlage ist wunderbar.
f. Der Termin mein. . . . . . Reise nach Deutschland steht noch nicht fest.
g. Die Fotos mein. . . . . . Besuches sind noch nicht fertig.

Zur Auswahl:
letzt
nächst
neu
alt
erst

4. Setz passende Adjektive ein!

a. Er hat sich einen . . . Pullover gekauft.
b. Er bestellte eine . . . Portion Pommes Frites.
c. Sie haben einen . . . Hund und eine . . . Katze.
d. Sie ist mit ihrem . . . Bruder in Urlaub gefahren.
e. Hast du meine . . . Jacke gesehen?
f. Das ist ein . . . Foto meiner . . . Schwester.
g. Er kam aus einer . . . Stadt.
h. Er ist zu einem . . . Freund gefahren.

Zur Auswahl:
gut blau groß neu
älter alt klein jünger

ZWEITER TEIL (Seite 79)

1. Sieh dir Seite 79 an, und beantworte folgende Fragen!

a. Wieviele Stockwerke hat das Haus?
b. In welchem Stock liegt ihr Zimmer?
c. Hat sie Geschwister?
d. Was macht sie gern?
e. Was ist das für ein Haus?
f. Was macht man im Keller?
g. Was haben sie gepflanzt?

2. *Give the third person singular of the simple past tense of the following verbs:*

a. verlassen
b. denken

3. Präpositionen
Dativ oder **Akkusativ?**
Supply the combined preposition and article (e.g., **zur, ins,** *etc), where necessary.*

a. Er geht in . . . Küche.
b. Es liegt dort auf . . . Tisch neben . . . Fenster.
c. Frank und Christoph beschlossen, . . . Museum zu gehen.
d. „Fahren Sie . . . Brücke?“
„Nein. Sie müssen . . . Bahnhof aussteigen.“
e. Gibt es einen Garten hinter . . . Haus?
f. Kannst du in . . . Garten gehen und mir ein paar Äpfel holen?
g. Ja. Ich habe Fleisch für . . . Hund gekauft.
h. Warst du schon . . . Metzger?
i. „Wo ist die Zeitung?“
„In . . . Küche auf . . . Tisch.“
j. „Wann hast du heute frei?“
„Nach . . . dritten Stunde.“

4. Ergänze!

a. Ein Mann, . . . einen Bus fährt, ist ein Busfahrer.
b. Eine Frau, . . . Haare schneidet, ist eine Friseuse.
c. Kannst du mir den Pulli zeigen, . . . du gestern gekauft hast?
d. Das Dorf, . . . du suchst, liegt etwas südlich von hier.
e. Die Schuhe, . . . ich gestern in der Stadt sah, kosten nur 40.-DM.
f. Wo ist der Stadtplan, . . . du hattest?

5. Lies dir den Brief auf Seite 85 durch, und beantworte folgende Fragen!

a. Was machte Gabriele vor drei Tagen?
b. Wie findet sie die neue Wohnung?
c. Was machte sie mit vielen alten Möbelstücken?
d. Wer gab ihr den schönen Schrank?
e. Warum macht ihr das Kochen jetzt Spaß?
f. Wie war der alte Vermieter?
g. Wo könnten die Eltern jetzt übernachten?
h. Was bekommen sie bald?

6. Der Gebrauch des bestimmten Artikels mit Adjektiv
Add adjectives to complete the sentences. You may use any adjective more than once.

a. Der . . . Dieb trug einen Anorak.
b. Hast du das . . . Einkaufszentrum besucht?
c. Das . . . Café in der Bernerstraße ist einfach Klasse!
d. Sie wohnen in dem . . . Wohnblock gegenüber dem Park.
e. In den . . . Ferien waren wir in Schweden.
f. Der . . . Zug, der auf Gleis vier steht, fährt nach Bonn.
g. Der Motor der . . . Waschmaschine ist kaputt.
h. Der Ministerpräsident eröffnete die Halle des . . . Bahnhofs.

letzt neu groß klein erst

DRITTER TEIL (Seite 87)

1. Bettina hat ein Zimmer gefunden. Es sieht aber schlimm aus. Ihre Freunde machen Vorschläge. Was würden sie tun, um das Zimmer schöner zu machen?

Zum Beispiel:

Peter – er würde . . . .

a. Peter

b. Annette

c. Franz

d. Hannelore

e. Gerd

2. *You are trying to make arrangements with friends. Ask them what they would rather do.*

Zum Beispiel:

Monika zu Hause bleiben in die Stadt fahren?
Monika, würdest du lieber . . . ?

a. Heike und Günther Paris Mallorca Urlaub machen?
b. Uwe einen gelben Teppichboden einen blauen Teppichboden legen?
c. Cornelius und Petra in die Pizzeria ins China-Restaurant gehen?
d. Birgit auf dem Lande am Meer Ferien machen?
e. Irene Jugendherberge Hotel übernachten?

3. Wer hilft wem? Stell passende Satzteile zusammen und ergänze!
Vorsicht! Dativ! Besonders beim Plural!

Der Verkäufer Die Ärztin Der Automechaniker Der Lehrer Der Zahntechniker Susanne Die Krankenschwester Franz	hilft	d. . . Kunden d. . . Schüler d. . . Patientin ihr. . . Mutter sein. . . Mutter d. . . krank. . . Mann d. . . Kunden d. . . Zahnarzt

4. Präpositionen
Ergänze folgenden Dialog!
„Wohnst du nicht mehr bei dein. . . Eltern?"
„Nein. Ich habe jetzt eine eigene Wohnung in d. . . Friedrichstraße."
„Und wo genau in d. . . Friedrichstraße?"
„Wenn du von d. . . Autobahn kommst, ist das auf d. . . rechten Seite zwischen ein. . . Bäckerei und d. . . Supermarkt Plus und gegenüber ein. . . Metzgerei."
„Dann hast du viele Geschäfte in dein. . . Nähe."
„Ja. Ich brauche nur recht selten in d. . . Stadt zu fahren. Ich habe fast alles direkt vor d. . . Haustür. Um d. . . Ecke habe ich sogar eine U-Bahnstation. Mit d. . . U-Bahn kann ich zu. . . Stadtmitte fahren."
„Seit wann wohnst du da?"
„Seit letzt. . . Mai. Sofort nach d. . . Osterferien bin ich in d. . . neue Wohnung eingezogen. Sie liegt ganz schön. Hinter d. . . Haus ist viel Wald. Ich kann also durch d. . . Wald laufen und dann an d. . . Fluß entlang. Komm doch vorbei, wenn du Zeit und Lust hast!"

5. Bilde Sätze!
Was haben sie mit dem Weihnachtsgeld gemacht?

Zum Beispiel:

Tobias

Tobias hat sich ein Poster gekauft.

a. Ich

e. Meine Schwester und ich

b. Du

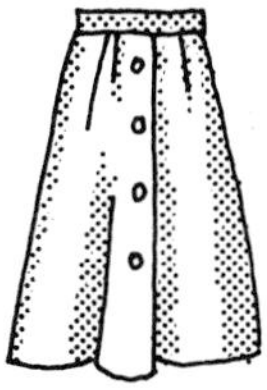

f. Ihr

c. Peter

g. Monika und Manuela

d. Susi

6. Lies dir den Brief auf Seite 89 durch, und beantworte folgende Fragen!

a. Wie machte er die Reise?
b. Was machte er sofort nach seiner Ankunft?
c. Wer fehlte, als er ankam?
d. Wo schrieb er den Brief?
e. Was gab es zum Abendessen?

7. Setz die richtige Form des Verbs ein! Perfekt oder **Präsens?**

Gelsenkirchen, den 3. Juni

Liebe Inge,
endlich . . . wir in die neue Wohnung . . . , aber wir . . . ziemlich kaputt! Den Umzug . . . wir eigentlich am 29. Mai . . . . Wir . . . einen VW – Bus . . . und . . . zigmal hin und her. . . . Aber dann . . . die Arbeit erst richtig . . . . Werners Bruder . . . uns sehr . . . . Er . . . die schweren Kartons hier hoch . . . . Wir . . . jetzt im dritten Stock. Manches . . . wir . . .: den alten Küchenschrank und den alten grünen Teppich von Oma. Wir . . . die alten Vorhänge und die Lampen in der alten Wohnung . . . . Am Samstag . . . wir neue Vorhänge und Lampen . . . Sie . . . sehr schön . . . .
. . . Du Lust, uns zu besuchen? Wir würden uns sehr freuen.

Laß etwas von Dir hören.
Viele liebe Grüße von,

Werner und Brigitte

Use the verbs in this order:

einziehen	tragen
sein	wohnen
machen	wegwerfen
mieten	lassen
fahren	kaufen
beginnen	aussehen
helfen	haben

8. Sieh dir den Text auf Seiten 91–92 an!
Give full answers in English.

a. Where was Henri Dunant born?
b. What do we know about his parents and about his childhood?
c. What occupation did he take up?
d. Why did he go to Italy in 1859?
e. Why didn't he meet the emperor?
f. What shocked Dunant in Castiglione?
g. Why didn't Italian women want to help?
h. What was the result of his experience?

9. *Give the third person singular of the simple past tense of the following verbs:*

a. verbringen
b. schreiben

Kapitel 6

ERSTER TEIL (Seite 93)

1. Und nun ganz unhöflich!
You're fed up with asking nicely. Now just issue orders!

Zum Beispiel:

Höflich: Kannst du mir bitte beim Spülen helfen?
Unhöflich: Spül!

a. Könnt ihr die Tür bitte aufmachen?
b. Könntet ihr mir bitte helfen?
c. Könntest du das Radio bitte ausmachen?
d. Kannst du den Tisch bitte decken?
e. Könntest du mir bitte beim Abtrocknen helfen?
f. Könnt ihr euer Zimmer bitte saubermachen?
g. Kannst du den Fernseher bitte ausmachen?
h. Kannst du das Licht wieder anmachen?
i. Kannst du die Tür bitte zumachen?
j. Es zieht hier. Könntest du das Fenster bitte zumachen?

es zieht *there's a draught*

2. Ergänze!

a. „Kannst du mir . . . Besen holen?"
„Wo ist . . . ?"
„Ich habe . . . in der Küche gesehen."
b. „Hast du . . . Telefonbuch gesehen?"
„Ja. . . . ist auf dem Tisch."
„Bringst du . . . mir, bitte."
c. „Wo ist . . . Tischdecke?"
„Ich weiß es nicht. Ich habe . . . nicht gesehen."
„Ah! Da liegt . . . – auf dem Schrank."
d. „Habt ihr noch . . . Geschirrtuch?"
„Ich habe . . . irgendwo gesehen. Da ist . . . ."
e. „Hast du . . . Gläser schon gespült?"
„Nein. Noch nicht. Ich spüle . . . aber gleich."
f. „Kannst du mir . . . Spüllappen geben?"
„Nein. Noch nicht. Ich brauche . . . noch. Du kannst . . . gleich haben."

3. *Give the third person singular of the simple past tense of the following verbs:*

a. sprechen
b. erschießen

4. Ergänze folgende Fragen!
Ein Lehrer fragt seine Schüler, was sie vorhaben. (Die Schüler gehen aus, aber nicht allein sondern in Gruppen.)

a. W. . . geht schwimmen?
b. Mit w. . . geht Monika ins Café?
c. W. . . geht zum Eisstadion?
d. W. . . hat Jens in seiner Gruppe?
e. Bei w. . . ist Cornelius in der Gruppe?
f. W. . . geht zum Jugendklub?
g. Mit w. . . gehst du aus, Paul?

5. Setz die richtige Form des Relativpronomens ein!

a. Der Junge, . . . in der Küche arbeitet, heißt Jens.
b. Das Mädchen, . . . das Fahrrad repariert, heißt Eva.
c. Die Leute, . . . an der Bushaltestelle stehen, wollen in die Stadt fahren.
d. Die Frau, . . . Gitarre spielt, ist meine Musiklehrerin.
e. Der Tisch, . . . ich abgewischt habe, ist jetzt schön sauber.
f. Das Zimmer, . . . wir saubergemacht haben, sieht sehr gut aus.
g. Das Essen, . . . ich gekocht habe, schmeckt gut.
h. Der Brief, . . . ich geschrieben habe, ist sehr lang.
i. Die Gläser, . . . ich abgetrocknet habe, sind im Schrank.
j. Der Mann, . . . wir gesehen haben, ist der Herbergsvater.

6. Schreib Dialoge!

Zum Beispiel:

 √ gestern

„Hast du Brot gekauft?"
„Ja. Ich habe es gestern gekauft."

 × heute

„Hast du Brot gekauft?"
„Nein. Ich kann es aber heute kaufen."

a.  √ heute früh

b.  × heute

c. 

√ gestern

d. 

√ gestern

e. 

√ gestern

f. 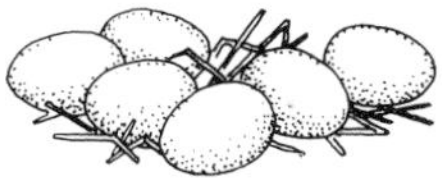 × heute

g.  √ heute

h. 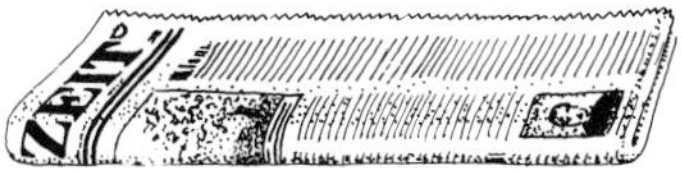

× heute früh

i.  √ gestern

j. 

× heute

ZWEITER TEIL (Seite 99)

1. Bilde die Präsensformen!

a. können
b. müssen
c. wollen
d. sollen

2. *Complete these sentences using appropriate forms of one of the modal verbs in Exercise 1.*

a. Das Wetter . . . heute besser werden.
b. Ich . . . meine Hausaufgaben nicht machen. Ich . . . fernsehen.
c. „Wann . . . du fahren?"
„Ich . . . spätestens um 18.00 Uhr fahren, wenn ich pünktlich ankommen . . . ."
d. „. . . man hier halten?"
„Ja. Klar. Die Ampel ist auf Rot!"
e. Was . . . du zuerst machen? Saubermachen oder einkaufen?
f. „Was . . . wir heute machen?"
„Ich habe Lust, ans Meer zu fahren."
g. Und was . . . ihr machen? Habt ihr Lust, spazieren zu gehen?
h. . . . du nicht alleine ins Kino gehen? . . . ich mit?
i. Du siehst immer noch krank aus. . . . ich den Arzt anrufen?
j. . . . du mir helfen? Ich . . . das nicht alleine.

3. Ergänze!

a. Die Flasche, . . . auf dem Tisch steht, kommt in 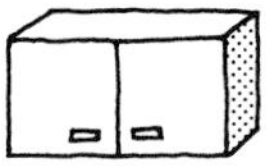 .

b. Die Serviette, . . . auf dem Tisch liegt, kommt  .

c. Das Tuch, . . . auf dem Stuhl liegt, kommt 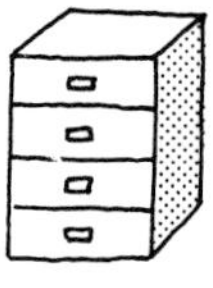 .

d. Das Buch, . . . auf dem Tisch liegt, kommt  .

e. Die Socken, . . . auf dem Bett liegen, kommen  .

f. Die Vase, . . . auf dem Tisch steht, kommt 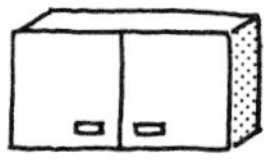 .

g. Das Bild, . . . auf dem Sofa liegt, kommt an  .

h. Der Kochtopf, . . . auf dem Küchentisch steht, kommt 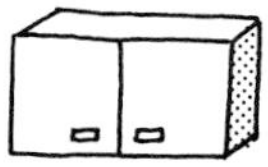 .

i. Die Äpfel, . . . in der Einkaufstüte sind, kommen  .

j. Die Zeitung, . . . auf dem Tisch liegt, kommt  .

4. Schreib Sätze!
Auf der Klassenfahrt.
Was müssen die Schüler machen?

Zum Beispiel:

Am Montag muß Peter abräumen.
Am Dienstag muß er . . . .

Name	**Mo**	**Di**	**Mi**	**Do**	**Fr**
Peter	Abräumen	Abwischen der Tische	Einkaufen	Kehren	Spülen
Monika	Abtrocknen	Einkaufen	Tisch decken	Spülen	Kehren
Stefan	Bügeln	Putzen	Betten machen	Wohnzimmer saubermachen	Abtrocknen

5. *Give the third person singular of the simple past tense of the following verbs:*

a. waschen
b. nehmen

6. Schreib Dialoge nach dem folgenden Beispiel!

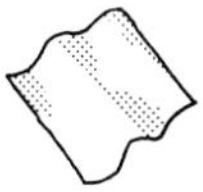 ?→ Tisch abwischen

A: Ich brauche einen Lappen.
B: Wozu?
A: Um den Tisch abzuwischen.

a.  ?→ Zimmer saubermachen

b.  ?→ Kaffee kochen

c. 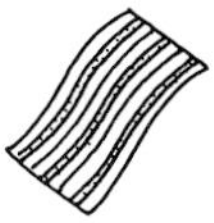 ?→ abtrocknen

d.  ?→ Flur kehren

e. 

?→ Wäsche waschen

f.  ?→ Hemden bügeln

g. 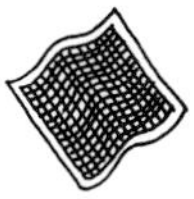 ?→ Tisch wischen

h. 

?→ Schuhe putzen

i.  ?→ Zwiebeln kleinschneiden

j. 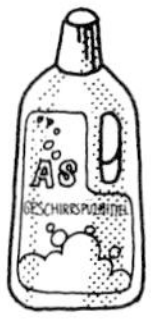 ?→ spülen

7. Ergänze! Wähle die richtigen Pronomen!

a. Liebe Karin,
ich danke . . . für das schöne Weihnachtsgeschenk. Es gefällt . . . sehr gut.
b. Mein Bruder ist sehr glücklich, denn man hat . . . einen Computer geschenkt.
c. Unsere Eltern hatten viel zu tun, aber wir haben . . . geholfen.
d. Meine Schwester Maria ist krank geworden und konnte nicht mit uns in Urlaub fahren. Ich habe . . . also einen langen Brief geschrieben.
e. Kannst du . . . einen Rat geben? Wir wissen nicht, was wir machen sollen.
f. „Kann ich . . . helfen?“
„Ja. Ich suche ein Geschenk für meine Freundin.“
g. . . . ist kalt. Sollen wir die Heizung anmachen?
h. Meine Schwestern sind nach Mallorca geflogen und haben im Hotel gewohnt. . . . war nachts so heiß, daß sie nicht schlafen konnten.
i. „Tut . . . das Bein weh? Du siehst nicht gut aus.“
„Ja. Es tut . . . noch weh. Ich muß morgen zum Arzt.“
j. „Wem gehört diese Schallplatte? Dem Klaus?“
„Nein . . . . gehört sie nicht.“
k. Wenn du in die Stadt fährst, kannst du . . . etwas kaufen?

DRITTER TEIL (Seite 106)

1. Schreib Sätze! Wähle die richtigen Präpositionen!

Zum Beispiel:

Plan   Tisch

Da ist der Plan, den du suchst. Er liegt auf dem Tisch.

Präpositionen zur Auswahl:
in
auf
unter
neben
hinter

a. Jacke   Sofa
b. Geschirrtuch   Herd
c. Schraubenzieher   Schublade
d. Messer   Tisch
e. Kochbuch   Regal
f. Kassette   Stuhl
g. Schuhe   Sofa
h. Ring   Bett
i. Karte   Rucksack
j. Socken   Stuhl

2. Ergänze!

a. Er ist durch . . . Stadt gefahren.
b. Sie gingen um . . . Ecke.
c. Sie sind durch . . . Dorf gelaufen.
d. Das Besteck kommt in . . .Schublade.
e. Er ist über . . . Kreuzung gefahren.
f. Die Schüler sind durch . . . Schule gerannt.
g. Sie gingen um . . . Haus und durch . . . Garten.
h. Er setzte den Kochtopf auf . . . Herd.

3. Bilde Wennsätze!
a. Was würdest du machen?

Zum Beispiel:
Wenn ich . . . , würde ich . . . .

(i) £15,000, 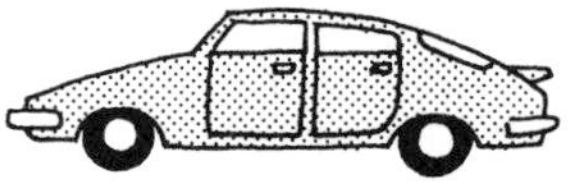 .

(ii) £300,  .

(iii) £12.00, 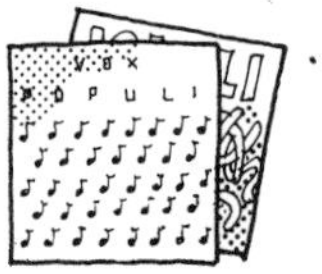 .

b. Was machen wir morgen?

Zum Beispiel:

Wenn . . . , gehen wir . . . .

(i)  , 

.

(ii) 

(iii) 

(iv) 

c. 

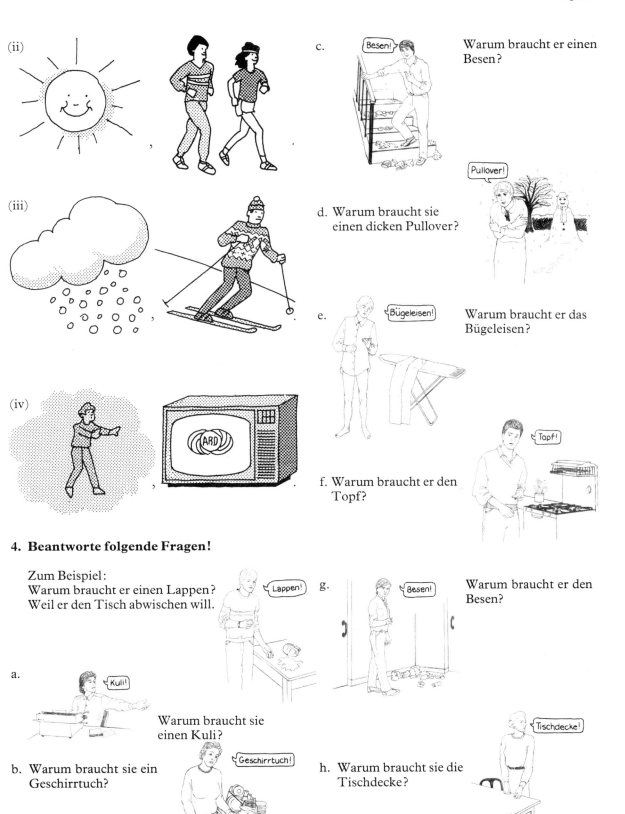

Warum braucht er einen Besen?

d. Warum braucht sie einen dicken Pullover?

e. 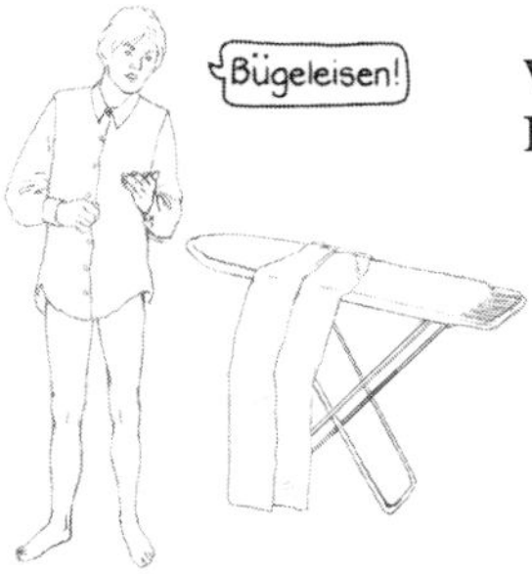

Warum braucht er das Bügeleisen?

f. Warum braucht er den Topf?

4. Beantworte folgende Fragen!

Zum Beispiel:
Warum braucht er einen Lappen?
Weil er den Tisch abwischen will.

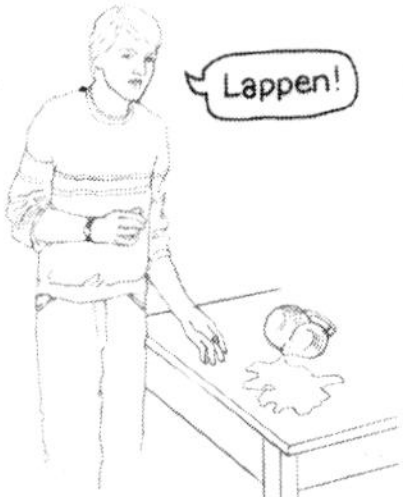

a. 

Warum braucht sie einen Kuli?

b. Warum braucht sie ein Geschirrtuch?

g. 

Warum braucht er den Besen?

h. Warum braucht sie die Tischdecke?

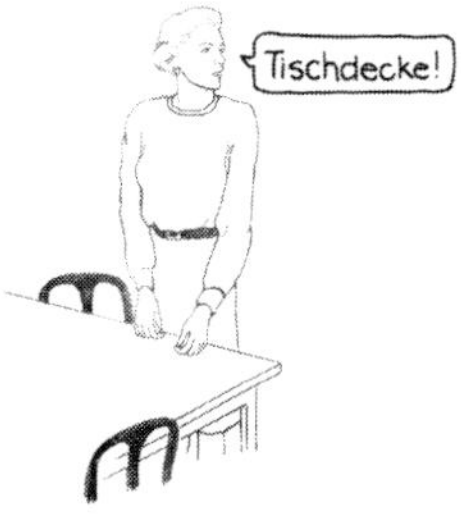

5. Beantworte folgende Fragen!
NB Word order with dative pronoun and noun!

Zum Beispiel:

Was hat er Gabi geschenkt?
Er hat ihr ein Buch geschenkt.

a. Was hat er dir gegeben?

b. Was hat sie dem Ingo gekauft?

c. Was haben Sie der Monika geschickt?

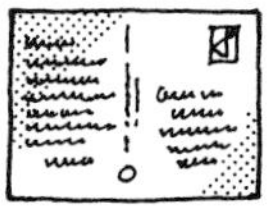

d. Was hat er dir gegeben?

e. Welches Hotel hat sie dir empfohlen?

f. Was hast du ihm gereicht?

6. *Give the third person singular of the simple past tense of the following verbs:*

a. ankommen
b. gehen

VIERTER TEIL (Seite 111)

1. Schreib Dialoge!

Zum Beispiel:

Bohnen? √
A: Magst du Bohnen?
B: Ja. Ich mag **sie** gern.

a. Spinat? ×
b. Spiegeleier? √
c. Pommes Frites? √
d. Blumenkohl? √
e. Erdbeereis? ×
f. Joghurt? ×
g. Schweinefleisch? √
h. Schwarzbrot? √
i. Bohnensalat? ×
j. Eintopf? √

2. Ergänze folgende Dialoge!

a. „Hast du den Schinken schon probiert, Peter?"
„Ja."
„Schmeckt er . . . gut?"
b. „Hast du den Fisch probiert, Martina?"
„Ja."
„Schmeckt er . . .?"
„Ja. Er schmeckt . . . sehr gut."
c. „Haben deine Eltern das Schwarzbrot probiert?"
„Ja. Es hat . . . aber nicht so gut geschmeckt."
d. „Hat Lionel die Suppe gekostet?"
„Ja. Sie schmeckt . . . gut."
e. „Hat Chloe etwas von dem Kuchen gegessen?"
„Ja. Sie hat alles aufgegessen. Es scheint . . . gut zu schmecken."
f. „Hat es . . . geschmeckt, Frau Doktor?"
„Ja. Es hat . . . geschmeckt."
g. „Wie hat . . . der deutsche Kaffee geschmeckt, Susan?"
„Ganz gut, danke. Darf ich noch eine Tasse trinken?"
h. „Was habt ihr besonders gern gegessen, als ihr in Deutschland wart?"
„Also, . . . haben die Brötchen am besten geschmeckt."

3. Schreib Dialoge!
Benutze die richtige Form von ‚diese'!

Zum Beispiel:

„Möchtest du **diesen** Rock kaufen?"
„Ja. **Er** gefällt mir gut."

a.

b.

c.

d.

e.
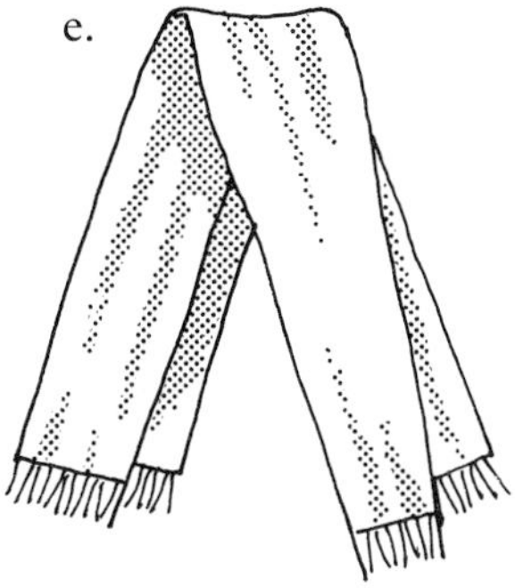

f.

g.

h.
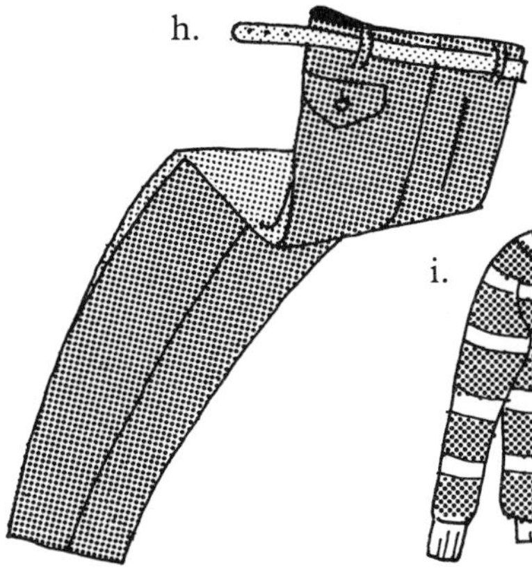

i.

j.

4. Schreib Dialoge!

Nach dem Essen hilft Joan beim Abräumen des Tisches. In der Küche kennt sie sich aber schlecht aus. Sie muß viele Fragen stellen.

Zum Beispiel:

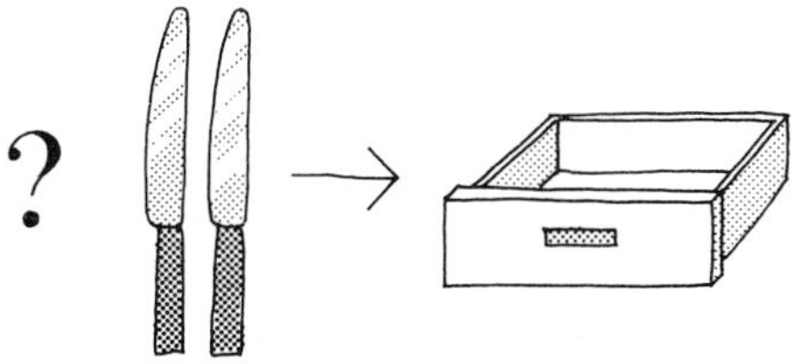

„Wo kommen die Messer hin?"
„Sie kommen in die Schublade."

a.
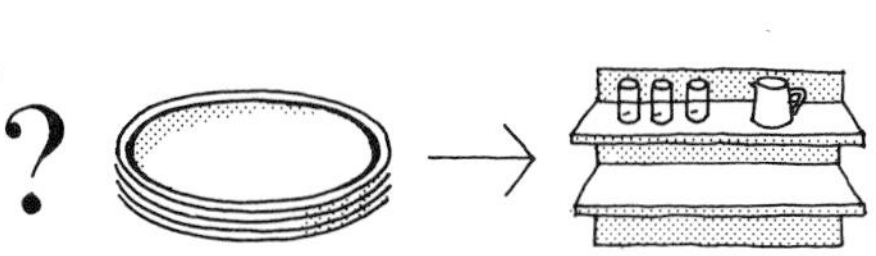

b.
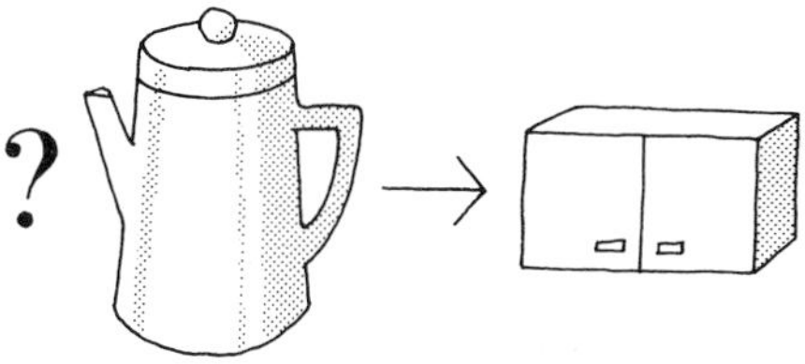

c.
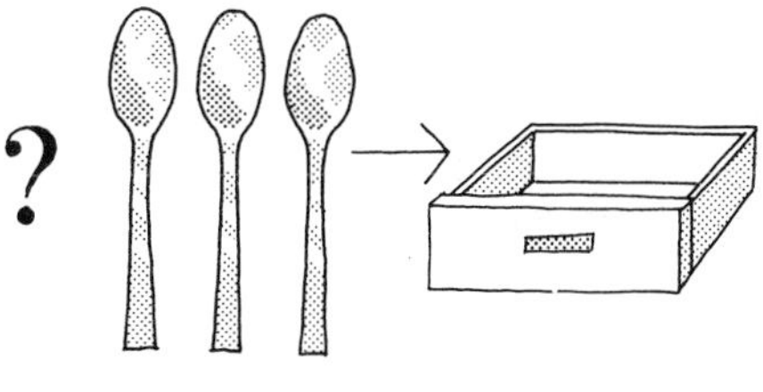

d.

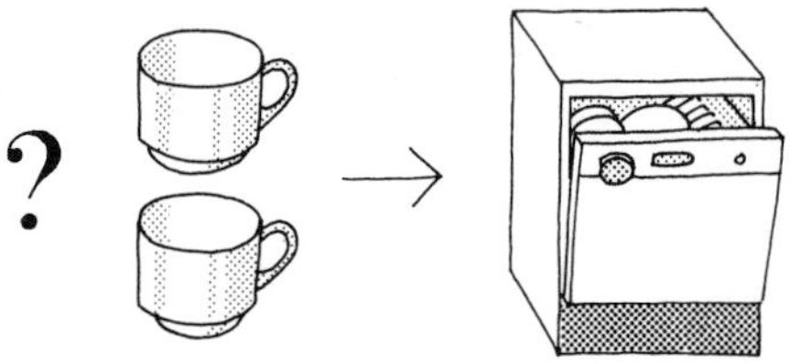

e.

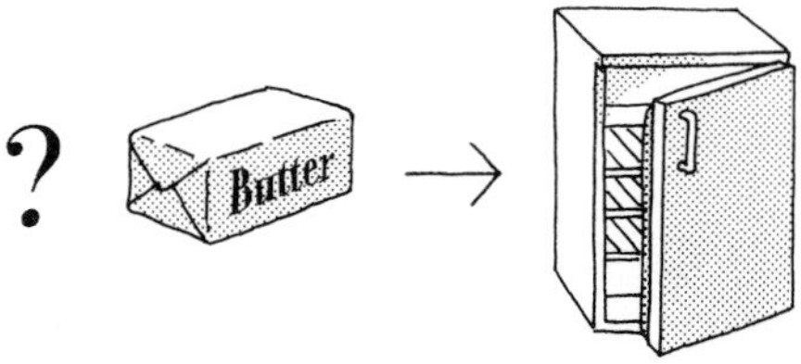

f.

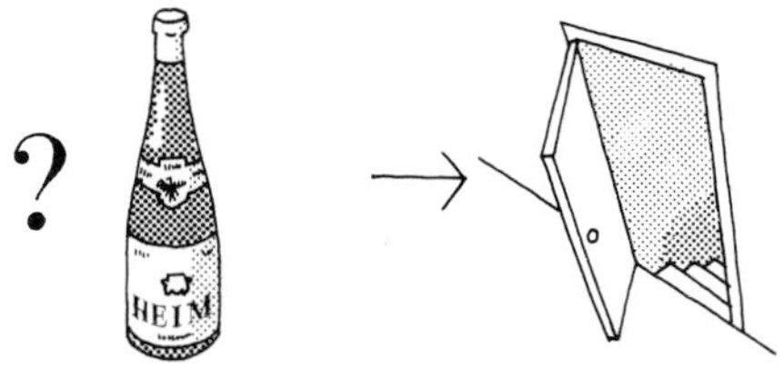

g.

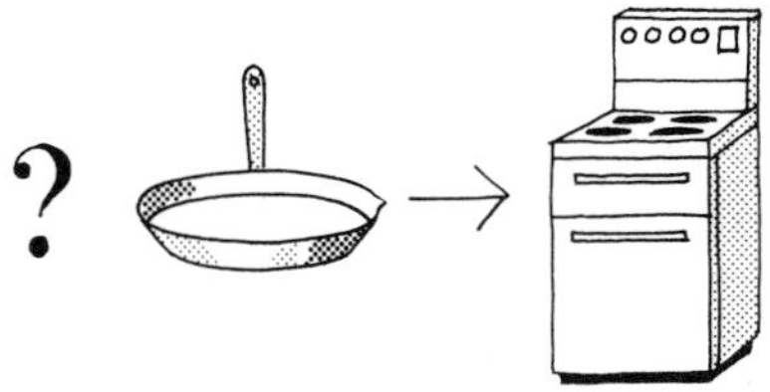

h.

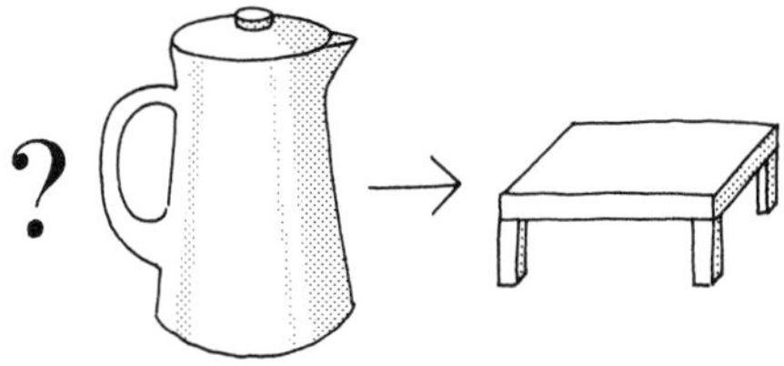

i.

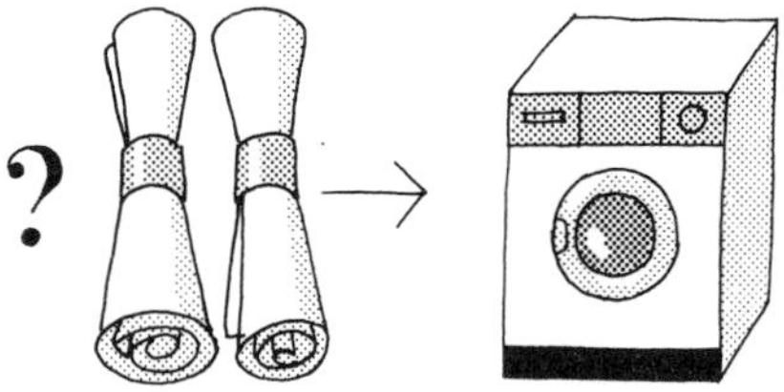

j.

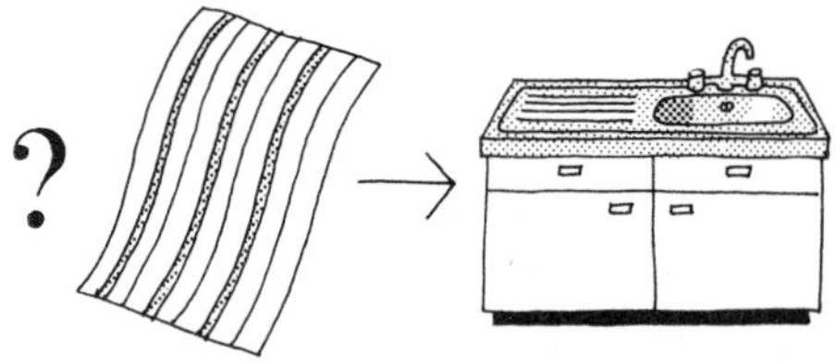

5. Ergänze!

a. „Was soll ich mit dem Besen machen?"
„Den kannst du in den Schrank . . . ."
b. „Und wo kommt das Wörterbuch hin?"
„Das kannst du aufs Regal. . . ."
c. „Was kann ich mit dem Regenschirm tun?"
„. . . ihn in die Ecke, bitte."
d. „Wo kann ich meinen Rucksack hintun?"
„. . . ihn in die Ecke."
e. „Wo soll ich meinen Mantel hintun?"
„. . . ihn aufs Bett."

6. Was werden folgende junge Leute mit ihrem Geld machen?

a. Dirk

b. Angela

c. Horst

d. Dieter

e. Gabi

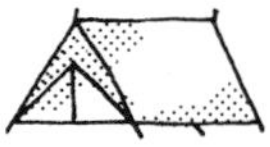

f. Martin

g. Friedhelm

h. Manuela

i. Florian

j. Uwe

7. Sieh dir Seite 115 an!
Beantworte folgende Fragen zum Text!

a. *How was Henri Dunant's book received?*
b. *What suggestions did he make in the book?*
c. *Which of his ideas was accepted at the Geneva Conference of 1863?*
d. *Why did he go bankrupt?*
e. *What did he do between 1867 and 1887?*
f. *Where did he go in 1887, and why?*
g. *What made people remember him again?*

8. *Give the third person singular of the simple past tense of the following verbs:*

a. stehen
b. heißen

Kapitel 7

ERSTER TEIL (Seite 116)

1. Ergänze folgende Sätze!

a. Es sind fünf Kilometer nach Linz. Ich glaube, daß . . . .
b. Eine Fahrkarte nach Köln kostet 20.-DM Ich glaube, ...
c. Ulrike ist sechzehn Jahre alt. Ich . . . .
d. Wir haben den 26. Januar. . . . .
e. Ich werde mit dem Wagen fahren . . . .
f. Er hat morgen Geburtstag. . . . . . .

2. Schreib einen zusammenhängenden Text über Martins Reise nach Hamburg!
Benutze bitte das Perfekt!

3. Schreib Sätze! Benutze folgende Pronomen: der, er, ihn; die, sie, sie; das, es, es!

Zum Beispiel:
Rathaus
„Möchtest du **das** Rathaus besichtigen? **Es** ist schön."
„Danke. Ich kenne **es** schon."

a. Schloß
b. Galerie
c. Turm
d. Brücke
e. Hafen

4. *Give the third person singular of the simple past tense of the following verbs:*
a. wissen
b. entscheiden

ZWEITER TEIL (Seite 120)

1. Sieh dir die Texte auf Seite 120 an, und beantworte folgende Fragen!

a. Anna und Brian
(i) Wo arbeitet Stefan Disch?
(ii) Wie half er den ersten Anreisenden?
(iii) Was für einen Urlaub machten Anna und Brian?
(iv) Wohin wollten sie später weiterfahren?
(v) Was suchten sie in Titisee?
(vi) Wie waren sie unterwegs?

b. Iris und Jörg
(i) Warum gingen sie zum Kurhaus?
(ii) Wie waren sie unterwegs?
(iii) Übernachteten Sie in Hotels?
(iv) Welchen Campingplatz empfahl Stefan?

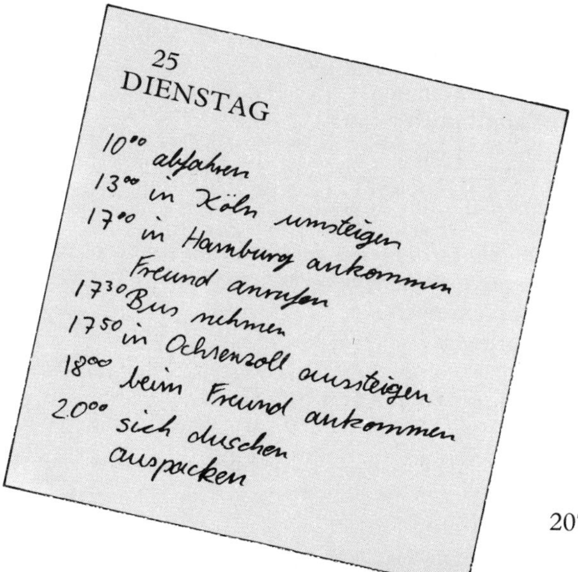

2. **Ergänze!**
   Wann oder **wenn?**
   a. . . . fängt der Film an?
   b. Weißt du, . . . die Ferien beginnen?
   c. . . . es regnet, hol' die Wäsche bitte 'rein!
   d. . . . er uns besuchen kommt, bringt er hoffentlich einen guten Wein mit!
   e. . . . hast du morgen Zeit?

3. **Lies dir den Text auf Seite 123 durch, und beantworte folgende Fragen!**
   a. Warum waren die drei Freunde in Deutschland?
   b. Warum fuhren sie in die Stadt?
   c. Was machten sie zunächst?
   d. Wieviel Geld löste Debbie ein?
   e. Wo kauften sie ein?
   f. Gingen alle drei ins Café?
   g. Was machten sie dort?
   h. Was kaufte Debbie endlich?
   i. Warum hatte Susan kein Geld für Geschenke übrig?

4. **Superlativ**
   Ergänze!
   a. Der . . . Berg der Welt ist der Everest.
   b. Der . . . Fluß der Welt ist der Amazonas.
   c. Das . . . Gebäude in Frankreich ist der Eifelturm.
   d. Das . . . Tier der Welt ist der Gepard.
   e. Das . . . Land in der BRD ist Bremen.
   f. Der . . . Tag des Jahres ist im Dezember.
   g. Das . . . Tier ist der Walfisch.

   Zur Auswahl:
   groß lang
   hoch schnell
   klein schwer
   kurz

5. *Give the third person singular of the simple past tense of the following verbs:*
   a. unterkommen
   b. stattfinden

DRITTER TEIL (Seite 124)

1. *Give the third person singular of the simple past tense of the following verbs:*
   a. beschreiben
   b. bringen

2. **Ergänze folgenden Brief!**
   Sehr . . . ,
   wir hoffen, im . . . Sommer eine Deutschlandreise . . . . . . und werden vielleicht den Schwarzwald . . . .
   Können Sie uns bitte . . . Prospekt und . . . Hotelverzeichnis mit . . . Preisliste schicken?
   Ich . . . mich auf eine baldige . . . .
   Mit . . . . . .
   ihr/ihre . . .

3. **Ergänze mit der richtigen Form von ,welche-'! Vollende Fragen und Antworten!**

Reiseziel	Bus	U-Bahn	Straßenbahn
Universität	78	1	51
Hauptbahnhof	4	3	36
Park	17	5	17
Eisstadion	15	11	14

   a. „Mit . . . Bus fährt man . . . Hauptbahnhof?"
   „Mit . . . Linie . . . ."
   b. „. . . Straßenbahn fährt . . . Uni?"
   „. . . Linie . . . ."
   c. „. . . Bus fährt . . . Park?"
   „. . . Linie . . . ."
   d. „Mit . . . U-Bahn fährt man . . . Eisstadion?"
   „Mit . . . Linie . . . ."

Kapitel 8

ERSTER TEIL (Seite 129)

1. *Give the third person singular of the simple past tense of the following verbs:*
   a. sollen
   b. unterschreiben
   c. werden

2. **Lies dir den Text auf Seite 129 durch, und beantworte folgende Fragen!**
   a. Wie war diese Familie unterwegs?
   b. Warum konnten sie hier nicht übernachten?
   c. Was mußten sie machen?

3. **Was wollen diese Leute wissen?**
   Answer using **wie, wann, wo,** *etc.*

   a.

Ist der Campingplatz in der Nähe des Dorfes?

   Er will wissen, ob . . . .

b.
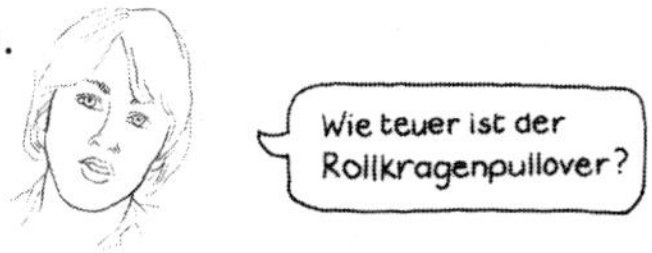

c.

d.

e.

f.

4. Mich oder **mir? Ergänze!**

a. Er hat . . . gesehen.
b. Sie hat . . . gefragt.
c. Sie haben . . . 50.-DM gegeben.
d. Kannst du . . . anrufen?
e. Kannst du . . . helfen?

5. Mich oder **mir? Dich** oder **dir? Ergänze!**

a. Kannst du . . . helfen? Ich brauche ein Bild für meinen Paß. Könntest du . . . fotografieren?
b. Hoffentlich geht's . . . morgen besser. Auf jeden Fall rufe ich . . . an.
c. Habe ich . . . schon gefragt, ob du . . . morgen helfen kannst?
d. Morgen wenn ich . . . sehe, gebe ich . . . das Geld.

6. Schreib einen zusammenhängenden Text über diese zwei Ferientage! Benutze das Perfekt!

DIENSTAG	MITTWOCH
10°° Ankunft am Campingplatz	Spät aufstehen frühstücken
In die Stadt fahren	11°° Zum See fahren
Lebensmittel einkaufen	Schwimmen im Freien essen
16°° das Essen vorbereiten	in die Stadt fahren
18°° Essen	Stadtbesichtigung machen
20°° Spaziergang machen	21°° in die Disco gehen

Wenn möglich, benutze folgende Vokabeln!
wo am Abend
zunächst am nächsten Morgen/Tag
um . . . zu
dann dort

7. Setz passende Adjektive ein!

Als Frau Schweitzer in der Stadt war, kaufte sie einen . . . Anorak und eine . . . Hose. Sie suchte auch ein . . . Geschenk für eine . . . Freundin. Nach einem . . . Einkaufsbummel fand sie in einem . . . Geschäft ein . . . Buch, das sehr preiswert war. Anschließend kaufte sie sich noch ein . . . Handtuch und einen Pulli.

8. Setz ins Imperfekt!

Monika und Ulrike . . ., nach Berlin zu fahren. Als sie dort . . ., . . . sie eine Unterkunft. Sie . . . nach dem Weg zum Verkehrsamt. Dort . . . man ihnen eine Unterkunft zu finden. Der Mann . . . ihnen auch eine Broschüre von der Stadt. Sie . . . mit der U-Bahn zum richtigen Stadtteil, wo sie mit einem Jungen . . . . Er . . . den Stadtteil. Ohne Schwierigkeiten . . . sie die Jugendherberge.

Use the following verbs in this order:

beschließen	geben
ankommen	fahren
suchen	sprechen
fragen	kennen
helfen	finden

9. Setz die richtige Form des Possessivpronomens ein!

a. Sie kam mit . . . Bruder. (ihr)
b. Hast du . . . Gitarre gesehen? (sein)
c. Ich bin mit . . . Schwester in die Stadt gefahren. (mein)
d. Hast du . . . Adressenbuch gefunden? (dein)
e. Habt ihr . . . Eltern gefragt? (euer)

ZWEITER TEIL (Seite 136)

1. *Explain in German what you are not allowed to do here, using two sentences for each picture: one with* **dürfen** *and one with* **erlaubt**.

Zum Beispiel:
Es ist nicht erlaubt . . . zu . . . .
oder
Hier darf man nicht . . . .

a.

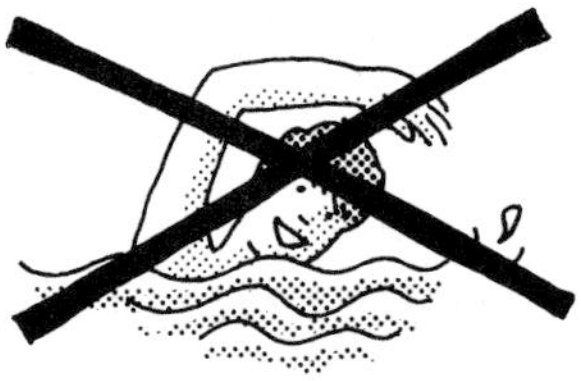

b.

c.

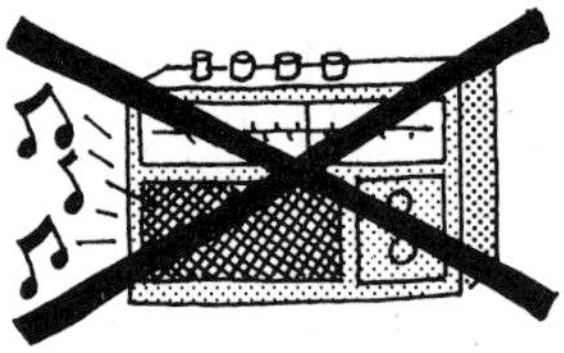

d.

e.

2. Schreib Sätze!

Zum Beispiel:
Sein Vater gab ihm ein Buch.

a.

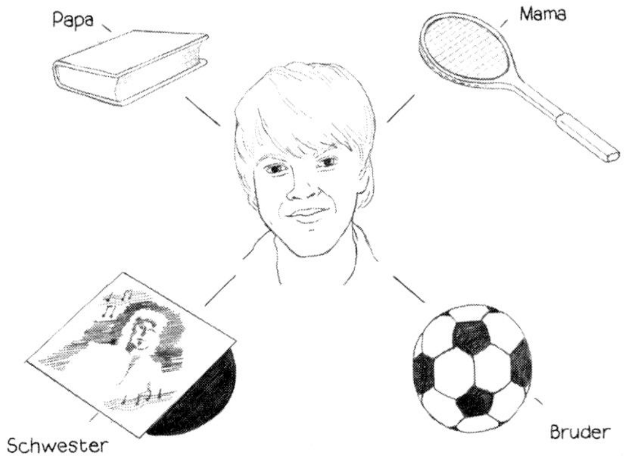

b.

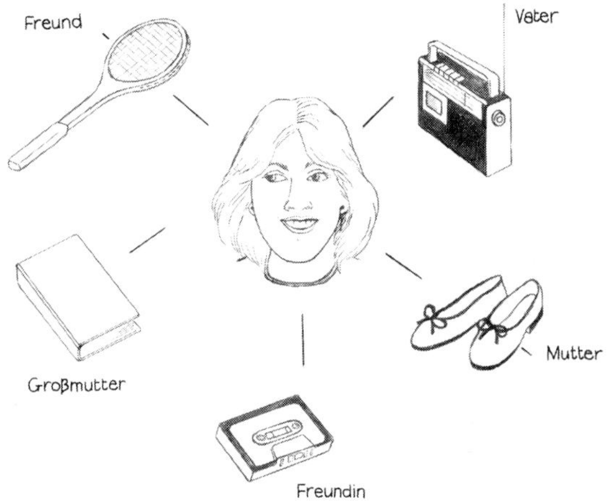

3. Wortstellung bei ‚wann' und ‚wo'

a.

b.

c.

d.

e.

f.

a. Er will wissen, wann . . . .
b. Er will wissen, wo . . . .
c. . . . .
d. . . . .
e. . . . .
f. . . . .

4. *Give the third person singular of the simple past tense of the following verbs:*
a. dürfen
b. schwimmen
c. lesen

5. Lies dir den Text auf Seite 140 durch, und beantworte folgende Fragen!
a. Wo war Karin in Urlaub?
b. Welche neue Sportart lernte sie?
c. Was machte sie mit ihrer Familie zusammen am Strand?

Kapitel 9

ERSTER TEIL (Seite 143)

1. Lies dir die Texte auf Seiten 143–144 durch, und beantworte folgende Fragen!

a. Iris
(i) Was hatte sie an jenem Tag vor?
(ii) Was für Benzin kaufte sie?
(iii) Was kontrollierte der Tankwart?

b. Herr Schnabel
(i) Warum fuhr er zur Werkstatt?
(ii) Wann kam er an?
(iii) Was war mit dem Reifen los?
(iv) Wie lange brauchte Herr Huppert, um den Reifen zu reparieren?

c. Frau Simon
Warum fuhr sie langsam zur Werkstatt?

d. Mr and Mrs Osborne
(i) Was war mit dem Motor los?
(ii) Was machten sie mit dem Wagen?

2. Beantworte folgende Fragen! Benutze ‚erst' bei der Antwort!
Zum Beispiel:

Apotheke Hirsch
Öffnungszeiten Mo – Fr:
9.00–12.30 Uhr
14.00–18.00 Uhr

„Es ist 8.30. Kann ich zur Apotheke?"
„Nein. Das geht nicht. Sie ist erst um 9.00 Uhr geöffnet."

a.

Supermarkt
Mo–Fr
9.00–12.00 Uhr
13.00–18.30 Uhr

„Es ist 12.15 Uhr. Soll ich zum Supermarkt gehen?"
„. . . . . . ."

b.

ASTRA
Vorstellungen: 13.50
16.30
19.10
21.50

„Es ist jetzt 18.00 Uhr. Gehen wir ins Kino?"
„Nein. Die nächste Vorstellung beginnt . . . ."

c.

MONTAG
9.00
10.00
11.00 Büro
12.00

„Können wir uns um 10.00 Uhr treffen?"
„Nein. Ich . . . ."

d.

STADTTHEATER
HEUTE
DON JUAN
20.00 Uhr

„Es ist 19.00 Uhr. Sollen wir jetzt ins Theater?"
„Nein. Die Vorführung beginnt . . . ."

e.

MITTWOCH
13.00
14.00
15.00 Theaterklub
16.00
17.00

„Kannst du um 14.00 Uhr schwimmen gehen?"
„Nein . . . ."

f.

Jugendherberge
Öffnungszeit: 18.00 Uhr

„Es ist 17.00 Uhr. Können wir jetzt in die Jugendherberge?"
„Nein. Leider nicht, ..."

g.

Im Jugendzentrum
heute
um
21.00 Uhr
Vox Populi
LIVE

„Gehen wir heute abend ins Konzert?"
„Ja. Aber noch nicht. Das Jugendzentrum . . . ."

h.

Landesmuseum
Öffnungszeiten:
Montags geschlossen

Di, Do:	10.00–12.00 Uhr
Mi, Fr:	14.00–18.00 Uhr
Sa:	10.00–18.00 Uhr
So:	10.00–12.00 Uhr

„Gehen wir jetzt ins Museum? Es ist schon 13.00 Uhr."
„Welchen Wochentag haben wir heute?"
„Mittwoch."
„Dann müssen wir warten. Das Museum . . . ."

3. Schreib Sätze! Benutze ‚da' bei den Sätzen!

Zum Beispiel:

Werkstatt.

Da der Motor nicht funkioniert, muß ich in die Werkstatt.

a.

Fahrradgesch

b.

Elektrogeschä

c.

Fernsehgeschäft.

d.

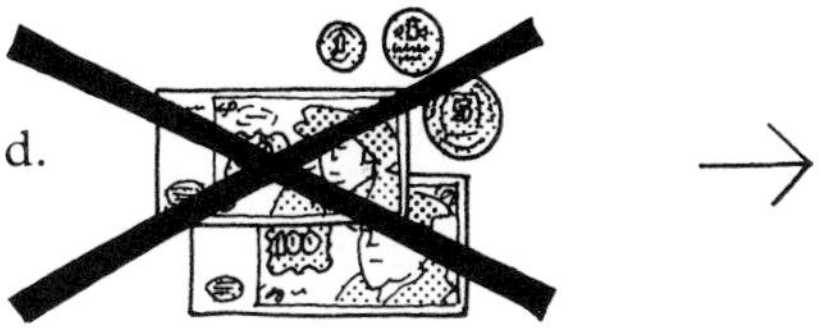

Sparkasse.

e.

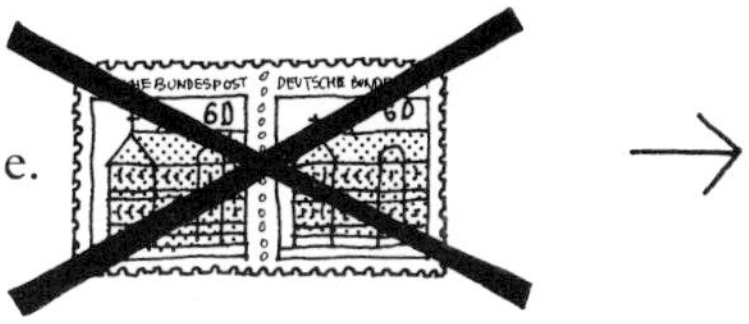

Post.

f.

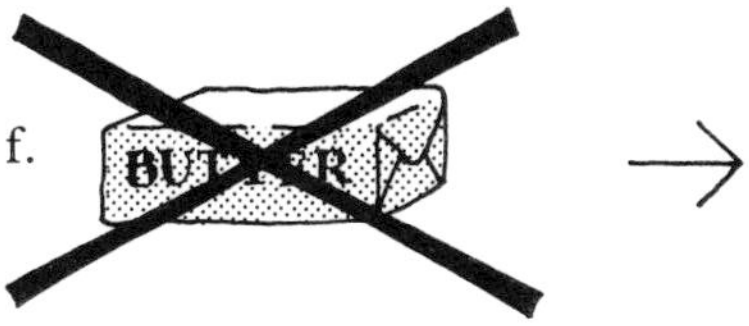

Supermarkt.

g.

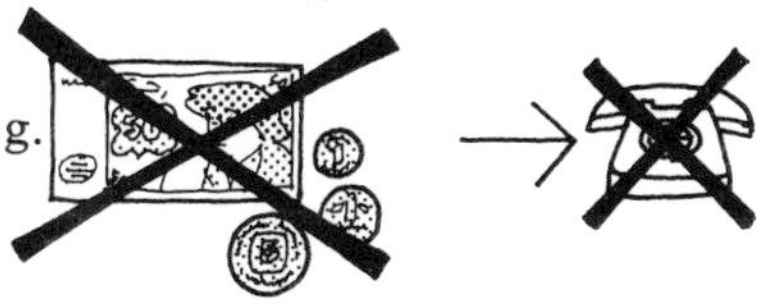

h.

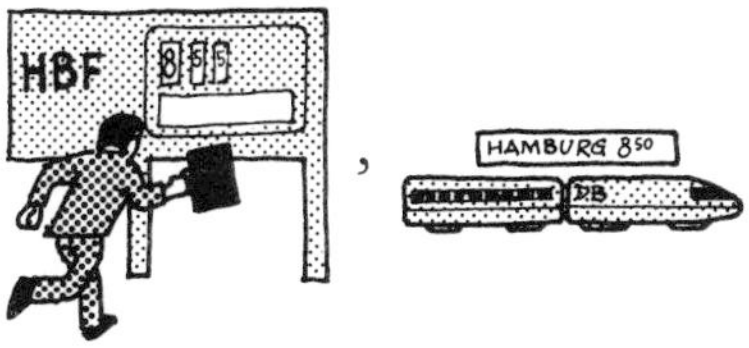

verpassen (*wk*) *to miss (e.g., a train, etc)*

i.

4. Ergänze folgende Sätze!
Benutze ‚etwas machen lassen' bei der Antwort!
Beachte die Zeitform!

Zum Beispiel:
Birgits Schreibmaschine funkionierte nicht mehr. Sie brachte sie weg und **ließ sie reparieren**. Jetzt ist sie wieder in Ordnung.

a. Unser Auto sprang nicht mehr an. Wir . . . . (reparieren) Es war leider sehr teuer.
b. Meine Hose war dreckig. Ich . . . . (reinigen) Sie sieht wieder gut aus.
c. Christophs Haare waren zu lang. Er . . . . (schneiden)
d. Heike war krank. Sie . . . . (sich operieren) Jetzt geht es ihr viel besser.
e. Tobias fühlte sich krank, also ging er zum Arzt und . . . . (sich behandeln) Jetzt geht es ihm wieder gut.
f. Mein Mantel ist wirklich schmutzig. Ich muß ihn . . . . (reinigen)
g. Die Waschmaschine funkioniert nicht mehr richtig. Ich muß sie . . . . (reparieren)
h. Du kannst das Auto heute nicht fahren. Ich muß den Motor . . . . (reparieren)

5. *Give the third person singular of the simple past tense of the following verbs:*

a. lassen
b. sprechen
c. anrufen

6. Ergänze mit der richtigen Form des Imperfekts!
Neulich . . . Heikes Auto nicht . . . . Es . . . sehr kalt. Etwas . . . nicht. Sie . . . also mit dem Bus zum Büro und . . . mit fünf Minuten Verspätung . . . . Vom Büro aus . . . sie die Werkstatt . . . und . . . einen Termin für den nächsten Tag . . . . Ihr Bruder . . . ihren Wagen zur Werkstatt schleppen. Dort . . . sie den Wagen reparieren.

schleppen (*wk*) *to tow*

Verben zur Auswahl:

ankommen	funktionieren
anrufen	lassen
anspringen	müssen
ausmachen	sein
fahren	

ZWEITER TEIL (Seite 148)

1. *Give the third person singular of the simple past tense of the following verbs:*
   a. springen
   b. müssen
   c. fahren

2. **Sieh dir den Text auf Seite 148 an, und beantworte folgende Fragen!**
   a. Wer in der Familie sprach kein Deutsch?
   b. Was machte Frau Johnson, um Hilfe zu suchen?
   c. Warum machte sie und nicht ihr Mann das?
   d. Warum mußte sie Deutsch sprechen?
   e. Warum konnten die Polizisten die Familie Johnson nicht finden?

3. **Ergänze mit der richtigen Form des Relativpronomens!**
   a. Der Polizist, mit . . . ich gesprochen habe, war sehr hilfsbereit.
   b. Die drei Schüler, mit . . . ich gesprochen habe, waren sehr freundlich.
   c. Der Cornelius, mit . . . ich befreundet bin, studiert an der Uni.
   d. Die Verwandten, bei . . . ich im Sommer gewohnt habe, kommen bald nach England.
   e. Die Fete, auf . . . ich am Samstagabend war, war einfach Klasse!
   f. Das Gymnasium, auf . . . ich in Essen war, fand ich besser als dieses.
   g. Die Ärztin, mit . . . ich telefoniert habe, hat mir sehr geholfen.
   h. Die Haltestelle, an . . . ich gewartet habe, ist nicht weit vom Bahnhof entfernt.

4. **Schreib einen zusammenhängenden Text!**
   Tagesausflug nach dem Münsterland.
   Was haben John und Michael gemacht?

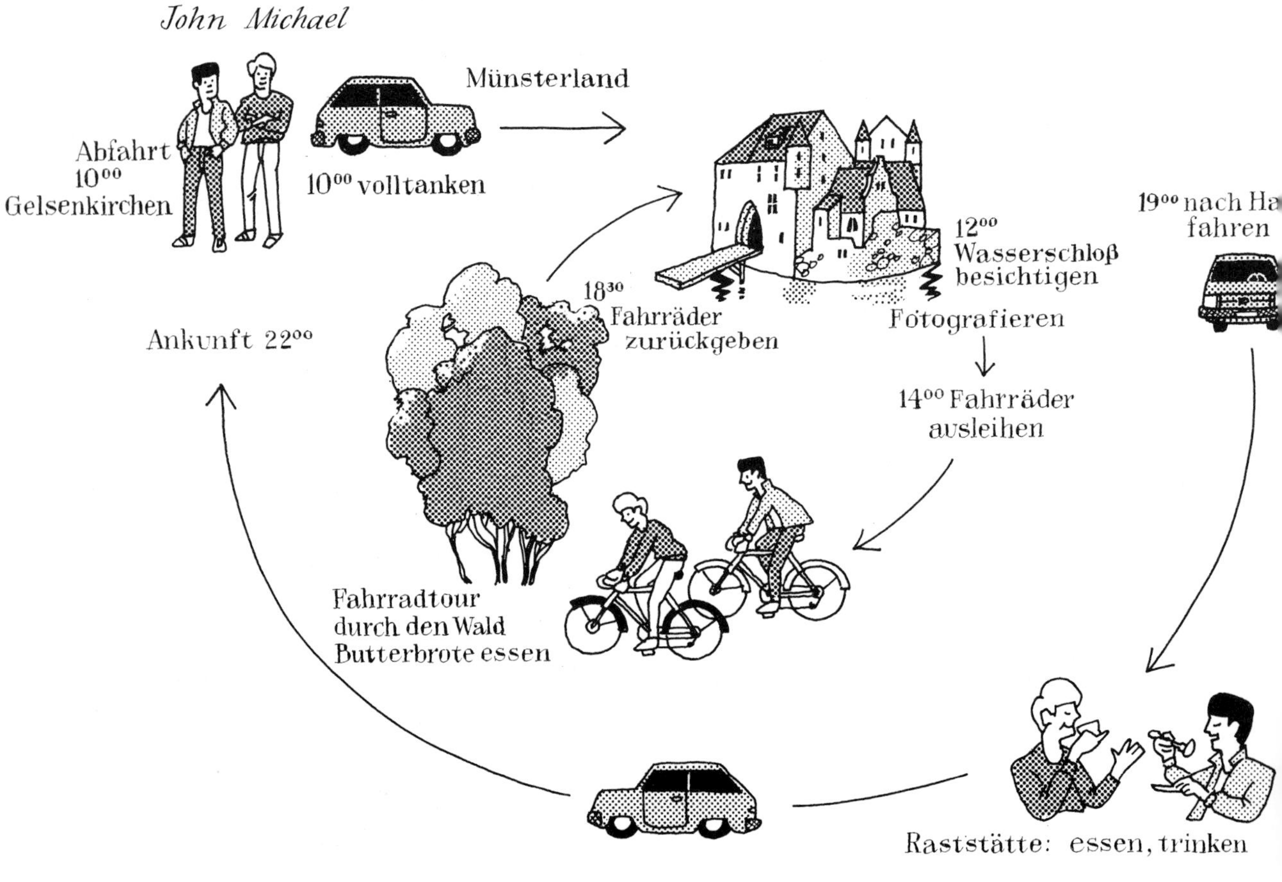

DRITTER TEIL (Seite 153)

1. *Give the third person singular of the simple past tense of the following verbs:*
a. kaufen
b. geben
c. kommen

2. Sieh dir den Text auf Seiten 153–154 an, und beantworte folgende Fragen!
a. Warum ging Karl zum Bahnhof?
b. Was mußte er bezahlen?
c. Wann fuhr er?
d. Welcher Klasse fuhr er?
e. Wollte er einen Platz in einem Raucherabteil reservieren?
f. Wo im Abteil wollte er sitzen?

3. Ergänze mit der richtigen Form des bestimmten Artikels!
Vorsicht! Dativ, Akkusativ oder Genitiv?
Contract where necessary (e.g., **zu der → zur***).*
a. Karl-Heinz wohnt in Minderringen in der Nähe ... Schwarzwalds.
b. Das Haus liegt außerhalb ... Dorfs nicht weit von ... Park.
c. Jeden Morgen fährt er zu ... Fabrik, wo er arbeitet. Sie liegt auf ... Freiburgerstraße.
d. Meistens fährt er mit ... Mofa dahin. Bei schlechtem Wetter fährt er lieber mit ... Straßenbahn.
e. Die Haltestelle befindet sich in der Nähe ... Kirche gegenüber ... Gaststätte.
f. Nach ... Arbeit geht er oft mit seinen Arbeitskollegen in ... Gaststätte.
g. Einmal in ... Woche gehen sie zusammen in ... Schwimmbad.
h. Das Schwimmbad ist in ... Stadt nicht weit von ... Jugendzentrum.
i. Nach ... Schwimmen gehen sie manchmal in ... Restaurant und manchmal in ... Jugendzentrum, wo sie sich mit ihren Freunden treffen.

4. Was werden sie in den Sommerferien machen?

a. Heike  → Mallorca.

b. Georg → auf dem Bauernhof arbeiten.

c. Peter  → England.

d. Hannelore 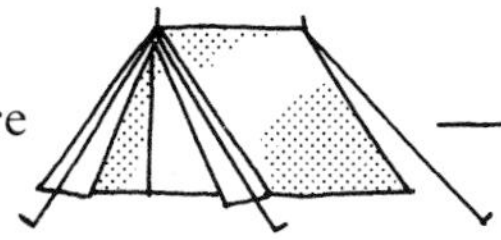 → Schwarzwald.

e. Wilma  → Irland.

f. Petra und Horst 

→ Griechenland und 

h. Michael  → Schottland.

g. Wilhelm  zu Hause.

VIERTER TEIL (Seite 159)

1. **Beschreib diese Reise! Benutze das Imperfekt!**
   Die Fahrt nach Burghausen.

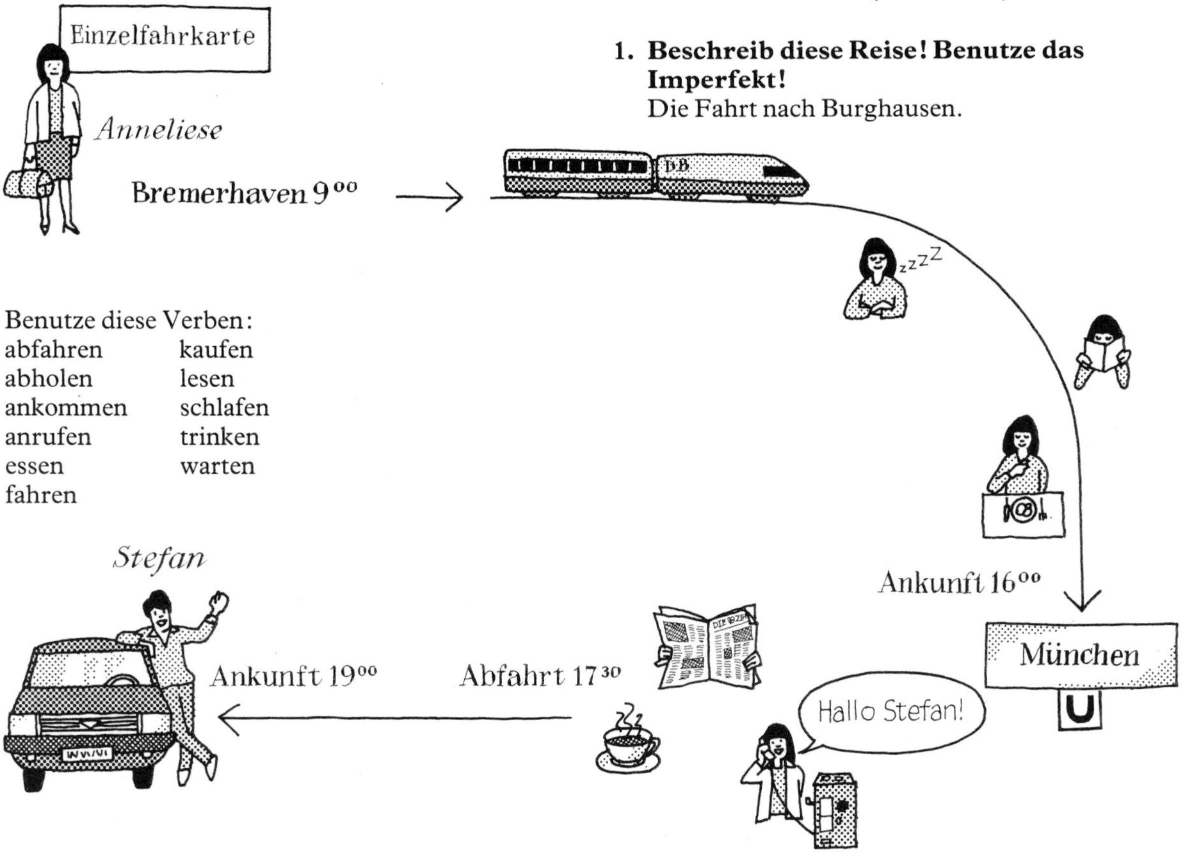

Benutze diese Verben:

abfahren	kaufen
abholen	lesen
ankommen	schlafen
anrufen	trinken
essen	warten
fahren	

2. **Sieh dir den Text auf Seite 159 an, und beantworte folgende Fragen!**
   a. Wie fuhr Rachel nach Hamburg?
   b. Wer holte sie dort ab?
   c. Warum wollte sie nicht alleine mit der U-Bahn fahren?
   d. Wohin fuhr sie weiter? Wie?
   e. Wie lange war sie in Urlaub?

3. *Give the third person singular of the simple past tense of the following verbs:*
   a. anspringen
   b. beschließen
   c. tun

Kapitel 10

ERSTER TEIL (Seite 162)

1. **Sieh dir den Text auf Seiten 162–163 an, und beantworte folgende Fragen!**
   a. Warum ging Anna Bradley zur AOK?
   b. Was mußte sie sich dort besorgen?
   c. Ging sie direkt ins Sprechzimmer?
   d. Wie oft in der Nacht erbrach sie sich?
   e. Hatte sie auch Fieber?
   f. Was verschrieb er ihr?

2. **Ergänze!**
   a. „Ist . . . warm?“
   „Nein. Mir ist kalt.“
   b. „Was hat dir der Arzt gesagt?“
   „Nicht viel. Er hat . . . eine Salbe verschrieben.“
   c. „Wie ist es mit Sylvia? Wie geht es . . . heute?“
   „Besser. Der Arzt hat . . . etwas gegen die Schmerzen gegeben.“
   d. Franz hat sich das Fußgelenk verrenkt. Kannst du es . . . verbinden?
   e. „Hat man . . . Antibiotika schon verschrieben, Frau Becker?“
   „Ja. Ich nehme sie schon seit vier Tagen.“
   f. „Kann man . . . irgendwie helfen, Frau Glauben?“
   „Danke. Das ist nett von . . . . Ich komme schon alleine klar.“
   g. Schickt ihr . . . die Prospekte, wenn ihr damit

fertig seid? Wir würden uns freuen.
h. Hast du etwas dagegen, wenn ich mit . . . zusammen zum Arzt fahre?
i. Meine Brieffreundin sagt, wenn ich in Deutschland bin, kann ich bei . . . unterkommen.
j. „Waren alle Schüler auf der Party?"
„Fast. Nur der Reinhold nicht. Außer . . . waren alle da."

3. Ergänze diesen Brief, den Petra, eine Dänin, an ihre deutsche Freundin geschrieben hat!

Liebe Roswitha,
entschuldige, daß ich erst jetzt schreibe. Schon Ostern und ich habe Dir immer noch nichts von meinen Ferien in Deutschland erzählt:
Februar – Busreise – Österreich
Gepäck: 1 Koffer (klein)
wohnen – Pension Alpenblick
Wetter: gut (Sonne)
immer skilaufen
Jetzt habe ich vor, Dich zu besuchen. Vielleicht schon in diesem Monat. Wie wäre es vom 25.–30 ?
Schreib bitte bald wieder,
Deine Petra.

4. *Give the third person singular of the simple past tense of the following verbs:*
a. liegen
b. fliegen
c. treffen

ZWEITER TEIL (Seite 169)

1. Setz ins Imperfekt!

a. Wilhelm (fahren) in die Stadt, wo er sich einen Taschenrechner kaufen (wollen). Zuerst (gehen) er zum Kaufhof, wo er nichts finden (können). Gegenüber vom Kaufhof (geben) es ein Geschäft, wo er genau das (finden), was er (suchen).

b. Als Karin in der Stadt (sein), (verlieren) sie ihr Portemonnaie. Erst als sie im Bus zahlen (wollen), (merken) sie, daß ihr Portemonnaie (fehlen). Sie (steigen) sofort aus dem Bus aus und (laufen) zum Café zurück, wo sie mit ihrem Freund zusammen Kaffee getrunken (haben). Die Kellnerin (haben) das Portemonnaie nicht gefunden. Also (gehen) sie zum Fundbüro und (melden) den Verlust.

2. Im Fundbüro

Kurz nach Feierabend besucht Herr Braun seinen Kollegen Herrn Wolff, der im Fundbüro arbeitet.
Ergänze deren Dialog!

a. Herr Braun: Guten Abend, Herr Wolff. Wie sieht es aus?
Herr Wolff: Es geht. Heute war viel los.
Herr Braun: Was steht denn auf der Liste?
Herr Wolff: Ein kleines rotes Portemonnaie aus Leder . . . .

Verloren	**Beschreibung**
Portemonnaie	klein, rot, Leder
Regenschirm	grün
Wolljacke	dick, grau
Schal	lila, Baumwolle
Kuli	klein, silber, teuer
Brieftasche	braun, klein, Leder
Brillenetui	dunkelrot, Leder, Marke ‚Optik'

das Brillenetui *glasses case*
der Feierabend *end of the working day*

b. Herr Braun: Und was hat man denn heute alles abgegeben? Was haben wir bekommen?
Herr Wolff: Also, bekommen haben wir . . . .

Vorsicht! Nominativ oder Akkusativ?

Gefunden	**Beschreibung**
Handschuhe	dunkelbraun, Wolle
Schal	lang, grün
Jacke	schwarzweiß, kariert, billig
Handtuch	groß, rot
Brillenetui	braun, Kunststoff
Kalender	klein, blau
Adressenbuch	relativ klein, blaugrün, gestreift
Armbanduhr	japanisch, klein, silbern

3. *Give the third person singular of the simple past tense of the following verbs:*
a. erbrechen
b. messen
c. verschwinden

Grammar Summary

Articles and adjectives

The definite article

	Singular			*Plural*
	Masc.	*Fem.*	*Neut.*	
Nom.	der	die	das	die
Acc.	den	die	das	die
Gen.	des	der	des	der
Dat.	dem	der	dem	den

Note:
In the masculine and the neuter genitive singular an **-s** *or* **-es** *is added to the noun:*
(der Bahnhof) Der Eingang des Bahnhof**s** ist rechts.
(das Dorf) Mein Haus steht außerhalb des Dorf**es**.
In the dative plural an **-n** *is added to the noun if it does not already have one in the plural:*
(das Haus(¨er)) Hinter den Häuser**n** gibt es einen schönen Wald.

*Demonstrative adjectives (***dieser** *and* **jener**, *'this' and 'that') and the interrogative adjective (***welcher**, *'which')*

Jeder *(each) is also declined in the same way.*
Note that the last letters of these words are the same as the endings of the definite article given above.

	Singular			*Plural*
	Masc.	*Fem.*	*Neut.*	
Nom.	dieser	diese	dieses	diese
Acc.	diesen	diese	dieses	diese
Gen.	dieses	dieser	dieses	dieser
Dat.	diesem	dieser	diesem	diesen

Note:
In the masculine and neuter genitive singular an **-s** *or* **-es** *is added to the noun.*
In the dative plural an **-n** *is added to the noun if it does not already have one in the plural.*

The indefinite article

	Masc.	*Fem.*	*Neut.*
Nom.	ein	eine	ein
Acc.	einen	eine	ein
Gen.	eines	einer	eines
Dat.	einem	einer	einem

Note that in the masculine and neuter genitive an **-s** *or* **-es** *is added to the noun.*

Possessive adjectives

	Singular			*Plural*
	Masc.	*Fem.*	*Neut.*	
Nom.	mein	meine	mein	meine
Acc.	meinen	meine	mein	meine
Gen.	meines	meiner	meines	meiner
Dat.	meinem	meiner	meinem	meinen

The following are also possessive adjectives:

dein	*your (familiar)*
sein	*his*
ihr	*her*
unser	*our*
euer	*your (plural familiar)*
Ihr	*your (polite)*
ihr	*their*

kein *is declined in the same way.*

Note:
euer *drops its second* **-e** *when it has an ending.*
Habt ihr eure Hefte?
In the masculine and neuter genitive singular an **-s** *or* **-es** *is added to the noun.*
In the dative plural an **-n** *is added to the noun if it does not already have one in the plural.*

Adjectival endings

Adjectives with the definite article

	Singular
	Masc.
Nom.	der junge Mann
Acc.	den jungen Mann
Gen.	des jungen Mannes
Dat.	dem jungen Mann
	Fem.
Nom.	die junge Frau
Acc.	die junge Frau
Gen.	der jungen Frau
Dat.	der jungen Frau
	Neut.
Nom.	das junge Kind
Acc.	das junge Kind
Gen.	des jungen Kindes
Dat.	dem jungen Kind
	Plural
Nom.	die jungen Leute
Acc.	die jungen Leute
Gen.	der jungen Leute
Dat.	den jungen Leuten

Note:
Adjectives are declined in the same way with **dieser**, **jener**, **jeder** *and* **welcher**.

Adjectives with the indefinite article, with the possessive adjectives **mein**, **dein**, *etc. and with* **kein**.

	Singular
	Masc.
Nom.	ein junger Mann
Acc.	einen jungen Mann
Gen.	eines jungen Mannes
Dat.	einem jungen Mann
	Fem.
Nom.	eine junge Frau
Acc.	eine junge Frau
Gen.	einer jungen Frau
Dat.	einer jungen Frau
	Neut.
Nom.	ein junges Kind
Acc.	ein junges Kind
Gen.	eines jungen Kindes
Dat.	einem jungen Kind
	Plural
Nom.	keine jungen Leute
Acc.	keine jungen Leute
Gen.	keiner jungen Leute
Dat.	keinen jungen Leuten

Adjectives without an article

	Singular
	Masc.
Nom.	neuer Wein
Acc.	neuen Wein
Gen.	neuen Weins
Dat.	neuem Wein
	Fem.
Nom.	frische Milch
Acc.	frische Milch
Gen.	frischer Milch
Dat.	frischer Milch
	Neut.
Nom.	warmes Wasser
Acc.	warmes Wasser
Gen.	warmen Wassers
Dat.	warmem Wasser
	Plural
Nom.	heiße Getränke
Acc.	heiße Getränke
Gen.	heißer Getränke
Dat.	heißen Getränken

The comparative and superlative forms of adjectives

	Basic Form	*Comparative*	*Superlative*
a.	schnell	schneller	der/die/das schnellste
	heiß	heißer	der/die/das heißeste

b. *A number of adjectives of one syllable add an* **Umlaut***:*

alt	älter	der/die/das älteste
jung	jünger	der/die/das jüngste
klug	klüger	der/die/das klügste
kurz	kürzer	der/die/das kürzeste
lang	länger	der/die/das längste
scharf	schärfer	der/die/das schärfste
stark	stärker	der/die/das stärkste
warm	wärmer	der/die/das wärmste

c. *Irregular forms:*

groß	größer	der/die/das größte
gut	besser	der/die/das beste
hoch	höher	der/die/das höchste
nah	näher	der/die/das nächste

Note:
viele Leute *many people*
mehrere Leute *several people*
die meisten Leute *most people*

The use of the comparative:
Sie ist jünger als er. = Er ist nicht so alt wie sie.

Comparative adjectives take the same endings as normal adjectives:
Der jüngere Bruder heißt Richard.
Am heißesten Tag des Sommers hat man die Schulen zugemacht.

Place names as adjectives

Place names used as adjectives begin with a capital letter, end in **-er** *and are never declined:*
Die **Saarbrücker** Zeitung
Die **Londoner** U-Bahn ist sehr gut.

Nouns and pronouns

Weak nouns

Some masculine nouns are declined (they change their ending): these are called 'weak nouns'.

	Singular		*Plural*
Nom.	der Junge	ein Junge	die Jungen
Acc.	den Jungen	einen Jungen	die Jungen
Gen.	des Jungen	eines Jungen	der Jungen
Dat.	dem Jungen	einem Jungen	den Jungen

Here are some other weak nouns:
der Direktor (-en, -en)
der Drache (-n, -n)
der Herr (-n, -en)
der Kollege (-n, -n)
der Komplize (-n, -n)
der Kunde (-n, -n)
der Mensch (-en, -en)
der Student (-en, -en)
der Tourist (-en, -en)

Note that when you address an envelope you put **Herr** *in the accusative:*
an Herrn K. Braun

Adjectival nouns

Some nouns behave like adjectives and change their ending depending on what they follow: these are called 'adjectival nouns'.

	Singular	
	Masc.	
Nom.	der Verwandte	ein Verwandter
Acc.	den Verwandten	einen Verwandten
Gen.	des Verwandten	eines Verwandten
Dat.	dem Verwandten	einem Verwandten
	Fem.	
Nom.	die Verwandte	eine Verwandte
Acc.	die Verwandte	eine Verwandte
Gen.	der Verwandten	einer Verwandten
Dat.	der Verwandten	einer Verwandten
	Plural	
Nom.	die Verwandten	
	die Verwandten	
	der Verwandten	
	den Verwandten	

Here are some other adjectival nouns:

der Bekannte	die Bekannte
der Deutsche	die Deutsche
der Erwachsene	die Erwachsene
der Fremde	die Fremde
der Reisende	die Reisende

Note this exception : **der Beamte** *is an adjectival noun, but* **die Beamtin** *is not.*

Nouns formed from verbs

Nouns formed from verbs are always neuter :
spülen *to wash up*
das Spülen *washing up*

The relative pronoun

	Singular			*Plural*
	Masc.	*Fem.*	*Neut.*	
Nom.	der	die	das	die
Acc.	den	die	das	die
Gen.	dessen	deren	dessen	deren
Dat.	dem	der	dem	denen

Zum Beispiel:

Nom. Masc.	Der Mann, der hier wohnte, hieß Klaus Scherer.
Acc. Fem.	Die Frau, die du dort siehst, ist meine Mutter.
Gen. Neut.	Das Kind, dessen Adresse du suchst, wohnt in der Mohnstraße.
Dat. Plural	Die Leute, bei denen ich wohne, heißen Bauer.

The interrogative pronoun

	People	*Things*
Nom.	wer	was
Acc.	wen	was
Gen.	wessen	
Dat.	wem	

Zum Beispiel:

People

Nom. „Wer wohnt in der Hochstraße?" „Gudrun."
Acc. „Wen hast du gefragt?" „Erich."
Gen. „Wessen Heft ist das?" „Karls."
Dat. „Mit wem bist du befreundet?" „Mit Eva."

Things

Nom. „Was ist braun, hat vier Beine und einen Schwanz?" „Ein Hund?"
Acc. „Was hat sie denn gesagt?" „Nichts."

The dative is formed in another way, by using a preposition :
Wovon spricht er?
Womit schreibst du?
Woraus besteht es?

Personal pronouns

Nom.	*Acc.*	*Dat.*
ich	mich	mir
du	dich	dir
er	ihn	ihm
sie	sie	ihr
es	es	ihm
wir	uns	uns
ihr	euch	euch
Sie	Sie	Ihnen
sie	sie	ihnen

Zum Beispiel:

Nom. Er ist im Badezimmer.
Sie arbeiten im Garten.
Acc. „Wo ist der Film?" „Gudrun hat ihn."
Wie habt ihr das Spiel gefunden? Ich habe euch dort gesehen.
Dat. Da ist Frank. Kannst du ihm sein Heft geben?
Kann ich Ihnen helfen?

Note :
See also the section below on word order (pages 222–223).

Reflexive pronouns

Nom.	*Acc.*	*Dat.*
ich	mich	mir
du	dich	dir
er	sich	sich
sie	sich	sich
es	sich	sich
wir	uns	uns
ihr	euch	euch
Sie	sich	sich
sie	sich	sich

These pronouns are used with reflexive verbs and when someone says that they are doing something for themselves (for example : „Ich habe **mir** ein Buch gekauft." *'I've bought myself a book.'). The accusative pronouns are used with reflexive verbs.*

Zum Beispiel:

With reflexive verbs :
Ich wasche mich und ziehe mich an.
Möchtest du dich duschen?
Sie befinden sich in der Schublade.

Doing something for oneself :
Ich habe mir ein neues T-Shirt gekauft.
Seht euch die Übung auf Seite 51 an!

Referring to oneself :
Er sah die Leute vor sich vorbeihasten.
Sie zog den Hund hinter sich her.

The interrogative adverb

wo?	*where?*
wohin?	*where to?*
woher?	*where from?*

Zum Beispiel:
„Wo ist das Buch?"
„Es liegt auf dem Tisch."

„Wohin fährst du?"
„Nach Stuttgart."

„Woher kommst du?"
„Aus Australien."

Prepositions

Cases after prepositions

Some prepositions are always followed by a certain case:

Accusative	*Genitive*	*Dative*
durch	außerhalb	aus
entlang	trotz	bei
für		gegenüber
ohne		mit
um		nach
		seit
		von
		zu

Zum Beispiel:

Accusative	Er fuhr **durch die Stadt**.
	Sie kam **ohne ihren Mantel**.
Genitive	Sie wohnen **außerhalb des Dorfes**.
	Trotz des hohen Preises hat er den Wagen gekauft.
Dative	Sie wohnt **bei uns** in der Stadt.
	Vom 10. bis **zum 30. März.**

Some prepositions are followed by either the accusative or the dative. They are followed by the accusative when there is some idea of motion or movement and by the dative when there is some idea of rest or stability.

Accusative or dative
an
auf
hinter
in
neben
über
unter
vor
zwischen

Zum Beispiel:

Accusative	Gestern sind wir **in die Stadt** gefahren.
	Möchtest du mit **ins Kino**?
	Stell es **hinter das Sofa,** bitte.
Dative	Sie stand **auf dem Bahnsteig** und wartete.
	Die Haltestelle ist **auf der anderen Straßenseite** vor dem Rathaus.
	An der Wand hatte sie zwei neue Poster.

Verbs that take a preposition

an

denken an + *acc.* *to think of*	Sie dachte an ihre Arbeit.
sich erinnern an + *acc.* *to remember*	Er erinnerte sich an seinen Großvater.
schicken an + *acc.* *to send to*	Er schickte einen Brief an den Herbergsvater.
schreiben an + *acc.* *to write to*	Sie schrieb an ihn.

auf

sich freuen auf + *acc.* *to look forward to*	Ich freue mich auf eine baldige Antwort.
warten auf + *acc.* *to wait for*	Sie stand an der Haltestelle und wartete auf den Bus.

aus

bestehen aus + *dat.* *to consist of*	Es besteht aus einem Stück Holz und drei Stücken Metall.

für

sich interessieren für + *acc.* *to be interested in*	Ich interessiere mich für den Sport.

über

sich freuen über + *acc.* *to be pleased about*	Ich freue mich sehr über diese Reise.
sprechen über + *acc.* *to talk about, to discuss*	Sie sprachen über das Spiel.

um

bitten um + *acc.* *to ask for*	Sie bat ihn um seine Telefonnummer.

Word order

a. *The verb is put in the second place in a sentence after a word or a word group:*
- *in questions that do not start with a verb;*
  Wann fährst du nach England?
  Mit welchem Zug ist sie gefahren?

- *in simple sentences;*
  Unser Haus steht auf einer Höhe;
- *when a sentence does not begin with the subject of the verb.*
  Gestern habe ich mir einen Pulli gekauft.
  Auf jeden Fall treffen wir uns um drei Uhr.

b. The verb is put at the end of the clause when the clause begins with one of the following words:

als	seitdem
da	weil
daß	wenn
ob	

or when the clause begins with the relative pronoun (**der**, **die**, **das**, *etc. See pages 48, 85 and 221).*

Zum Beispiel:
Als er in die Stadt fuhr, fing es an zu regnen.
Es fing an zu regnen, **als** er in die Stadt fuhr.
Seitdem ich hier wohne, gehe ich oft zum Training.
Ich gehe oft zum Training, **seitdem** ich hier wohne.
Weil ich zuviel zu tun habe, kann ich nicht mitkommen.
Ich kann nicht mitkommen, **weil** ich zuviel zu tun habe.
Die Schüler, **die** in Klassenzimmer Nummer 8 sind, sollen kommen.

c. The following words do not affect the position of the verb in a clause or a sentence – the verb still goes in the second place after them:

aber	sondern
denn	und
oder	

Zum Beispiel:
Er wollte in die Ausstellung gehen, **aber** er hatte kein Geld.
Sie können hier bleiben, **oder** sie können nebenan warten.
Ich habe mir ein T-Shirt gekauft, **und** sie hat sich diese Kassetten gekauft.

d. Past participles normally go at the end of a clause, as do infinitives after the following: modal verbs, **werden** *and* **um ... zu**.
Zum Beispiel:
Gestern sind sie mit Freunden nach Ulm gefahren.
Ich muß mir unbedingt eine Fahrkarte besorgen.
Morgen wird es sicher regnen.
Um etwas zu essen zu bekommen, ging sie zur Wurstbude am Bahnhof.

e. Time, Manner, Place
In a sentence, an expression of Time (T) goes before an expression of Manner (M), which goes before an expression of Place (P).

Zum Beispiel:
Ich fahre jeden Tag mit dem Wagen in die Stadt. (T M P)
Er fährt nächste Woche nach Ulm. (T P)
Sie kommt morgen mit dem Zug an. (T M)
Er ist sehr langsam am Bahnhof vorbeigefahren. (M P)

f. The position of pronouns and nouns in a sentence:

(i) *Two pronouns*
When an accusative and a dative pronoun occur together, the accusative pronoun is put first.

Zum Beispiel:
Gib es mir.
Kannst du ihn ihr schicken?

(ii) *A pronoun and a noun*
When a pronoun and a noun occur together, the pronoun is put first.

Zum Beispiel:
Sie hat mir ein sehr schönes Geschenk gegeben.
Er gab es dem kleinen Kind.

(iii) *Two nouns*
When two nouns occur together, the dative noun is put before the accusative noun.
Thomas gab dem Kind das Buch.

Fractions

To make fractions in German:

a. add **-tel** *to the numbers between two and twenty (note the important exception of* **eine Hälfte**):

eine Hälfte	*a half*
ein Drittel	*a third*
ein Viertel	*a quarter*
ein Fünftel	*a fifth*
ein Sechstel	*a sixth*
ein Siebtel	*a seventh*
ein Achtel	*an eighth*
ein Neuntel	*a ninth*
ein Zehntel	*a tenth*

b. add **-stel** *to numbers after twenty:*

ein Zwanzigstel	*a twentieth*
ein Dreißigstel	*a thirtieth*
ein Hundertstel	*a hundredth*
ein Tausendstel	*a thousandth*

To say 'and a half', in German, add **-einhalb** *to any number:*

zweieinhalb	*two and a half*
dreieinhalb	*three and a half*
zehneinhalb	*ten and a half*

but notice this important exception:

anderthalb *one and a half*

Measurement

der Meter
Es ist drei Meter lang.
Es ist 3m lang.

der Kilometer
Es liegt zehn Kilometer entfernt.
Es liegt 10km entfernt.

die Meile
Es liegt sechs Meilen entfernt.

das Kilo/das Kilogramm
Es wiegt zehn Kilogramm/Kilo.
Es wiegt 10kg.

der Liter
Das sind zwanzig Liter.
Das sind 20l.

Kilometer pro Stunde
80 Kilometer pro Stunde
80 km/h h = hora (*hour, in Latin*)

Glas, Tasse, Flasche

ein Glas	Ich möchte ein Glas Apfelsaft, bitte. Ich möchte zwei Glas Apfelsaft, bitte.
eine Tasse	Ich möchte eine Tasse Kaffee, bitte. Ich möchte zwei Tassen Kaffee, bitte.
eine Flasche	Eine Flasche Wein, bitte. Zwei Flaschen Wein, bitte.

Dates

Heute ist der 3. January. Heute ist der dritte Januar. Heute haben wir den dritten Januar.	*Today is 3 January.*
Am 3. August fahren wir in Urlaub. Am dritten August	*On 3 August we go on holiday.*
Im September wird es kälter.	*It gets colder in September.*
Im Jahre 1956 hat man die Kirche restauriert. 1956 hat man die Kirche restauriert.	*The church was restored in 1956.*
den 4. Mai	*4th May (giving the date on a letter)*

Verbs
The tenses

In this book you have met the following tenses:

Present	Er geht.	*He goes.* *He is going.* *He does go.*
Perfect	Er ist gegangen.	*He has been gone.* *He went.*
Pluperfect	Er war gegangen.	*He had gone.*
Imperfekt *(Simple past tense)*	Er ging.	*He went.*
Future	Er wird gehen.	*He will go.*
Conditional	Er würde gehen.	*He would go.*

You have also met the ***passive voice****, used when you wish to say something is done by someone or something.*
Mein Auto wurde von diesem Mechaniker repariert.
My car was repaired by this mechanic.

The formation of the tenses
The present tense

Weak verbs *add the following endings to their stem, which is created by removing the* **-en** *from the infinitive of the verb.*

Zum Beispiel:

machen (*infinitive*)	**mach-** (*stem*)
ich mach**e**	wir mach**en**
du mach**st**	ihr mach**t**
er/sie/es mach**t**	Sie mach**en**
	sie mach**en**

Strong verbs *add the same endings to their stem, but they also have a vowel change in the second and third person singular.*

Zum Beispiel:
sprechen

ich spreche	wir sprechen
du spr**i**chst	ihr sprecht
er/sie/es spr**i**cht	Sie sprechen
	sie sprechen

***Verbs whose stem ends in a* -d *or a* -t** *have an* **-e** *before the endings in the second and third person singular and the second person (familiar) plural.* **Arbeiten** *and* **finden** *are in this group.*

ich finde	wir finden
du find**e**st	ihr find**e**t
er/sie/es find**e**t	Sir finden
	sie finden

Most verbs which end in **-eln** *form their stem by removing the* **-n** *and then adding the normal endings except in the case of the first person singular.* **Sammeln** *and* **segeln** *are in this group.*

ich segle	ich sammle
du segelst	du sammelst
er/sie/es segelt	er/sie/es sammelt

Note that **basteln** *is an exception to this rule, e.g:* **ich bastele,** *etc.*

Reflexive verbs

Zum Beispiel:

ich wasche mich	wir waschen uns
du wäschst dich	ihr wascht euch
er/sie/es wäscht sich	Sie waschen sich
	sie waschen sich

Three common irregular verbs

sein

ich bin	wir sind
du bist	ihr seid
er/sie/es ist	Sie sind
	sie sind

tun

ich tue	wir tun
du tust	ihr tut
er/sie/es tut	Sie tun
	sie tun

wissen

ich weiß	wir wissen
du weißt	ihr wißt
er/sie/es weiß	Sie wissen
	sie wissen

The perfect tense

This tense is made up of two parts: the auxiliary verb and the past participle. The auxiliary verb is either **haben** *or* **sein**.

Zum Beispiel:
Sie **hat** Fußball **gespielt**.
Er **ist** in die Stadt **gefahren**.

The past participle of weak verbs
Add **ge-** *to the front of the stem and* **-(e)t** *to the end.*

Zum Beispiel:

spielen	spiel-	**ge**spiel**t**
arbeiten	arbeit-	**ge**arbeit**et**

The past participle of strong verbs
These past participles begin with **ge-** *and end in* **-en**. *There is a vowel change in the stem, which does not follow a set pattern and which has to be learnt. A list is provided at the end of this grammar section.*

Zum Beispiel:

gehen	**gegangen**
kommen	**gekommen**
singen	**gesungen**

The past participles of mixed verbs
These add **ge-** *and* **-(e)t** *to the stem but also change their vowel.*

Zum Beispiel:

denken	**gedacht**
wissen	**gewußt**

***The past participle of verbs ending in* -ieren**
These verbs do not add **ge-**.

Zum Beispiel:

funktionieren	funktioniert
studieren	studiert

The past participle of separable verbs
The separable prefix is added to the past participle.

Zum Beispiel:

abfahren	**abgefahren**
unterbringen	**untergebracht**

The past participle of inseparable verbs
These verbs do not add **ge-**, *but otherwise behave as normal strong or weak verbs.*

Zum Beispiel:

besuchen	besucht
empfehlen	empfohlen
versuchen	versucht

Inseparable prefixes are:
be-, emp-, ent-, er-, ge-, miß-, ver-, wider-, zer-.

***Which verbs take* sein *and which take* haben?**
All transitive verbs (that is, verbs which have an object) take **haben**.

Zum Beispiel:
Er hat einen Brief geschrieben.
Sie hat ihren Opa besucht.

Intransitive verbs which show some movement or change of state take **sein**.

Zum Beispiel:
Er ist gefahren.
Sie ist älter geworden.
Es ist verschwunden.

Other verbs which are in neither of these categories will take **haben**.

Zum Beispiel:
Es hat geregnet.
Er hat beschlossen, nach Nürnberg zu fahren.

Note this exception to these general rules:
bleiben Ich bin geblieben.

The simple past tense

Weak verbs have the following endings added to their stem:

machen mach-

ich mach**te**	wir mach**ten**
du mach**test**	ihr mach**tet**
er/sie/es mach**te**	Sie mach**ten**
	sie mach**ten**

***Strong verbs** change the vowel in the stem and add the following endings:*

kommen komm- kam-

ich kam	**wir kamen**
du kam**st**	ihr kam**t**
er/sie/es kam	Sie kam**en**
	sie kam**en**

***Mixed verbs** have a vowel change in the stem, as strong verbs do, but take the endings of weak verbs:*

Zum Beispiel:

denken denk- dach-

ich dach**te**	wir dach**ten**
du dach**test**	ihr dach**tet**
er/sie/es dach**te**	Sie dach**ten**
	sie dach**ten**

See pages 26 and 40 for more information on the use of this tense.

The pluperfect tense

This tense is formed in the same way as the perfect tense except that the auxiliary verb is put in the simple past tense rather than the present. (See page 123 for more information on this tense.)

Zum Beispiel:

a. ich hatte geschrieben	wir hatten geschrieben
du hattest geschrieben	ihr hattet geschrieben
er/sie/es hatte geschrieben	Sie hatten geschrieben
	sie hatten geschrieben

b. ich war gegangen	wir waren gegangen
du warst gegangen	ihr wart gegangen
er/sie/es war gegangen	Sie waren gegangen
	sie waren gegangen

The future tense

This tense is formed by using the infinitive of the relevant verb with **werden** *as the auxiliary verb. (See page 51 for more information on this tense.)*

Zum Beispiel:

ich werde schreiben	wir werden schreiben
du wirst schreiben	ihr werdet schreiben
er/sie/es wird schreiben	Sie werden schreiben
	sie werden schreiben

The conditional tense

This tense is formed by using the infinitive of the relevant verb with a past tense of **werden** *(the simple past subjunctive). It means the same as the English 'would', as in 'I would write, but I have no time.' (See pages 89 and 113 for more information on this tense.)*

ich würde schreiben	wir würden schreiben
du würdest schreiben	ihr würdet schreiben
er/sie/es würde schreiben	Sie würden schreiben
	sie würden schreiben

The passive voice

Here are examples of the active and passive voice.
The active voice:
Der Mechaniker reparierte den Motor.
Frau Braun kaufte das Haus.
The passive voice:
Der Motor wurde von dem Mechaniker repariert.
Das Haus wurde von Frau Braun gekauft.
The passive is formed by using any tense of **werden** *as the auxiliary verb with the past participle of the relevant verb. (See page 158 for more information on this point.)*

The imperative form

See page 41 for details of how the imperative is formed.

The six modal verbs

dürfen	*to be allowed to (e.g., 'May I . . . ?')*
können	*to be able to*
mögen	*to like to (e.g., 'I like . . . .' 'I would like (to) . . .')*
müssen	*to have to (e.g., 'You must . . . .')*
sollen	*to ought to (e.g., 'You should . . . .')*
wollen	*to want to*

The present tense of modal verbs

ich darf	wir dürfen
du darfst	ihr dürft
er/sie/es darf	Sie dürfen
	sie dürfen

The first person singular and plural of the other modal verbs in the present tense is as follows:

ich kann	wir können
ich mag	wir mögen
ich muß	wir müssen
ich soll	wir sollen
ich will	wir wollen

The simple past tense of modal verbs

ich durfte	wir durften
du durftest	ihr durftet
er/sie/es durfte	Sie durften
	sie durften

The first person singular and plural of the other modal verbs in the simple past tense is as follows:

ich konnte	wir konnten
ich mochte	wir mochten
ich mußte	wir mußten
ich sollte	wir sollten
ich wollte	wir wollten

See also page 113 for the use of the conditional tense of these verbs.

Strong and mixed verbs

Note:
* *means the verb is conjugated with* **sein** *in the perfect tense.*
In general, the simple forms of the verbs are given and not compounds. To find the past participle of **aussehen**, *therefore, you should look up* **sehen**.

Infinitive	*Third Person Singular Present*	*Third Person Singular Simple Past*	*Past Participle*	*English*
abreißen	reißt ab	riß ab	abgerissen	*to tear down*
beginnen	beginnt	begann	begonnen	*to begin*
backen	bäckt	backte (buk)	gebacken	*to bake*
beißen	beißt	biß	gebissen	*to bite*
bieten	bietet	bot	geboten	*to offer*
bitten	bittet	bat	gebeten	*to request*
*bleiben	bleibt	blieb	geblieben	*to stay*
brechen	bricht	brach	gebrochen	*to break*
bringen	bringt	brachte	gebracht	*to bring*
denken	denkt	dachte	gedacht	*to think*
dürfen	darf	durfte	gedurft	*to be allowed to*
entscheiden	entscheidet	entschied	entschieden	*to decide*
essen	ißt	aß	gegessen	*to eat*
*fahren	fährt	fuhr	gefahren	*to travel*
*fallen	fällt	fiel	gefallen	*to fall*
fangen	fängt	fing	gefangen	*to catch*
finden	findet	fand	gefunden	*to find*
*fliegen	fliegt	flog	geflogen	*to fly*
*fließen	fließt	floß	geflossen	*to flow*
geben	gibt	gab	gegeben	*to give*

gefallen	gefällt	gefiel	gefallen	*to please*
*gehen	geht	ging	gegangen	*to go*
*gelingen	gelingt	gelang	gelungen	*to succeed*
gelten	gilt	galt	gegolten	*to be worth*
*geraten	gerät	geriet	geraten	*to get into (difficulty, etc.)*
gießen	gießt	goß	gegossen	*to pour*
haben	hat	hatte	gehabt	*to have*
halten	hält	hielt	gehalten	*to hold, to stop*
heißen	heißt	hieß	geheißen	*to be called*
helfen	hilft	half	geholfen	*to help*
kennen	kennt	kannte	gekannt	*to know, to be acquainted with*
*kommen	kommt	kam	gekommen	*to come*
können	kann	konnte	gekonnt	*to be able to*
*kriechen	kriecht	kroch	gekrochen	*to crawl*
lassen	läßt	ließ	gelassen	*to leave*
*laufen	läuft	lief	gelaufen	*to run*
lesen	liest	las	gelesen	*to read*
liegen	liegt	lag	gelegen	*to lie, to be situated*
messen	mißt	maß	gemessen	*to measure*
mögen	mag	mochte	gemocht	*to like*
müssen	muß	mußte	gemußt	*to have to*
nehmen	nimmt	nahm	genommen	*to take*
nennen	nennt	nannte	genannt	*to name*
rufen	ruft	rief	gerufen	*to call*
scheinen	scheint	schien	geschienen	*to shine, to seem*
schießen	schießt	schoß	geschossen	*to shoot*
schlagen	schlägt	schlug	geschlagen	*to strike, to hit*
schließen	schließt	schloß	geschlossen	*to shut*
*schmelzen	schmelzt	schmolz	geschmolzen	*to melt*
schneiden	schneidet	schnitt	geschnitten	*to cut*
schreiben	schreibt	schrieb	geschrieben	*to write*
*schwimmen	schwimmt	schwamm	geschwommen	*to swim*
schwören	schwört	schwor	geschworen	*to swear*
sehen	sieht	sah	gesehen	*to see*
senden	sendet	sandte	gesandt	*to send*
sitzen	sitzt	saß	gesessen	*to sit*
*sein	ist	war	gewesen	*to be*
singen	singt	sang	gesungen	*to sing*
*sinken	sinkt	sank	gesunken	*to sink*
sprechen	spricht	sprach	gesprochen	*to speak*
*springen	springt	sprang	gesprungen	*to jump*
stehen	steht	stand	gestanden	*to stand*
stehlen	stiehlt	stahl	gestohlen	*to steal*
*steigen	steigt	stieg	gestiegen	*to climb*
*sterben	stirbt	starb	gestorben	*to die*
streichen	streicht	strich	gestrichen	*to paint*
tragen	trägt	trug	getragen	*to carry*
treffen	trifft	traf	getroffen	*to meet*
treiben	treibt	trieb	getrieben	*to drive, to go in for*
*treten	tritt	trat	getreten	*to step*
treten	tritt	trat	getreten	*to kick*
trinken	trinkt	trank	getrunken	*to drink*
tun	tut	tat	getan	*to do*
wissen	weiß	wußte	gewußt	*to know*

Glossary

1. The plurals of nouns are given in brackets, e.g:

Singular	*Plural*
der Abort (-e)	die Aborte
der Abstand (¨-e)	die Abstände
der Absturz (¨-e)	die Abstürze
das Abteil (-e)	die Abteile
die Abteilung (-en)	die Abteilungen

2. Entries for verbs have been made as follows:

a. an asterisk (⋆) before a verb indicates that it is conjugated with **sein** *in the perfect tense;*

b. underlined letters at the start of a verb indicate a separable prefix, e.g: **unterkommen**, *which would be conjugated as follows:*
ich komme unter
du kommst unter, *etc;*

c. verbs followed by '(wk)' are weak verbs taking the standard endings in all tenses;

*d. strong and mixed verbs are followed by three letters (or groups of letters) in brackets, the first two of which denote the vowel change in the verb's stem in the present and simple past tense and the third of which denotes the past participle. For example, the (***ei, i, i***) that follows* **beißen** *indicates that the verb is conjugated in this way:*
beißen – b**ei**ßt, b**i**ß, geb**i**ssen.
Verbs that change more than the vowel in their stem have the relevant change given in full, e.g:
denken (denkt, dachte, gedacht)

3. The following abbreviations have been used:

acc.	*accusative*	*n.*	*neuter*
dat.	*dative*	*pl.*	*plural*
gen.	*genitive*	*fam.*	*familiar*
m.	*masculine*	*sing.*	*singular*
f.	*feminine*	*wk*	*weak*

A

abdrängen (*wk*) *to force off, to push aside*
das Abitur *school-leaving examination usually taken at the age of 18 or 19*
abgelegen *distant, some way away*
⋆abhauen (*wk*) *to run off, to beat it*
der Abort (-e) *lavatory*
abmontieren (*wk*) *to dismantle*
abräumen (*wk*) *to clear away*
abreißen (ei, i, i) *to tear down*
der Abstand (¨-e) *distance*
der Abstellraum (¨-e) *store room*
der Absturz (¨-e) *(plane-) crash*
das Abteil (-e) *train compartment*
die Abteilung (-en) *department*
abwischen (*wk*) *to wipe*
abzeichnen (*wk*) *to copy (a plan or sketch)*
das Adressenbuch (¨-er) *address book*
adressiert *addressed*
ähnlich *similar*
die Ahnung (-en) *foreboding, idea*
keine Ahnung haben *to have no idea*
die Aktion (-en) *action*
allererst *(the) very first*
allerlei *all sorts of*
allgemein *general*
allmählich *gradually*
der Alptraum (¨-e) *nightmare*
als *than; when*
größer als *bigger than*
als er jung war *when he was young*
der Anfang (¨-e) *beginning*
anfordern (*wk*) *to demand, to request*
die Angabe (-n) *information, data*
angespannt *tense, excited*
angesichts + *gen.* *in view of*
per Anhalter *by hitchhiking*
der Anhänger (-) *trailer*
⋆ankommen (o, a, o) auf + *acc.* *to depend on, come down to*
es kommt darauf an *it all depends*
die Anlage (-n) *installation, layout, grounds (e.g., a park)*
(Stereoanlage) *(stereo equipment)*
anlegen (*wk*) *to lay out, to design (e.g., a park)*
⋆anreisen (*wk*) *to travel (there), to arrive*
der/die Anreisende *person travelling (there), person arriving*
der Anschlag (¨-e) *impact*
der Anschluß (¨-e) *connection*
ansprechen (i, a, o) *to speak to, to address*
⋆anspringen (i, a, u) *to start (of a car)*
anstreichen (ei, i, i) *to paint (woodwork, walls)*
die Antibiotika *antibiotics*
der Antwortschein (-e) *reply coupon*
⋆anwachsen (ä, u, a) *to increase, to grow*
die Anzahlung (-en) *deposit*
die Anzeige (-n) *advertisement (small announcement)*
anziehen (ie, zog, gezogen) *to put on (clothes)*
sich anziehen (ie, zog, gezogen) *to get dressed*
arabisch *arabic*
der Arbeiter (-) *worker*
die Arbeitslosigkeit *unemployment*
der Arbeitsplatz (¨-e) *place of work; job*
ärgern (*wk*) *to annoy*
arm *poor*
der Arm (-e) *arm*
das Armband (¨-er) *bracelet*
die Armbanduhr (-en) *wrist watch*

die Arzthelferin (-nen) *medical assistant, doctor's secretary*
attraktiv *attractive*
die Aufgabe (-n) *task*
aufhängen (*wk*) *to hang up (e.g., on the wall)*
die Aufheiterung (-en) *clear spell, brightening of the weather*
aufkleben (*wk*) *to stick up (e.g. on the wall)*
aufmerksam *attentive*
aufpassen (*wk*) *to pay attention*
*auftreten (i, a, e) *to appear*
das Auge (-n) *eye*
die Aula (-en) *assembly hall*
sich ausdrücken (*wk*) *to express oneself*
die Ausfahrt (-en) *exit (for cars)*
ausgebucht *booked up*
ausgezeichnet *excellent*
aushalten (ä, ie, a) *to put up with, to stand, to tolerate*
auslachen (*wk*) *to laugh at*
das Ausland *abroad*
im Ausland sein *to be abroad*
ausleihen (*wk*) *to lend; to borrow*
ausmachen (*wk*) *to switch off (lights, etc); to arrange (a meeting, etc)*
es macht mir nichts aus *I don't mind*
ausreichend *adequate*
aussehen (ie, a, e) nach + *dat.* *to look like*
außerhalb + *gen.* *outside, beyond*
außerdem *besides*
ausstellen (*wk*) *to exhibit; to fill in (form, etc)*
aussuchen (*wk*) *to search out*
austauschen (*wk*) *to exchange*
Australien *Australia*
ausüben (*wk*) *to practise, to perform*
einen Beruf ausüben *to do a job, practise a profession*
die Autobahn (-en) *motorway*
das Autobahnkreuz (-e) *motorway interchange*

B

backen (ä, backte *or* buk, gebacken) *to bake*
der Bäcker (-) *baker*
bald *soon*
baldig *early (as in 'an early reply')*
der/die Bankangestellte (-n) *bank clerk*
der Bankrott *bankruptcy*
die Bauarbeit (-en) *building work*
bauen (*wk*) *to build*
der Bauernhof (¨-e) *farm*
der Baum (¨-e) *tree*
die Baumwolle *cotton*
beabsichtigen (*wk*) *to intend*
sich befinden (i, a, u) *to be situated*
mit ... befreundet sein *to be friends with ...*
befriedigend *satisfactory*
behandeln (*wk*) *to treat (medically)*
die Behandlung (-en) *medical treatment*
beharrlich *obstinately*
beheizt *heated*
behindern (*wk*) *to hinder, to prevent*
beilegen (*wk*) *to enclose (with a letter)*
das Bein (-e) *leg*
beißen (ei, i, i) *to bite*
der Bekannte (-n) *acquaintance*
bekleidet *dressed*
der Beleg (-e) *voucher, receipt*
bellen (*wk*) *to bark*
bemerken (*wk*) *to notice*
benutzen *to use, to make use of*
das Benzin *petrol*
die Benzinsäule (-n) *petrol pump*
der Benzinverbrauch *petrol consumption*
beobachten (*wk*) *to watch*
bereits *already*
der Bergarbeiter (-) *coal miner*
das Bergwerk (-e) *mine*
der Bericht (-e) *report (on an event, etc)*
der Beruf (-e) *career, job*
das Berufsbildungszentrum (-ren) (BBZ) *technical college*
berühren (*wk*) *to touch*
beschildert *signposted*
beschreiben (ei, ie, ie) *to describe*
die Beschwerde (-n) *complaint*
der Besen (-) *broom*
besitzen (i, a, e) *to possess, to have*
besorgen (*wk*) *to see to, to take care of*
sich etwas besorgen (*wk*) *to get something for oneself*
besprechen (i, a, o) *to discuss*
bestätigen (*wk*) *to confirm*
die Bestätigung (-en) *confirmation*
das Besteck *cutlery*
bestehen (e, a, a) *to exist; to consist; to endure*
bestehen aus + *dat.* *to consist of*
bestreuen (*wk*) *to sprinkle, to cover*
betreten (i, a, e) *to enter, to go into*
betreuen (*wk*) *to look after*
bevorzugen (*wk*) *to prefer*
bewölkt *cloudy*
bewundern (*wk*) *to admire*
die Beziehung (-en) *relationship*
der Bibliothekar (-e) *librarian (male)*
die Bibliothekarin (-nen) *librarian (female)*
die Bibliothek (-en) *library*
der Bienenstich (-e) *bee sting*
bilden (*wk*) *to form, to fashion, to shape*
die Biologie *biology*
das Biologielabor (-e *or* -s) *biology laboratory*
bisher *hitherto, up until now*
die Bitte (-n) *request*
blau *blue*
*bleiben (ei, ie, ie) *to stay, to remain*
blond *blond*
die Blume (-n) *flower*
der Blumenkohl (-e) *cauliflower*
die Bluse (-n) *blouse*
die Blutspende (-n) *giving blood*
der Boden (¨) *floor*
braun *brown*
brav *good, well-behaved*

brechen (i, a, o) *to break*
die Bremse (-n) *brake*
der Brieffreundschaft (-en) *penfriendship*
der Briefkasten (-) *letter box*
der Briefträger (-) *postman*
die Brille (-n) *glasses, spectacles*
das Brillenetui(-s) *glasses case*
britisch *British*
der Brite (-n) *British male*
die Britin (-nen) *British female*
die Brust (¨-e) *breast, chest*
das Bügeleisen (-) *iron*
bügeln (*wk*) *to iron*
die Bundesstraße (-n) *road maintained by the central government (equivalent to an 'A' road in Britain)*
der Bungalow (-s) *bungalow*
der Bürger (-) *citizen*
der Busfahrer (-) *busdriver*
der Büstenhalter (-) (BH) *brassière, bra*

C

der Campingbus (-se) *dormobile*
der Campingplatz (¨-e) *campsite*
circa (ca.) *approximately*
die Chemie *chemistry*
das Chemielabor (-e *or* -s) *chemistry laboratory*
chinesisch *Chinese*
die City (-s) *city centre, town centre*

D

da *there*
da *as, because*
das Dach (¨-er) *roof*
damals *at that time*
der Dampf *steam*
das heißt (d.h.) *that is (i.e.)*
dauern (*wk*) *to last*
die Decke (-n) *ceiling; blanket; tablecloth*
decken (*wk*) *to cover*
denken (denkt, dachte, gedacht) *to think*
das Denken (-) *thinking, reflection*
deprimierend *depressing*
dessen *whose*
deswegen *for that reason*
dick *fat*
die Diele (-n) *hall (of a house)*
die Digitaluhr (-en) *digital watch or clock*
direkt *direct, straight*
das Dorf (¨-er) *village*
der/das Dotter (-) *yolk*
der Drache (-n, -n) *dragon*
dreckig *dirty, filthy*
das Dreifamilienhaus (¨-er) *house built for three families*
dringend *urgent*
das Drittel *third*
drücken (*wk*) *to press*
dunkel *dark*
dunkelbraun *dark brown*
durch + *acc.* *through*
durchbrechen (i, a, o) *to break through; to drive through*
durchgeben (i, a, e) *to broadcast, to pass (a message) on (by radio, etc.)*
der Durchschnitt (-e) *average*
dürfen (darf, durfte, gedurft) *to be allowed to*

E

egal *equal, all one*
das ist mir egal *it's all the same to me*
ehrlich *honest*
der Eid (-e) *oath*
die Eidgenossenschaft (-en) *confederacy*
eigen *(one's) own*
das Eigentum (*no pl.*) *possession, property*
der Eigentümer (-) *owner*
die Eigentumswohnung (-en) *a flat one owns*
das Eiklar (*no pl.*) *white of the egg*
eilig *hurried, in a hurry*
er hat es eilig *he's in a hurry*
der Eilzug (¨-e) *express train, fast train*
der Einbruch (¨-e) *collapse (of a roof); burglary; onset (of bad weather)*
das Einfamilienhaus (¨-er) *house built for one family*
der Einfluß (¨-e) *influence*
der Eingang (¨-e) *entrance*
eingießen (ie, o, o) *to pour in*
einheitlich *uniform, whole*
einigermaßen *just about, to some extent*
die Einkaufstüte (-n) *shopping bag*
das Einkaufszentrum (-ren) *shopping centre*
einlösen (*wk*) *to cash (a cheque)*
die Einrichtung (-en) *furnishing, fitting out, equipping*
*einschlafen (ä, ie, a) *to go to sleep*
*einstürzen (*wk*) *to burst in*
der Eintopf (¨-e) *stew, hot-pot*
der Einwohner (-) *inhabitant*
einzeln *single, only*
die Eisglätte *black ice*
das Eiweiß (*no pl.*) *white of the egg*
der Elektriker (-) *electrician*
die Elektrizität *electricity*
der Elektro-ofen (¨-) *furnace (in a steelworks)*
der Ellbogen (-) *elbow*
das Elend *misery*
die Empfangshalle (-n) *reception hall*
empfehlen (ie, a, o) *to recommend*
das Ende *end*
endlos *endless*
eng *narrow*
der Engel (-) *angel*
der Engländer (-) *Englishman*
die Engländerin (-nen) *Englishwoman*
englisch *English*
die Entfernung (-en) *distance*
entfernt *distant*
entlang *along*
sich entscheiden (ei, ie, ie) *to decide*
entsetzlich *horrible, disgusting*

entwickeln (*wk*) *to develop*
sich erbrechen (i, a, o) *to be sick, to vomit*
die Erdkunde *geography*
sich ereignen (*wk*) *to occur*
erfassen (*wk*) *to grasp, to catch*
erfinden (i, a, u) *to make up*
erforderlich *required*
erhalten (ä, ie, a) *to receive (e.g., a letter)*
das Erholungsgebiet (-e) *recreational area or district*
sich erinnern (*wk*) *to remember*
sich erinnern an + *acc.* *to remember (something or someone)*
die Erinnerung (-en) *recollection, memory*
erkennen (e, erkannte, a) *to recognise*
das Erkennungszeichen (-) *identification sign*
erlauben (*wk*) *to allow*
erledigen (*wk*) *to deal with something, to get something done*
eröffnen (*wk*) *to open (e.g., a new building, exhibition)*
der Ersatzzug (¨-e) *alternative train*
erschießen (ie, o, o) *to shoot dead*
erst *first; not until*
erstatten (*wk*) *to inform*
einen Bericht erstatten *to make a report*
ertönen (*wk*) *to sound, to ring out*
erwarten (*wk*) *to expect*
erwischen (*wk*) *to catch (e.g., a thief, bus, etc.)*
erzählen (*wk*) *to relate*
der Eßlöffel (-) *dessert-spoon*
das Etagenbett (-en) *bunk beds*
eventuell *possible, possibly*

F

die Fabrik (-en) *factory*
der Fabrikarbeiter (-) *factory worker*
das Fach (¨-er) *school subject*
der Fachmann (- leute) *expert*
die Fahndung (-en) *search, hunt (i.e., a police hunt)*
die Fahrtrichtung (-en) *direction of travel*
der Fall (¨-e) *case (as in 'in that case')*
falls *in case*
faulenzen (*wk*) *to do nothing, to lounge about*
fehlen (*wk*) *to be missing*
der Feierabend (-e) *end of the working day*
das Fenster (-) *window*
das Ferienhaus (¨-er) *holiday house*
das Fertighaus (¨-er) *prefabricated house*
die Festnahme (-n) *capture, arrest*
feststehen (e, a, a) *to be certain; to have been settled*
die Fete (-n) *party*
das Feuer (-) *fire*
das Fieber (-) *fever*
filtrieren (*wk*) *to filter*
der Finger (-) *finger*
die Firma (-en) *firm, company*
flach *flat*
fleißig *hard-working, industrious*
*fließen (ie, o, o) *to flow*
flippern (*wk*) *to play pinball*

die Floristin (-nen) *florist*
der Flur (-e) *entrance hall, hallway (of flats, etc)*
folgen (*wk*) + *dat.* *to follow (someone, something)*
folgendermaßen *as follows*
fördern (*wk*) *to promote, to foster; to extract (coal)*
der Frachter (-) } *freighter*
das Frachtschiff (-e) } *freighter*
französisch *French*
frei *free*
sich freimachen (*wk*) *to strip, to take one's clothes off (e.g., for a medical examination)*
im Freien *in the open air*
der Freiheitskampf (¨-e) *freedom fight*
die Freistunde (-n) *free lesson*
das Freizeitzentrum (-ren) *leisure centre*
freiwillig *voluntary, voluntarily*
das Fremdenheim (-e) *guest house, boarding house*
die Fremdsprache (-n) *foreign language*
freundlich *friendly*
der Friede (-n, -n) *peace*
der Friseur (-e) *barber, hairdresser (male)*
die Friseurin (-nen) } *hairdresser (female)*
die Friseuse (-n) } *hairdresser (female)*
fromm *pious*
der Frost (¨-e) *frost*
die Frühschicht (-en) *early shift*
sich fühlen (*wk*) *to feel (ill, etc)*
den Führerschein machen (*wk*) *to learn to drive*
die Führung (-en) *behaviour, leadership*
funktionieren (*wk*) *to function*
fürchten (*wk*) *to fear*
das Fußgelenk (-e) *ankle*

G

die Ganztagsschule (-n) *all-day school*
gar nicht *not at all*
der Gast (¨-e) *guest*
zu Gast sein *to be a guest*
der Gasthof (¨-e) *inn, small hotel*
das Gästezimmer (-) *guestroom*
geboren *born*
ich bin 1968 geboren *I was born in 1968*
die Gebühr (-en) *fee*
geduldig *patient*
geeignet *suited, suitable*
gefährdet *endangered*
gefährlich *dangerous*
der Gefallen (-) *favour*
gefallen (ä, ie, a) + *dat.* *to please*
das gefällt mir *I like that*
die Gefangenschaft (-en) *imprisonment, captivity*
das Geflügel *poultry*
der Gegenstand (¨-e) *object*
das Gegenteil (-e) *opposite*
gegenüber *opposite*
*gehen um + *acc.* *to be a question of*
es geht um .... *it's about*
der Geistliche (-n, -n) *clergyman*
die Gelegenheit (-en) *opportunity*

*gelingen (i, a, u) *to succeed, to be successful*
es gelang mir . . . zu . . . *I succeeded in (doing something)*
gelten (i, a, o) *to be of worth, to count*
gemein *mean, common*
gemeinsam *together*
genial *of genius, brilliant*
genügen (*wk*) *to be enough*
der Gepard (-e) *cheetah*
*geraten (ä, ie, a) *to get to, to end up (in)*
das Gericht (-e) *dish*
gesamt *total, combined*
die Geschichte (-n) *history, story*
geschieden *separated, divorced*
das Geschirr *crockery*
das Geschirrspülbecken (-) *washing-up basin*
das Geschirrtuch (¨-er) *drying-up cloth*
das Geschlecht (-er) *sex*
geschmolzen *melted (see* schmelzen*)*
die Gesellschaft (-en) *society*
das Gesicht (-er) *face*
gestatten (*wk*) *to permit*
das Gestell (-e) *frame (of spectacles)*
gesund *healthy*
die Gesundheit (*no pl.*) *health*
das Getreide *corn*
das Gewicht (-er) *weight*
glatt *smooth*
glauben (*wk*) *to believe*
gleichaltrig *of the same age*
das Glück *luck*
Glück haben *to be lucky*
glücklich *happy*
das Gold *gold*
golden *golden*
das Gras (¨-er) *grass*
grau *grey*
graumeliert *turning grey (of hair)*
grausam *cruel*
griechisch *Greek*
die Größe (-n) *size*
grün *green*
der Grund (¨-e) *reason*
das Grundstück (-e) *piece or plot of land*
der Gruß (¨-e) *greeting*
gültig *valid*
das Gut (¨-er) *goods*
gut gelaunt *amiable, pleasant, in a good mood*
gut aussehend *handsome, good-looking*

H

das Haar (-e) *hair*
die Halbtagsschule (-n) *half-day school*
die Hälfte (-n) *half*
der Hals (¨-e) *neck*
die Halskette (-n) *necklace*
halten (ä,ie,a) für + *acc.* *to consider as*
das Hammelfleisch *mutton*
die Hand (¨-e) *hand*
alle Hände voll zu tun haben *to have a lot to do, to have a lot on one's hands*
von Hand *by hand*
die Handelsschule (-n) *commercial school*
das Handgelenk (-e) *wrist*
der Handschuh (-e) *glove*
die Handtasche (-n) *handbag*
häßlich *ugly*
zu Hause *at home*
die Hausfrau (-en) *housewife*
heimatlos *homeless*
die Heirat (-en) *marriage*
die Heizung (-en) *heating*
helfen (i, a, o) + *dat.* *to help*
hell *bright, light in colour*
hellbraun *light brown*
das Hemd (-en) *shirt*
der Herbergsleiter (-) *male youth hostel warden (in Switzerland)*
die Herbergsleiterin (-nen) *female youth hostel warden (in Switzerland)*
der Herd (-e) *stove (cooking)*
das Heu *hay*
heulen (*wk*) *to howl*
heutzutage *nowadays*
hilfsbereit *helpful, ready to help*
der Himmel (-) *sky; heaven*
der Hinweis (-e) *instruction*
historisch *historic*
hoch (höher, höchst) *high (higher, highest)*
hoffen (*wk*) *to hope*
höflich *polite*
die Höhe (-n) *high point, rise in the ground*
holländisch *Dutch*
das Holz (¨-er) *wood, timber*
das Holzdach (¨-er) *wooden roof*
das Horngestell (-e) *horn-rim (of spectacles)*
die Hose (-n) *pair of trousers*
das Hotelverzeichnis (-se) *hotel list*
der Hubschrauber (-) *helicopter*
der Hummer (-) *lobster*
die Hündin (-nen) *bitch*
hungrig *hungry*
der Hut (¨-e) *hat*

I

inbegriffen *included (e.g., in the price)*
die Informatik *computer science*
der Insasse (-n) *occupant, passenger*
das Insekt (-en) *insect*
das Interesse (-n) *interest*
sich interessieren (*wk*) für + *acc.* *to take an interest in*
der Ire (-n) *Irishman*
die Irin (-nen) *Irishwoman*

J

die Jacke (-n) *jacket*
die Jeans (*sing.*) *pair of jeans*
jedoch *however*

jeweils *each time; each; at any one time*
der Job (-s) *job*
japanisch *Japanese*

K

die Kaffeekanne (-n) *coffee pot*
der Kaffeelöffel (-) *teaspoon; teaspoonful*
der Kamerad (-en) *comrade, friend (male)*
die Kameradin (-nen) *comrade, friend (female)*
kämpfen (*wk*) *to struggle, to fight*
die Kantine (-n) *canteen, school dining hall*
kariert *check (of material)*
die Kauffrau (-en) *businesswoman*
der Kaufmann (-leute) *businessman*
kaum *hardly*
kehren (*wk*) *to sweep*
kennenlernen (*wk*) *to get to know, to become acquainted with*
die Kenntnis (-se) *knowledge*
das Kennzeichen (-) *distinguishing mark*
kennzeichnen (*wk*) *to characterise, to mark*
der Kessel (-) *kettle, cauldron, copper*
das Kilo (-s) *kilo*
klappern *to click, to clatter*
*klarkommen *to be able to cope, to manage*
die Klasse (-n) *class*
das Klassenzimmer (-) *classroom*
das Kleeblatt (¨-er) *clover-leaf*
kleben (*wk*) *to stick*
das Kleid (-er) *dress*
die Kleidung *clothing*
die Klinik (-en) *clinic*
das Knie (-) *knee*
der Knoblauch *garlic*
der Knopf (¨-e) *button*
der Koch (¨-e) *cook*
das Kochen *cookery, cooking*
der Kocher (-) *(little) stove*
der Kochtopf (¨-e) *(cooking) pot*
der Kohl (-e) *cabbage*
der Kohlkopf (¨-e) *cabbage (head)*
der Kollege (-n, -n) *colleague*
der Komfort *comfort*
der Komplize (-n,-n) *accomplice (male)*
die Komplizin (-nen) *accomplice (female)*
der Komputerraum (¨-e) *computer room*
kontrollieren (*wk*) *to check*
der Kopf (¨-e) *head*
der Korkenzieher (-) *corkscrew*
der Körper (-) *body*
kostspielig *expensive*
kräftig *powerful*
das Kraftrad (¨-er) *moped, motorbike*
der Krankenschein (-e) *voucher of medical treatment*
die Krankenschwester (-n) *nurse*
kräuselig *curly*
*kriechen (ie, o, o) *to creep*
der Krieg (-e) *war*
kriegen (*wk*) *to get, to obtain*
die Kriminaldienststelle (-n) *criminal investigation office*
der Krug (¨-e) *jug*
der Kühlschrank (¨-e) *refrigerator*
der Kunde (-n, -n) *customer*
die Kunstfaser (-n) *artificial fibre*
der Kunstraum (¨-e) *art room*
der Kunststoff (-e) *plastic*
das Kurhaus (¨-er) *tourist and information centre*
kurz *short*
die Kurtaxe (-n) *tax levied by holiday resorts on visitors*
die Küste (-n) *coast*

L

die Lage (-n) *situation, position*
das Lager (-) *store*
das Laken (-) *sheet (for bed)*
die Lampe (-n) *lamp*
*landen (*wk*) *to land*
die Landesgemeinde (-n) *rural district council*
die Landstraße (-n) *main country road*
lang *long*
die Länge (-n) *length*
langweilig *boring*
der Lappen (-) *cloth*
der Lärm (-e) *noise*
lassen (ä, ie, a) *to leave*
der LKW, Lastkraftwagen (-) *lorry*
*laufen (äu, ie, au) *to run*
die Laune (-n) *mood*
launisch *moody*
laut *loud*
leben (*wk*) *to live, to exist*
das Leben *life*
lebendig *alive, living*
das Leder (-) *leather*
leer *empty*
legen (*wk*) *to lay*
lehren (*wk*) *to teach*
das Lehrerzimmer (-) *staffroom*
der Leib (-er) *body*
leicht *light*
das Leinen (-) *linen*
sich (etwas) leisten (*wk*) *to (be able to) afford something*
die Leistung (-en) *achievement*
das Licht (-er) *light*
das Lied (-er) *song*
der/das Liter *litre*
am liebsten *most of all, best of all*
lila *lilac (coloured)*
das Lob *praise*
locker *loose, relaxed, free and easy*
lockig *wavy*
die Luft *air*
der Luftdruck *air pressure*
die Luftmatratze (-n) *air mattress, lilo*

M

der Magen (-) *stomach*
die Magenverstimmung (-en) *upset stomach*

mähen (*wk*) *to mow*
malen (*wk*) *to paint*
mangelhaft *inadequate, faulty, defective*
der Mantel (¨) *coat*
die Marine *navy*
die Maschine (-n) *machine, engine; airplane*
mäßig *moderate*
die Mathematik (Mathe) *mathematics (maths)*
der Maurer (-) *bricklayer (male)*
die Maurerin (-nen) *bricklayer (female)*
der Mechaniker (-) *mechanic*
das Medienzentrum (-ren) *resources centre*
das Mehl *flour*
mehrere *several*
die Meile (-n) *mile*
meinen (*wk*) *to think, to believe, to hold as an opinion*
die Meinung (-en) *opinion*
meist *most*
das Meisterwerk (-e) *masterpiece*
sich melden (*wk*) *to announce oneself, to answer (on the telephone); to get in touch*
merken (*wk*) *to notice*
messen (i, a, e) *to measure*
das Metall (-e) *metal*
das Meter (-) *metre*
mies *rotten, lousy*
die Miete (-n) *rent*
mieten (*wk*) *to rent, to let*
die Mietwohnung (-en) *rented flat*
mindestens *at least*
das Ministerium (-ien) *ministry*
der Ministerpräsident (-en, -en) *prime minister (male)*
die Ministerpräsidentin (-nen) *prime minister (female)*
mischen (*wk*) *to mix*
mithelfen (i, a, o) *to help, to join in and help*
mitteilen (*wk*) + *dat.* *to inform someone*
mittelalterlich *medieval*
mittelgroß *medium-sized*
das Möbelstück (-e) *piece of furniture*
modern *modern*
möglich *possible*
der Mondschein *moonlight*
die Mücke (-n) *midge, mosquito*
die Mühe *trouble, effort*
der Mund (¨er) *mouth*
der Musikraum (¨e) *music room*
die Mütze (-n) *cap*

N

nach + *dat.* *according to*
nachmittags *in the afternoon*
die Nachricht (-en) *news*
nachschauen (*wk*) *to look at, to check*
nachsehen (ie, a, e) *to look at, to check*
der Nachteil (-e) *disadvantage*
der Nagel (¨) *nail*
der Nahverkehrszug (¨e) *local (stopping) train*
die Nase (-n) *nose*
die Naturwissenschaft (-en) *science*
nebenan *next door*
nervös *tense, highly strung*
das Nerzpelzchen (-) *mink stole*
nett *nice*
der Niederschlag (¨e) *rain, precipitation*
niederschlagsfrei *dry (of weather), without rain*
niemand *nobody*
norwegisch *Norwegian*
die Note (-n) *mark (for school work)*
der Notdienst (-e) *emergency service*
die Notrufsäule (-n) *emergency telephone (e.g., on a motorway)*
notwendig *necessary*
nützen (*wk*) *to be of use*
es nützt nichts *it's (of) no use*
nützlich *useful*
nutzlos *useless*
das Nylon *nylon*

O

ob *whether*
die Oberfläche (-n) *surface*
der Oberlippenbart (¨e) *moustache*
der Obstbaum (¨e) *fruit tree*
obwohl *although*
offenbar *obvious, clear*
das Ohr (-en) *ear*
die Ohrenschmerzen (-) *earache*
der Ohrring (-e) *earring*
der Onkel (-) *uncle*
operieren (*wk*) *to operate on, to operate*
der Ort (-e) *place (i.e., village, town)*
die Ortschaft (-en) *village, town, place*

P

die Panne (-n) *breakdown*
der Park (-s) *park*
die Party (-s) *party*
der Passagier (-e) *passenger*
passen (*wk*) *to be appropriate, to fit*
*passieren (*wk*) *to happen*
die Pause (-n) *pause; school break*
die Pension (-en) *boarding house, guest house*
der Personenzug (¨e) *passenger train*
der Pfahl (¨e) *post, stake*
die Pfanne (-n) *frying pan*
der Pfeffer (-) *pepper*
der Pfeil (-e) *arrow*
das Pferderennen (-) *horse racing*
die Pflanze (-n) *plant*
pflanzen (*wk*) *to plant*
das Pfund *pound (sterling); pound (weight)*
die Physik *physics*
das Physiklabor (-e *or* -s) *physics laboratory*
die Pistole (-n) *pistol*
der PKW; Personenkraftwagen (-) *car*
der Plan (¨e) *plan*
der Platten (-) *flat tyre, puncture*

die Platzkarte (-n) *seat reservation card*
die Polizei *police*
der Polizeibeamte (-n, -n) *police official*
das Polizeirevier (-e) *police station*
der Polizist (-en, -en) *policeman*
die Polizistin (-nen) *policewoman*
portugiesisch *Portuguese*
das Portemonnaie (-s) *purse*
das Poster (-) *poster*
die Postleitzahl (-en) *postcode*
praktisch *practical, practically*
die Praxis (-en) *doctor's practice*
  in der Praxis *in practice*
die Preisliste (-n) *price list*
das Problem (-e) *problem*
die Prüfung (-en) *examination*
der Pullover (-) *pullover*
das Pünktchen (-) *dot, spot*
putzen (*wk*) *to clean*

Q

quatschen (*wk*) *to chat; to talk nonsense*
quer *across, at an angle*

R

das Rad (¨er) *wheel*
der Radiergummi (-s) *rubber*
das Radio (-s) *radio*
der Rasen (-) *lawn*
der Rasierapparat (-e) *electric razor*
sich rasieren (*wk*) *to shave*
die Rasierklinge (-n) *razor blade*
die Raststätte (-n) *service area*
das Raucherabteil (-e) *smoking compartment*
die Rechtschreibung *spelling*
das Regal (-e) *shelf*
der Regenmantel (¨) *raincoat*
der Regenschirm (-e) *umbrella*
die Regierung (-en) *government*
reichen (*wk*) *to pass; to be enough*
der Reifen (-) *tyre*
die Reifenpanne (-n) *puncture*
das Reihenhaus (¨er) *terrace house*
das Reisen *travelling*
der Reisescheck (-s) *traveller's cheque*
der Reiter (-) *rider*
die Religionslehre *religious studies*
die Reservierung (-en) *reservation*
restaurieren (*wk*) *to restore*
retten (*wk*) *to save, to rescue*
das Rindfleisch *beef*
der Ring (-e) *ring*
der Rollkragen (-) *polo neck sweater*
rosa *pink*
der Rosenkohl (-e) *brussel sprout*
die Rosine (-n) *sultana*
russisch *Russian*
der Rücken (-) *back*
der Rucksack (¨e) *rucksack*
ruhig *calm, quiet*

S

der Säbel (-) *sabre*
die Sache (-n) *thing, matter*
die Salatgurke (-n) *cucumber*
das Salz (-e) *salt*
die Sandale (-n) *sandal*
die Sandburg (-en) *sandcastle*
sandsegeln (*wk*) *to do sand yacht sailing*
sanieren (*wk*) *to renovate, to restore, to redevelop (a district, etc)*
saubermachen (*wk*) *to clean*
die Säule (-n) *pillar*
der Schacht (¨e) *shaft*
der Schädel (-) *skull*
der Schal (-s) *shawl*
die Schale (-n) *bowl*
der Scheck (-s) *cheque*
das Scheckheft (-e) *cheque book*
scheinen (ei, ie, ie) *to shine; to appear, to seem*
der Scheinwerfer (-) *headlamp*
die Schichtarbeit *shift work*
schief *crooked, at an angle*
schief gehen *to go awry, to go wrong*
schießen (ie, o, o) *to shoot*
der Schinken (-) *ham*
die Schlacht (-en) *battle*
schlachten (*wk*) *to slaughter*
das Schlachtfeld (-er) *battle field*
schlagen (ä, u, a) *to hit, to strike*
schlank *slim*
schlapp *worn out, limp, weak*
schlecht *bad, unpleasant*
schlechter Laune *in a bad mood*
schleppen (*wk*) *to tow*
*schleudern (*wk*) *to skid, to slide*
schleudern (*wk*) *to fling, to hurl*
der Schlips (-e) *tie*
schlucken (*wk*) *to swallow*
das Schlüsselbund (-e) *key ring*
schmal *narrow*
*schmelzen (i, o, o) *to melt*
der Schmerz (-en) *pain*
schmutzig *dirty*
schnell *quick, fast*
der Schnellzug (¨e) *fast train*
schneiden (ei, i, i) *to cut*
der Schnurrbart (¨e) *moustache*
die Schöpfung (-en) *creation*
der Schotte (-n, -n) *Scotsman*
die Schottin (-nen) *Scotswoman*
der Schrank (¨e) *cupboard*
der Schraubenzieher (-) *screwdriver*
der Schreck *fright, shock*
schreibfreudig *keen on writing*
die Schreibmaschine (-n) *typewriter*
der Schreibtisch (-e) *desk*

die Schublade (-n) *drawer*
der Schuh (-e) *shoe*
die Schuhcreme (-n) *shoe polish*
der Schulhof (¨-e) *playground*
die Schuld (-en) *blame, debt*
schulfrei haben *to have no school*
ich habe am Montag schulfrei *I don't have school on Monday*
schwach *weak*
schwarz *black*
schwedisch *Swedish*
das Schweinefleisch *pork*
die Schwierigkeit (-en) *difficulty*
schwören (ö, u, o) *to swear (an oath, etc)*
Schwyzerdütsch *Swiss German*
der Seemann (-leute) *seaman*
seitdem *since*
die Seite (-n) *side; page*
der Seitengangplatz (¨-e) *corridor seat, gangway seat*
das Sekretariat (-e) *general office*
selbst *myself (yourself, himself, etc); even*
selbständig *independent*
die Selbstbeschreibung (-en) *description of oneself*
senden (e, sandte, gesendet *or* gesandt) *to send*
die Serviette (-n) *napkin, towel*
die Shorts (*pl.*) *shorts*
das Silber (-) *silver*
*sinken (i, a, u) *to sink*
sinnvoll sein *to make sense*
der Slip (-s) *pants, knickers*
das Sofa (-s) *sofa*
sofort *at once, straightaway*
sogar *even, actually*
sollen (*wk*) *to have an obligation to do something (e.g., 'He should go.'); to be likely to (e.g., 'It's apparently going to rain.')*
das Sonnenbrandöl (-e) *suntan lotion*
die Sonnenbrille (-n) *sun-glasses*
sonst *otherwise*
die Sozialkunde *community studies*
Spaß machen *to be enjoyable*
es macht mir Spaß *I like it, I enjoy it*
die Spedition (-en) *furniture removal company*
der Speicher (-) *store (-house, -room), loft*
die Sperre (-n) *barrier (i.e., at a railway station)*
der Spion (-e) *spy*
das Spiegelei (-er) *fried egg*
der Spinat *spinach*
der Sport *sport*
die Sportart (-en) *(kind of) sport*
das Sprachlabor (-e *or* -s) *language laboratory*
spülen (*wk*) *to wash up*
die Spülmaschine (-n) *dish washer*
das Spülmittel (-) *washing up liquid*
spüren (*wk*) *to sense, to feel*
der Stadtrand (¨-er) *edge of town, outskirts*
der Stadtteil (-e) *district of a town*
der Stahlarbeiter (-) *steelworker*
der Standort (-e) *point where you are standing*
stark *strong; fantastic (fam.)*
*starten (*wk*) *to start*
stattfinden (i, a, u) *to take place*
der Stau (-s) *traffic jam*
der Staubsauger (-) *vacuum cleaner*
der Staubzucker *icing sugar*
stecken (*wk*) *to put (into)*
stehlen (ie, a, o) *to steal*
die Stelle (-n) *place, situation, spot; job*
stellen (*wk*) *to put, to place in an upright or standing position*
das Stellenangebot (-e) *job offer*
das Stellengesuch (-e) *request for a job*
der Stellplatz (¨-e) *tent or caravan site (for one tent or caravan)*
*sterben (i, a, o) *to die*
stets *always*
die Stewardeß (-en) *stewardess*
der Stiefel (-) *boot*
der Stiefvater (¨-) *stepfather*
der Stockwerk (-e) *storey, floor*
der Stoff (-e) *cloth*
der Strand (¨-e) *beach*
der Strandkorb (¨-e) *large beach seat made of wicker*
der Streifenwagen (-) *police patrol car*
die Strecke (-n) *a particular distance (e.g., between towns)*
der Strom (¨-e) *stream; current; electrical current*
die Stunde (-n) *hour; lesson*
der Stundenplan (¨-e) *timetable (school)*
der Sturm (¨-e) *storm*
*stürzen (*wk*) *to fall, to crash down; to dash*
die Suche (-n) *search*
der Supermarkt (¨-e) *supermarket*
sympathisch *nice, pleasant (of a person)*

T

der Tageshöchstwert (-e) *highest temperature of the day*
tagsüber *during the day*
das Tal (¨-er) *valley*
tanken (*wk*) *to put petrol in the tank*
die Tankstelle (-n) *petrol station*
der Tankwart (-e) *petrol pump attendant*
die Tante (-n) *aunt*
die Tapete (-n) *wallpaper*
tapezieren (*wk*) *to wallpaper*
das Taschenbuch (¨-er) *paperback*
der Täter (-) *culprit*
tatsächlich *in fact*
*tauchen (*wk*) *to dive, to plunge*
die Technik *technical studies*
der Teig *dough*
teilen (*wk*) *to divide, to share*
teilnehmen (i, a, o) an + *dat.* *to take part in*
der Teller(-) *plate*
die Temperatur (-en) *temperature*
der Teppich (-e) *carpet*
der Teppichboden (¨-) *fitted carpet*
testen (*wk*) *to test*
tief *deep*

der Tierarzt (¨-e) *veterinary surgeon (male)*
die Tierärztin (-nen) *veterinary surgeon (female)*
tippen (*wk*) *to type*
das Tischtuch (¨-er) *tablecloth*
tödlich *deadly*
toll *fantastic (fam.); mad*
der Topf (¨-e) *saucepan*
töpfern *to pot, to make pottery*
das Tor (-e) *gate, entrance; goal*
der Toreingang (¨-e) *doorway, entrance to building*
tot *dead*
töten (*wk*) *to kill*
tragen (ä, u, a) *to carry*
träumen (*wk*) *to dream*
traurig *sad*
der Treibstoff *fuel (for a car, plane, etc)*
trennen (*wk*) *to separate*
*treten (i, a, e) *to tread*
Trevira *terylene*
tropfen (*wk*) *to drip*
der Tropfen (-) *drop, drip*
trotz + *gen.* *in spite of*
trotzdem *nevertheless, all the same*
trüb *dull, gloomy*
tun (u, a, getan) *to do*
die Tür (-en) *door*
die Turnhalle (-n) *gymnasium*
die Türkei *Turkey*
typisch *typical*

U

überfallen (ä, ie, a) *to attack, to raid*
übermorgen *the day after tomorrow*
überprüfen (*wk*) *to check*
überreden (*wk*) *to convince, to persuade*
überrollen (*wk*) *to run over*
überwiegend *mainly*
übrig *remaining, what is left over*
die Umgebung (-en) *surroundings*
der Umkleideraum (¨-e) *changing room*
sich umschulen (*wk*) *to retrain*
*umziehen (ie, o, o) *to move (house)*
sich umziehen (ie, o, o) *to change one's clothes*
unabhängig *independent*
unbedingt *absolutely*
unbegabt *ungifted, untalented*
unerwartet *unexpected*
der Unfall (¨-e) *accident*
unfreundlich *unfriendly*
ungeduldig *impatient*
ungehalten *irritated, annoyed*
ungeklärt *unexplained*
ungenügend *unsatisfactory*
ungezwungen *natural, unconstrained*
unhöflich *impolite, rude*
unpraktisch *impractical*
die Unterführung (-en) *underpass*
der Untergang (¨-e) *sinking, decline, downfall*
sich unterhalten (ä, ie, a) *to converse, to talk with each other*
die Unterhose (-n) *pants*
*unterkommen (o, a, o) *to find accommodation*
unternehmunglustig *enterprising, adventurous*
der Unterricht *lessons, teaching*
untersagen (*wk*) *to forbid*
unterschreiben (ei, ie, ie) *to sign*
untersetzt *stocky, thickset*
die Untersuchung (-en) *examination, investigation*
die Untertasse (-n) *saucer*
unvollständig *incomplete*
der Urlauber (-) *holiday maker*
die Ursache (-n) *cause*

V

der Vegetarier (-) *vegetarian (male)*
die Vegetarierin (-nen) *vegetarian (female)*
das Ventil (-e) *valve*
verändert *altered, changed*
der Verband (¨-e) *association; bandage*
verbieten (ie, a, o) *to forbid*
die Verbindung (-en) *connection*
verbrauchen (*wk*) *to consume, to use (fuel)*
(sich) verbrennen (e, verbrannte, a) *to burn (onself)*
verdecken (*wk*) *to hide, to conceal*
der Verein (-e) *society (in the sense of 'club')*
verfehlen (*wk*) *to miss*
verfolgen (*wk*) *to pursue*
die Verfolgung (-en) *pursuit*
zur Verfügung stehen *to be available*
vergessen (i, a, e) *to forget*
der Vergleich (-e) *comparison*
vergleichen (*wk*) *to compare*
der Verkäufer (-) *shop assistant, seller (male)*
die Verkäuferin (-nen) *shop assistant, seller (female)*
der Verkehr (*no pl.*) *traffic*
der Verkehrsunfall (¨-e) *traffic accident*
verkehren (*wk*) (zwischen) *to run or travel (between) (of buses, trains)*
*verlaufen (äu, ie, au) *to go off (as in 'it went off well')*
verletzen (*wk*) *to wound*
verlieren (ie, o, o) *to lose*
der Verlust (-e) *loss*
vermieten (*wk*) *to let (property)*
vermissen (*wk*) *to fail to find, to miss*
vermuten (*wk*) *to presume, to guess*
vernachlässigen (*wk*) *to neglect*
veröffentlichen (*wk*) *to publish*
verpassen (*wk*) *to miss (e.g., a train, etc)*
*verreisen (*wk*) *to go on a journey, to be away*
verrenken (*wk*) *to dislocate*
sich den Fuß verrenken *to twist one's ankle*
verrühren (*wk*) *to stir, to mix*
verschieden *different*
verschreiben (ei, ie, ie) *to prescribe*
*verschwinden (i, a, u) *to disappear*
die Versicherung (-en) *insurance*
die Verspätung (-en) *lateness, delay*
versprechen (i, a, o) *to promise*
verstecken (*wk*) *to hide*

sich verstehen mit (e, a, a) *to get on with (someone)*
versuchen (*wk*) *to try*
verunglücken (*wk*) *to have an accident*
der Verwandte (-n, -n) *relation*
verweisen (*wk*) *to rebuke; to expel; to refer*
verwenden (*wk*) *to use, to apply*
verwirklichen (*wk*) *to put into effect, to realise (e.g., an ambition)*
verwundet *wounded*
die Vielfalt *variety*
viereckig *four-cornered*
der Vollbart (¨-e) *beard*
volltanken (*wk*) *to fill up (a car with petrol)*
voraussagen (*wk*) *to prophesy, to forecast*
*vorbeihasten (*wk*) *to hurry by*
die Vorführung (-en) *performance, showing (film)*
der Vorhang (¨-e) *curtain*
vorher *earlier, previously*
vorig *last (e.g., month, etc), previous*
*vorkommen *to happen, to occur*
der Vorort (-e) *suburb*
der Vorschlag (¨-e) *suggestion*
sich vorstellen (*wk*) *to imagine*
die Vorstellung (-en) *performance, showing (film); introduction (of someone)*
der Vorteil (-e) *advantage*
die Vorwahl (-en) *dialling code*

W

*wachsen (ä, u, a) *to grow*
wahnsinnig *mad, insane; fantastic(ally) (fam.)*
während *whilst*
wahrscheinlich *probably*
die Währung (-en) *currency*
das Waisenkind (-er) *orphan*
der Wald (¨-er) *wood, forest*
der Waldrand (¨-er) *forest edge*
der Walfisch (-e) *whale*
der Waliser (-) *Welshman*
die Walisin (-nen) *Welshwoman*
die Wand (¨-e) *wall*
die Wärme *warmth*
die Waschanlage (-n) *washing place; car wash*
die Wäsche *washing, laundry*
waschen (ä, u, a) *to wash*
die Waschmaschine (-n) *washing machine*
das Waschpulver (-) *washing powder*
weder . . . noch *neither . . . nor*
das Weihnachtsfest *the Christmas festival*
weil *because*
weisen (*wk*) *to show, to indicate*
weitermachen (*wk*) *to continue*
weiterstudieren (*wk*) *to continue one's studies, to study further (e.g., at university, college, etc)*
die Welle (-n) *wave*
die Welt (-en) *world*
die Weltkarte (-n) *world map*
wenden (e, wandte, a) *to turn*
wenigstens *at least*
*werden (i, wurde, o) *to become*
die Werkstätte (-n) *workshop*
der Wert (-e) *value, worth*
wertvoll *valuable*
das Wesen (-) *being*
wichtig *important*
die Windjacke (-n) *anorak*
winken (*wk*) (mit der Hand, usw) *to signal, to wave*
der Wohnblock (¨-e or -s) *block of flats*
die Wohnfläche (-n) *surface area of a house or flat, living space*
das Wohnhaus (¨-er) *house*
das Wohnmobil (-e) *mobile home, dormobile*
der Wohnwagen (-) *caravan*
das Wohnzimmer (-) *living room*
wolkenbezogen *overcast, cloud-covered*
wolkenlos *cloudless, clear*
die Wolle *wool*
die Wollmütze (-n) *woollen cap or bonnet*
woraufhin *whereupon*
das Wörterbuch (¨-er) *dictionary*
wunderschön *wonderful, lovely*
der Wunsch (¨-e) *wish*
wünschen (*wk*) *to wish*
wütend *furious, raging*

Z

der Zahn (¨-e) *tooth*
die Zahnbürste (-n) *toothbrush*
der Zahntechniker (-) *dental technician*
zeichnen (*wk*) *to draw*
das Zeichnen *drawing*
zeigen (*wk*) *to show*
die Zeit (-en) *time*
zeitweise *at times, periodically*
zentral *central*
die Zentralheizung (-en) *central heating*
das Zentrum (-ren) *centre*
*zergehen (e, i, a) *to melt, to dissolve*
zerreißen (ei, i, i) *to tear up*
das Zeug *things, stuff, junk*
der Zeuge (-n, -n) *witness (male)*
die Zeugin (-nen) *witness (female)*
das Zeugnis (-se) *evidence; school report*
es zieht *there's a draught*
ziemlich *rather*
zigmal *umpteen times*
das Zimmer (-) *room*
zufrieden *satisfied, content*
zugelassen *admitted, let in*
zumachen (*wk*) *to shut*
zunächst *at first*
die Zusage (-n) *agreement*
zusammenhängend *coherent*
zuschauen (*wk*) + *dat.* *to look at (something, someone)*
der Zuschlag (¨-e) *supplement*
zwar *in fact, actually*
zwecks *for the purpose of*
die Zwiebel (-n) *onion*

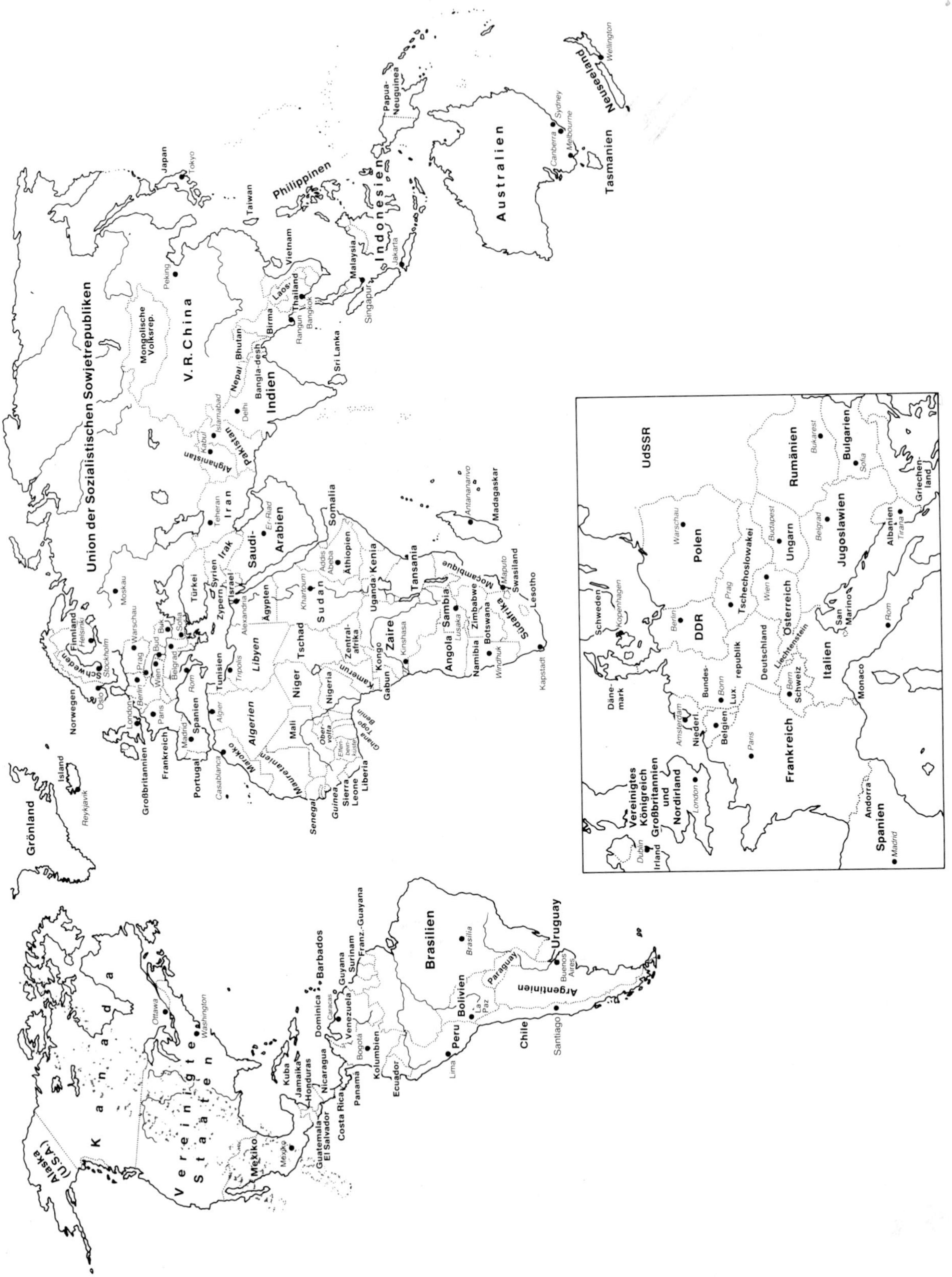

Alaska (U.S.A.)
Kanada
Ottawa
Washington
Vereinigte Staaten
Mexiko
Mexiko
Guatemala
El Salvador
Honduras
Nicaragua
Costa Rica
Panamá
Kuba
Jamaika
Dominica
Barbados
Caracas
Venezuela
Guyana
Surinam
Franz.-Guayana
Bogotá
Kolumbien
Ecuador
Peru
Lima
Bolivien
La Paz
Brasilien
Brasília
Paraguay
Uruguay
Buenos Aires
Argentinien
Chile
Santiago
Grönland
Island
Reykjavík
Norwegen
Oslo
Schweden
Stockholm
Finnland
Helsinki
Großbritannien
London
Frankreich
Paris
Portugal
Spanien
Madrid
Berlin
Prag
Wien
Bud.
Warschau
Buk.
Sofia
Belgrad
Rom
Moskau
Türkei
Zypern
Syrien
Israel
Irak
Iran
Teheran
Saudi-Arabien
Er-Riad
Afghanistan
Kabul
Pakistan
Islamabad
Delhi
Indien
Nepal
Bhutan
Bangla-desh
Birma
Rangun
Thailand
Bangkok
Laos
Vietnam
Malaysia
Singapur
Sri Lanka
Union der Sozialistischen Sowjetrepubliken
Mongolische Volksrep.
V.R.China
Peking
Japan
Tokyo
Taiwan
Philippinen
Indonesien
Jakarta
Papua-Neuguinea
Australien
Canberra
Sydney
Melbourne
Tasmanien
Neuseeland
Wellington
Marokko
Casablanca
Algier
Algerien
Tunisien
Tripolis
Libyen
Ägypten
Alexandria
Mauretanien
Senegal
Guinea
Sierra Leone
Liberia
Elfenbeinküste
Obervolta
Ghana
Togo
Benin
Mali
Niger
Nigeria
Tschad
Kamerun
Sudan
Khartoum
Äthiopien
Addis Abeba
Somalia
Zentralafrika
Gabun
Kongo
Zaire
Kinshasa
Uganda
Kenia
Tansania
Angola
Sambia
Lusaka
Mocambique
Zimbabwe
Namibia
Windhuk
Botswana
Südafrika
Kapstadt
Maputo
Swasiland
Lesotho
Madagaskar
Antananarivo
UdSSR
Schweden
Kopenhagen
Dänemark
Polen
Warschau
DDR
Berlin
Tschechoslowakei
Prag
Budapest
Ungarn
Rumänien
Bukarest
Bulgarien
Sofia
Jugoslawien
Belgrad
Albanien
Tirana
Griechenland
Österreich
Wien
Bundesrepublik Deutschland
Bonn
Lux.
Liechtenstein
Bern
Schweiz
Italien
San Marino
Rom
Monaco
Niederl.
Amsterdam
Belgien
Frankreich
Paris
Vereinigtes Königreich Großbritannien und Nordirland
London
Irland
Dublin
Andorra
Spanien
Madrid